国家社会科学基金重大项目成果

主编　杜建录

西夏通志

西夏史纲 下

杜建录　撰

人民出版社

教育部人文社会科学重点研究基地
宁夏大学西夏学研究院重大项目

十二、西夏文化

西夏地居四塞，河套平原与鄂尔多斯高原是中原农耕文化和北方游牧文化的连接处，河西走廊是东西文化的交汇处。因此，多元汇聚是西夏文化的最大特点，其境内并存汉族文化、党项文化、吐蕃文化、鲜卑文化、回鹘文化、契丹文化。换言之，党项文化或党项民俗并不等于西夏文化，西夏文化是多元的，政治上以儒治国，西夏是我国历史上第一个也是唯一尊孔子为文宣帝的政权；宗教上汉藏佛教并重，前期学习汉地佛教，中后期学习藏地佛教；文字上仿照汉字的形体结构而成。除汉族文化、吐蕃文化外，鲜卑吐谷浑文化、回鹘文化乃至西南地区的民族文化都对西夏产生过影响，党项人的秃发是鲜卑风俗，西夏陵出土的力士碑座臂腕上的圆环是我国西南民族的习俗。

（一）西夏文的创制和流传

1. 西夏文的创制

辽宋西夏金时期是我国历史上民族大融合大发展时期，当时发展程度较高的民族都有书写本民族语言的文字，如吐蕃文、回鹘文、契丹文、女真文等，西夏文就是在这种背景下，由开国皇帝李元昊命大臣野利仁荣"演绎"

而成的。① 它是记录党项语的文字，准确地说是党项文或番文，只是被后世学者俗称为西夏文。实际上在西夏立国期间，同时使用党项文、汉文以及吐蕃文，广义上的或完整意义上的西夏语言文字至少包括上述三种文字。狭义上的西夏文也即党项文是根据党项羌语的本质特点，② 仿照汉字的形体结构创制的。其构字方法也与汉字相类似，③ 但同汉字相比，西夏文字笔画更为繁复，大多数字在十画以上，常用字中六画以下的仅占总数的 1% 左右，而汉字常用字中六画以下的字却占汉字总数的 5% 左右。多撇、捺，没有汉字常用的竖钩，因此，大多数西夏字四角饱满，匀称舒展，所谓"形体方整，类八分，而画颇重复。"④ 西夏学者骨勒茂才认为，西夏文字与汉字是"论末则殊，考本则同"。⑤

西夏陵出土残碑块

---

① 西夏文创制时间有两说，《辽史》记载是李德明时期，《宋史》《梦溪笔谈》《续资治通鉴长编》记载为景宗李元昊建国前夕。从当时具体情况来看，李元昊建国前夕说符合历史实际。

② 1916 年美国学者劳弗尔（B. Laufer）提出西夏语属印支语系彝语支，这一结论被誉为西夏语研究上的"指南针"，（聂历山《西夏语研究小史》，《国立北平图书馆刊》4 卷 3 号，1932 年）孙宏开对此提出不同意见，认为属藏缅语族羌语支。（《六江流域的民族语言及其系属分类》，《民族研究》1983 年第 3 期），这一观点在《西夏语比较研究》（宁夏人民出版社 1999 年版）中得到进一步论证。

③ 80% 左右的西夏字为会意合成字与音意合成字，与汉字"六书"中的会意字与形声字相类似。（史金波：《西夏文化》，吉林教育出版社 1986 年版，第 27 页）

④ 《宋史》卷四八五《夏国传上》。

⑤ 《番汉合时掌中珠·序》（甲种本），见《俄藏黑水城文献》第 10 册。

2. 西夏文的使用和流传

西夏文字创制后，夏景宗李元昊下令在全国推行，"教国人纪事用蕃书"，① 设蕃汉二字院，蕃字院由西夏文创制者野利仁荣主持，负责与吐蕃、回鹘等民族政权往来公文的撰写、翻译，汉字院负责与宋朝往来表奏。送达宋朝的公文，一律用汉字，如果用西夏文书写，宋朝是拒收的。汉字是宋、辽、夏、金之间通用的文字，它既是宋朝使用的文字，也是辽、夏、金使用的文字。

在政府的积极推行和大力提倡下，西夏文字迅速在其国内流行起来，不仅艺文诰牒、民间契约，历史、语言、法律著作用西夏文书写，大量的汉藏佛经、儒家经典也被翻译成西夏文，刊布施行。西夏灭亡后，西夏文仍继续在一定范围内使用，元朝先后雕印西夏文大藏经一百九十藏，六十八万七千八百卷，其中成宗朝四十藏，武宗朝一百藏，仁宗朝五十藏。② 元顺帝至正五年（1345）在居庸关过街洞壁刻有包括西夏文在内的六体文碑。明代亦刊印过西夏文佛经，故宫博物院藏木刻版西夏文《高王观世音经》（一卷）发愿文标明刻经时间为大明朝壬子五年正月十五日，③ 应为明太祖洪武五年（1372）。明孝宗弘治十五年（1502），在今河北省保定建有西夏文经幢。据此可知，西夏文创制后，使用流传至少有四百六十多年。④

为了学习、推广、应用西夏文，西夏人编纂了大量的工具书，其水平之高，种类之多，是辽金两国不能同日而语的。《文海》又名《文海宝韵》，是一部大型的西夏文韵书，编纂体例上兼有汉文《说文解字》和《切韵》共同

---

① 《宋史》卷四八五《夏国传上》。

② 史金波：《西夏文化》，吉林教育出版社 1986 年版，第 102 页。

③ 史金波：《西夏佛教史略》附录一《西夏文〈高王观世音经〉发愿文》，宁夏人民出版社 1988 年版。

④ 王静如：《西夏研究》第一辑陈寅恪序指出，20 世纪 30 年代初，陈寅恪先生在德国柏林国家图书馆看到明万历（1573—1620）写本藏文《甘珠尔》上面偶有西夏文字，因而推测明代末期尚有通解西夏文的人。若据此，西夏文连续使用和流传达五百年以上。

特点，每一字条下有三部分释文，先以四字解释文字构成，次以较多的字解释字义，最后用反切注音。现存《文海》为残卷，上声不存，仅有平声部分，以韵分类，收字 2577 个。另有《文海杂类》残卷，收字 486 个，为研究西夏语语音与西夏文构造的珍贵资料。

《同音》，又译《音同》，西夏文字典，全书收字约 6000 个，按声母分成重唇音、轻唇音、舌头音、舌上音、牙音、齿头音、正齿音、喉音、来日舌齿音九类。无同音字的独字，分别列于各类之后。每一字下有简单注释，多为一字，个别两三字。该书是现存西夏文字书中收字最多的一种，有多种版本传世。

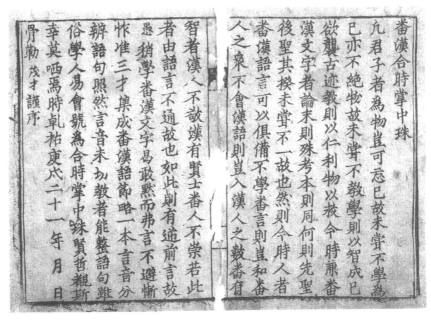

《番汉合时掌中珠》汉文序

《番汉合时掌中珠》，夏乾祐二十一年（1190）骨勒茂才编撰的夏汉对音对义小词典，西夏字旁注汉字读音及释义，汉字旁注西夏字读音及释义，极便检阅，懂西夏文者以此学习汉文，懂汉文者以此学习西夏文，亦是后世解读西夏文的关键性著作，至今所知，西夏字之基础字义及近似读音大多来自此书。

《纂要》，又译作《要集》，番汉对照杂字体字书，今存乐器六章及花名七章。每则西夏词语下皆以西夏字音译汉语，从中可知一批西夏字的意义及汉字对音。

《五音切韵》，西夏语韵表和韵图，每声一表，共九表；每韵一图，共105图，展示了西夏人自己对西夏语音的分析研究。

《义同一类》，又译《义同》，西夏文同义词词典，以同义词或近义词为句，每句七言，间有八言者，无注释，从中可了解大量西夏字的字义。

除上述工具书外，迄今保存或残存下来的西夏文世俗文献还有《天盛改旧新定律令》《贞观玉镜将》《法则》《亥年新法》《官阶封号表》等法律与政治著作；《赋诗文》《大诗》《月月乐诗》《道理诗》《聪颖诗》《新集锦合辞》等诗歌与谚语集；《三才杂字》《新集碎金置掌文》等启蒙读本；类书《圣立义海》；《黑水守将告近禀帖》《天盛廿二年卖地文契》《光定末年借谷文契》《乾定申年借谷文契》《瓜州审案记》《买粮账》《贷粮账》《税账》《军抄文书》《户籍》《户籍手实》等社会文书；《医方》《庚子年至癸亥年历》《己酉年历》《庚申年历》《谨算》等医学、历法、卜算著作；《论语》《孟子》《孝经传》《十二国》《贞观政要》《新集慈孝传》《德行集》《孙子兵法三注》《六韬》《黄石公三略》《经史杂抄》《类林》等全译或集译的汉文典籍，等等。

（二）西夏的文学艺术

1. 文学

传世的西夏文学作品，以诗歌、谚语、公文、碑文、序文为主。诗歌有纪事诗、宫廷诗、劝善诗、启蒙诗、史诗等，西夏的诗歌体裁，以五言和七言最为流行，也杂有多言体。长达千字的《新集碎金置掌文》是仿汉文《千字文》而作的五言诗，其中"弥药勇健行，契丹步履缓。羌多敬佛僧，汉皆爱俗文。回鹘饮乳浆，山讹嗜荞饼"为研究者所常用。[①] 史诗性作品《夏圣根赞歌》是颂扬西夏主体民族党项羌人祖先的，全诗45行，每行3—14字不等，开头的"黑首石城漠水边，赤面父冢白河上，高弥药国在彼方"，[②] 历来被学者引作解释西夏国名的依据。《新修太学歌》作于夏乾祐二十三年（1192），全诗27行，每行字数不等，词句华美，具有宫廷诗的风格。[③]

《新集锦合辞》共收录谚语364条，每条字数不一，最少6字，最多36字，而以14字（每句7字）为多。对偶工整，言简意赅，广泛地反映了西夏社会生活。[④]

今存西夏公文主要是对宋朝的章奏，它采用唐宋官方通用的四六骈体，即四言句与六言句间错相对，遣词造句，颇为工整，反映出西夏宫廷文学的特点。

西夏碑文多记佛事活动，夏天授礼法延祚元年（1038）八月，右仆射兼中书侍郎平章事张陟奉制创作的《大夏国葬舍利碣铭》，盛赞大夏国家吉祥应瑞，皇帝陛下圣文英武以及佛事活动的浩大声势。《凉州重修护国寺感应塔碑铭》由夏汉两种文字书写，描绘生动，气韵流畅，表达了西夏人民浓厚的宗教情感。

序文是写在一部书或佛经前的文字，《番汉合时掌中珠》《新集锦合辞》《妙法莲花经》《大白高国新译三藏圣教》《密咒圆因往生集》等世俗著作与佛经的序文，都有较高的文学价值，或评说世俗著作编写、印行经过与学术水平，或记述佛经的翻译、流布情况。

---

① 聂鸿音、史金波：《西夏文本〈碎金〉研究》，《宁夏大学学报》1995年第2期。

② 聂鸿音：《西夏文〈夏圣根赞歌〉考释》，《民族古籍》1990年第1期。

③ 聂鸿音：《西夏文〈新修太学歌〉考释》，《宁夏社会科学》1990年第3期。

④ 陈炳应译：《西夏谚语——新集锦成对谚语》，山西人民出版社1993年版。

2. 音乐舞蹈

西夏音乐源远流长，早期党项羌人的乐器"有琵琶、横吹，击缶为节"。①
"横吹"即竹笛，由羌人发明，所奏乐曲婉转悠扬，扣人心弦，宋朝边帅范仲
淹在《渔家傲》词中就写道："羌管悠悠霜满地，人不寐，将军白发征夫泪。"
唐僖宗赐给拓跋思恭全部"鼓吹"，党项人开始接受中原音乐。李德明时，
"礼文仪节，律度声音，无不遵依宋制"。夏景宗李元昊认为唐宋音乐太繁复，
"革乐之五音为一音"。② 夏人庆五年（1148），又令乐官李元儒参酌中原乐
书，更定音律。从此到西夏灭亡，一直是蕃汉乐并存，政府机构中设"蕃
汉乐人院"，属于五等司中的末等司。③ 西夏乐器基本上继承了唐代节度使鼓
乐，有三弦、六弦、琵琶、琴、筝、箜篌、管、笛、箫、笙、筚篥、七星、

凉州重修护国寺感应塔碑铭

---

① 《隋书》卷八三《党项传》。
② 《西夏书事》卷一二。
③ 《天盛改旧新定律令》卷一〇《司序行文门》。

吹笛、击鼓、大鼓、丈鼓、拍板等，① 因此，"声乐清厉顿挫，犹有鼓吹之遗音焉"。②

西夏时期的舞蹈在碑刻与石窟壁画中有生动的描绘，立石于西夏天祐民安五年（1094）的《凉州重修护国寺感应塔碑铭》，碑额两侧线刻舞伎裸腰赤足，双手执锦带翩跹起舞。榆林窟第3窟西夏壁画中的《乐舞图》，由舞女与乐队组成，舞女上身半裸，披挂绸带，着短裙长裤，赤足，颈部手臂饰以璎珞、臂钏、手镯，左右相对吸腿而舞。

3. 绘画书法

西夏的绘画可分为壁画、绢画、版画、木板画等。壁画主要保存在敦煌莫高窟、安西榆林窟、瓜州东千佛洞、贺兰山山嘴沟窟、内蒙古阿尔寨窟等石窟中。绘画题材主要有本生故事、说法图、经变画、供养人像与洞窟装饰图案等。榆林窟第29窟西夏供养人像身材修长高大，圆面高准，两腮肥硕，体魂魁梧，体现出党项羌人粗犷、剽悍、豪爽的民族性格。榆林窟第3窟在观音像法光中左右对称地绘有《犁耕图》《踏碓图》《酿酒图》《锻铁图》，是反映西夏世俗生活的艺术珍品。西夏壁画，早期模仿继承北宋，中期学习吸收回鹘佛教壁画艺术成分，晚期又接受了吐蕃佛教绘画艺术的影响，在构图、造型、线条、敷彩等方面，形成了具有民族特点的艺术风格。

西夏的绢画有两种，一种是用彩墨绘于绢帛麻等织物上，主要内容为佛画，也有一些道教题材的人物画与世俗题材的风俗画，其艺术风格源自中原的山水画，如宁夏贺兰宏佛塔出土的《炽盛光佛图》，线条流畅豪放，色彩鲜艳，具有唐五代人物画雍容华贵的传统。另一种是用胶彩绘于绢帛上的唐卡（胶彩画），内容多为佛、菩萨做法的曼荼罗（坛场），艺术风格直接传承于吐蕃王朝前宏期佛教绘画。

---

① （西夏）骨勒茂才：《番汉合时掌中珠》"人事下"，宁夏人民出版社1989年版。
② 《金史》卷一三四《西夏传》。

西夏版画大多是刻本佛经的插图，其构图之新颖，描绘之生动、逼真、细腻，线条之流畅，堪与宋朝版画相媲美。[①]

甘肃武威西郊西夏墓出土的木板画，用线条勾勒，平涂色彩而成，武士、侍者等世俗人物形象取材于现实生活，笔法飘逸，颇具唐画余韵。

西夏文的书法艺术源自汉字，有楷、行、草、篆四体，《凉州重修护国寺感应塔碑铭》的西夏文楷书，结构工整，运笔舒畅，富于变化；西夏文泥金字《金光明最胜王经》字体俏劲有力，气韵隽秀，均为西夏文书法精品。草书文书，笔走龙蛇，飞舞奔放，酣畅淋漓。篆书多见于碑额与官印，类似汉文九叠篆文，笔画屈曲折叠，庄重大方。

4. 雕塑

西夏雕塑艺术品有泥塑、石雕、砖雕、竹雕等。泥塑艺术以佛寺塑像为代表，修建于夏崇时甘州大佛寺的卧佛，身长 34.5 米，肩宽 7.5 米，木胎泥塑，金装彩绘，虽经后世修补，但西夏泥塑规模与风格可见一斑。敦煌莫高窟 491 窟女供养人体态自然，宛然如生，显示出少女的温柔典雅。宁夏贺兰县宏佛塔出土的罗汉头像尺寸大小如真人，面部丰满，表情传神。内蒙古额济纳旗西夏古庙出土的供养人形象逼真自然，富有生活气息。

西夏的石雕、木雕、砖雕更具民族特色。西夏陵出土的人像碑座及宁夏永宁西夏墓出土的木俑，造型古朴夸张，以浪漫主义的艺术风格，表现了党项民族对反映本民族剽悍、粗犷艺术形象的审美追求。当然，西夏的石雕艺术也受汉文化的影响，西夏陵雕龙石栏柱，三面雕刻缠柱云龙，造型生动，栩栩如生。西夏陵出土的竹雕残片，长 7 厘米，宽仅 2 厘米，雕有庭院、松树、假山、花卉和人物，刻工精细、生动，人物表情惟妙惟肖。

---

① 《俄藏黑水城文献》《中国藏西夏文献》《英藏黑水城文献》影印的西夏佛经中，有大量版画。

5. 工艺美术

西夏工艺美术与现实生活息息相关，具有实用和美的价值，体现了世俗的审美观。瓷器是西夏有代表性的工艺品，装饰图案有几何纹、动物纹、花卉纹，其中以牡丹、莲、梅、菊、石榴等花卉纹居多，古朴而不失华丽。带耳扁壶是西夏瓷器中独特的工艺品，它适用于党项人在马背上生活。西夏的金银器十分精美，甘肃武威出土的西夏金碗内有两朵左右交错的牡丹团花，碗内口沿压印连枝菊花，纹饰精致，线条细腻，外观精美。① 西夏陵出土的鎏金铜牛，模制浇铸成型，硕眼前视，两角向上，双耳张立，显出虎虎生气。腹部与腿部造型简洁，显得形体庞大浑厚。这种用朴素简洁的手法达到强劲雄浑的艺术效果，源于西夏人对马、牛等大家畜的珍爱和长期生产生活实践。

西夏钱币轮廓规整，书体端庄，文字深峻，堪与宋钱相媲美。西夏书籍有卷子装、经折装、蝴蝶装、线装等，版面形式灵活多样，有双栏、单栏、边框，刻版佛经还配有精美的插图。

（三）西夏的教育

1. 蕃学与汉学

西夏的学校教育分蕃学与汉学两种。蕃学是教授西夏语和西夏文的学校。夏天授礼法延祚元年（1038）景宗李元昊建国时，在汉学之外设置蕃学，教授新创制的西夏文字，由大臣野利仁荣主持。"蕃学"的西夏文教材包括《孝经》《尔雅》《四言杂字》的西夏文译本，生员从蕃汉官僚子弟中选拔，"俟习学成效，出题试问，观其所对精通，所书端正，量授官职，并令诸州各置蕃学，设教授训之"。② 西夏中期以后，蕃学教育逐步成熟，一是蕃学教材不

---

① 汤晓芳等：《西夏艺术》，宁夏人民出版社 2003 年版，第 162 页。
② 《西夏书事》卷一三。

完全是夏译汉文典籍，还有自己学者编纂的《论语小义》等读本，[①] 以及兵书、律书、算学等实用读本。二是教学内容和汉学基本一致，只不过汉学学习汉文《杂字》等启蒙读本和汉文典籍，蕃学学习西夏文《杂字》《碎金》等启蒙读本和西夏文翻译的汉文典籍。三是出于蕃汉交流的需要，蕃学在教授西夏文的同时，还教授汉文，夏汉对音对义教材《番汉合时掌中珠》应运而生，蕃学的学生用此书学习汉语，当然汉学的学生也可用此书学习蕃语。四是学习西夏文的条件更加便利，《文海》《音同》《五声切韵》《义同一类》等西夏语字词书相继编纂印行。

汉学是教授汉语和汉文的学校，夏天授礼法延祚元年（1038），景宗李元昊建国时和蕃学一并设置，教授汉文。汉学是党项西夏传统的学校教育，早在唐五代，夏州拓跋政权子弟按照当时的教育制度，入所在州学学习文化和技能。宋代拓跋李氏继承了这一传统，特别是从李继迁到李元昊占据河套平原的灵州和河西走廊的甘、凉、瓜、沙、肃等州，"其间所生豪英，皆为其用。得中国土地，役中国人力，称中国位号，仿中国官属，任中国贤才，读中国书籍，用中国车服，行中国法令"。[②] "读中国书籍"，就是汉学教育。

西夏汉学的教材有汉文启蒙读本《杂字》，《论语》《孟子》《孝经》等儒家经典以及兵书、律书、算学等实用读本。和蕃学兼学汉文一样，汉学也兼学番文，《番汉合时掌中珠》是汉学学习西夏文的基本教材。西夏学校番汉文字兼修，克服了番汉语言不通的弊端，正如双语读本前言所说的："不学番言，则岂和番人之众。不会汉语，则岂入汉人之数？番有智者，汉人不敬；汉有贤士，番人不崇；若此者，由语言不通故也。"因此编写番汉对音对义教程，供蕃、汉学校使用，使所有生员同时掌握两门语言。

---

① （元）虞集：《道园学古录·西夏相斡公画像赞》序，《摛藻堂四库全书荟要》本。
② 《续资治通鉴长编》卷一五〇，仁宗庆历四年六月戊午条。

2. 蕃汉之争中的儒学

西夏最初的教育是蕃汉并重，西夏建国时就同时设立蕃学和汉学，虽然蕃学使用的教材为夏译汉文典籍，但所倡导的是党项传统文化，往往和"蕃礼"结合在一起，"士皆尚气矜"。这种教育制度培养出的人才，适应的是党项部落社会，因此，景宗李元昊被弑身亡后，三代国主年幼即位，太后听政，专权外戚没藏家族、梁氏家族都支持蕃礼蕃学。国主亲政后，又反过来重视汉礼汉学。这种拉锯式的斗争持续了半个多世纪，到崇宗李乾顺才有所变化。夏贞观元年（1101），为了改变士皆尚气矜，鲜于忠孝廉耻，进一步加强以皇权为核心的中央集权，崇宗李乾顺命于蕃学之外，特建国学，"设弟子员三百，立养贤务以廪食之"。①

夏仁宗时西夏的教育得到了迅速发展，夏人庆元年（1144），令州县各立学校，弟子生员增至三千人。立小学于禁中，招收宗室七岁至十五岁子弟入学，仁宗"亲为训导"。夏人庆二年（1145），建大汉太学，夏仁宗"亲释奠，弟子员赐予有差"。次年（夏人庆三年），尊孔子为文宣帝。夏人庆四年（1147）改元天盛，"策举人，始立唱名法"。夏天盛二年（1150），"复建内学，选名儒主之。"② 夏乾祐二十三年（1192），重新修建太学，西夏文《新修太学歌》专门记述了这一盛事及重修后太学的形制和规模。"沿金内设窗，西方黑风萧瑟瑟；顺木处开门，洫有泉源水澄清"，"冬暖百树阁，装饰以宝"，"夏凉七级楼，图绘以彩"。此外，诗中还有"夙兴拱手念真善，住近纯佛圣处"之句，似乎夏仁宗时太学还开有佛学课程。③

西夏崇宗、仁宗时期，蕃汉学之争依然存在，夏崇宗建立国学后的十二年，即贞观十二年（1112），御史大夫谋宁克任借上言朝政得失时反对"国

---

① 《宋史》卷四八六《夏国传下》。
② 上见《宋史》卷四八六《夏国传下》。
③ 聂鸿音：《西夏文〈新修太学歌〉考释》，《宁夏社会科学》1990 年第 3 期。

学"教育，愿崇宗"既隆文治，尤修武备，毋徒慕好士之虚名，而忘御边之实务也"。① 夏崇宗不予采用。天盛十二年（1160）权臣任得敬为了把持朝政，"深恶"尊崇儒学，请求废学校，夏仁宗也不予理睬。② 当然，夏崇宗兴汉学后，以学习西夏文为主要内容的"蕃学"依然长期存在。天盛三年（1151），夏仁宗李仁孝"以斡道冲为蕃汉教授"，斡氏精通西夏文，夏"译《论语注》，别作解义二十卷，曰《论语小义》，又作《周易卜筮断》，以其国字书之，行于国中"。③ 天盛十六年（1164）封野利仁荣为广惠王，以褒其创制"国字"。④ 不过，这时的"蕃学"已成为传播儒学和儒学西夏化的工具了。

西夏的教育培养了大批人才，乾顺时弟子生员三百名，仁孝时激增到三千名，如果我们就按每年毕业三百名计算，西夏时期至少培养各类人才上万名，其中一部分科举取得功名，为西夏社会的发展和政权的巩固作出了重要贡献。

3. 寺庙道观教育

西夏的寺观教育包括佛教寺院教育和道教的道观教育两种。寺院教育是专门培养宗教人才，学习的内容有二：一是语言文字，党项人侧重西夏文，汉人侧重汉文，吐蕃人侧重吐蕃文；二是佛教和道教经典，党项族和吐蕃族行童学习西夏文、吐蕃文《仁王护国》《文殊真实名》《普贤行愿品》《三十五佛》《圣佛母》《守护国吉祥颂》《观世音普门品》《偈陀般若》《佛顶尊胜总持》《无垢净光》《金刚般若与诵全》。汉族行童学习汉文《仁王护国》《普贤行愿品》《三十五佛》《守护国吉祥颂》《佛顶尊胜总持》《圣佛母》《观世

---

① 《西夏书事》卷三二。
② 《西夏书事》卷三六。
③ （元）虞集：《道园学古录·西夏相斡公画像赞》序，《摛藻堂四库全书荟要》本。
④ 《宋史》卷四八六《夏国传下》。

音普门品》《孔雀经》《广大行愿诵》《释迦赞》等。学业期满后，熟练掌握上述经文，梵音清和，方可剃度为僧人。

道童经过学习，熟练掌握《太上君子消灾经》《太上北斗延生经》《太上灵宝度理无上阴经》《太上君子说天生阴经》《太上君子说上东斗经》《黄帝阴符经》等 13 种经，则可成为道士。在寺观学习的童子，必须人根清净，具有庶民的身份，如果是各类依附民，是不能够入寺接受教育，更不能出家为僧道。

（四）西夏的宗教信仰

1. 佛教信仰

西夏统治者崇奉佛教，建国前李德明曾遣使赴宋朝河东地区的五台山（今山西省五台东北）供佛，又向宋朝求赐佛经，开国皇帝夏景宗"晓浮图学"，[①] 曾于兴庆府东建高台寺及诸浮图，俱高数十丈，贮宋朝"所赐《大藏经》，广延回鹘僧居之，演绎经文，易为蕃字"。[②] 鸣沙州大佛寺，亦景宗李元昊所建。[③] 没藏太后于"兴庆府西偏起大寺，贮经其中，赐额'承天'，延回鹘僧登座演经"。[④] 夏崇宗于甘州（今甘肃张掖市甘州区）建造的佛寺内有巨大睡佛，故名睡佛寺。[⑤] 西夏文《大藏经》的翻译从夏景宗时就已开始，至夏崇宗天祐民安元年（1090），大致用了 50 余年时间，共翻译出西夏文佛经 362 帙，820 部，3579 卷，平均每年翻译六七十卷，这在我国乃至世界译经史上都是一个创举。[⑥]

皇帝、太后的生辰、忌日，常常要举行规模宏大的佛事活动，夏天盛十

---

① 《宋史》卷四八五《夏国传上》。
② 《西夏书事》卷一八。
③ 《嘉靖宁夏新志》卷三。
④ 《西夏书事》卷一九。
⑤ 《甘州府志》卷五。
⑥ 史金波：《西夏佛教史略》，宁夏人民出版社 1988 年版，第 68 页。

九年（1167）为皇太后周忌之辰，开板印造番汉佛经二万卷，散施臣民，仍请觉行国师等作大法会。① 夏乾祐十五年（1184）为夏仁宗六十岁"本命之年"，因此大作佛事活动，"烧施结坛，摄瓶诵咒，作广大供养，放千种施食，读诵大藏等尊经，讲演上乘等妙法。亦致打截截，作忏悔，放生命，喂囚徒，饭僧设贫，诸多法事"。仍敕有司，印造斯经番汉五万一千余卷，彩画功德大小五万一千余帧，数串不等五万一千余串，普施臣吏僧民，每日诵持供养。②

西夏佛教前期受宋朝和回鹘佛教的影响，后期受吐蕃佛教影响，藏传佛教与汉传佛教并行。夏天盛十一年（1159），夏仁宗遣使入藏，噶玛噶举教派初祖都松钦巴派弟子到西夏，被夏仁宗尊为上师。③ 西夏在藏传佛教东传中起到了重要的桥梁作用。

2. 道教信仰

道教在西夏也很流行，《文海》"仙"释："此者仙人也，山中住，寿长求道者之名是。"④ 西夏国家机构中除设有管理佛教的僧人功德司、出家功德司外，还有专门管理道教的道士功德司。⑤ 夏景宗时太子宁明喜方术，跟随路修篁道士学"辟谷法"，结果不慎气忤丧命。⑥ 夏大安八年，即宋元丰四年（1081），北宋伐夏大军直逼灵州城下，夏人四处逃散，"城中惟僧道数百人"。⑦ 内蒙古黑水城出土文物中，有晋人郭象注《庄子》、宋人吕惠卿的《庄子解》以及《太上洞玄灵宝天尊说救苦经》，太上洞经附有十大天尊图。

① 《汉文〈佛说圣佛母般若波罗蜜多心经〉发愿文（1167）》，《西夏佛教史略·附录一》。
② 《汉文〈佛说圣大乘三归依经〉御制发愿文（1184）》，《西夏佛教史略·附录一》。
③ 巴卧·祖拉陈哇著，黄颢译：《贤者喜宴》，《西藏民族学院学报》1981 年第 2 期。
④ 史金波、白滨、黄振华：《文海研究》，中国社会科学出版社 1983 年版，第 414 页。
⑤ 《天盛改旧新定律令》卷一〇《司序行文门》。
⑥ 《续资治通鉴长编》卷一六二，仁宗庆历八年正月辛未条。
⑦ 《续资治通鉴长编》卷三一八，神宗元丰四年十月庚午条。

西夏法律规定，道士行童能诵十三种经，方"可奏为道士"。①

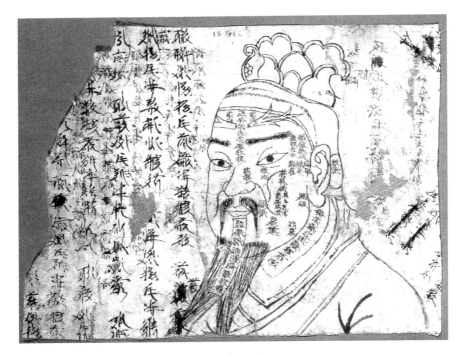

西夏相面图

3. 鬼神信仰

夏人崇信鬼神，战争之胜负、六畜之灾祥、五谷之丰稔，都用占卜来预知。②"每出兵则先卜"，战败三天，"辄复至其处，捉人马射之，号曰'杀鬼

---

① 这十三种经分别是《太上黄宫□□经》二卷；《太上君子消炎经》一卷；《太上北斗延生经》一卷；《太上灵宝度理无上阴经》一卷；《至分金刚经》一卷；《太上君子说天生阴经》一卷；《太上天堂护卫经》一卷；《太上君子说上东斗经》一卷；《太上南斗六司延寿妙经》一卷；《黄庭内景经》一卷；《黄帝阴符经》一卷；《太上元始天尊说十为一为大消灾神咒经》一卷；《太上灵宝九真妙戒金箓□要拔罪阴经》一卷。(《天盛改旧新定律令》卷一一《为僧道修寺庙门》)

② 西夏占卜有四，"一、以艾灼羊脾骨以求兆，名'灸勃焦'；二、擗竹于地，若搽著以求数，谓之'擗算'；三、夜以羊焚香祝之，又焚谷火布静处，晨屠羊，视其肠胃通则兵无阻，心有血则不利；四、以矢击弓弦，审其声，知敌至之期与兵交之胜负，及六畜之灾祥、五谷之凶稔"。(《宋史》卷四八六《夏国传下》)

招魂'，或缚草人埋于地，众射而还"。① 党项人"所居正寝，常留中一间，以奉鬼神，不敢居之，谓之神明，主人乃坐其傍"。② 立于夏乾祐七年（1176）的《黑水建桥碑》一开头就敕告："镇夷郡境内黑水河上下所有隐显一切水土之主山神、水神、龙神、树神、土地诸神等，咸听朕命。"③ 在西夏人的心目中，神主善，谓之"守护"；鬼主恶，谓"损害"，分别代表正义与邪恶。西夏人是多神崇拜，除上述山神、水神、龙神、树神、土地神外，还有天神、富神、战神、大神、护羊神，鬼有饿鬼、虚鬼、孤鬼、厉鬼、缢死鬼等。"房舍中人不住，则鬼魅为依附之"，谓之"闹鬼"。④

（五）西夏的社会风俗

1. 质朴尚武

党项人先后生活在青藏高原东部与鄂尔多斯沙地草原，恶劣的自然与社会环境，使他们养成了"强梗尚气，重然诺，敢战斗"的习俗，⑤"人人习骑射，乐战斗，耐饥渴，其亲冒矢石，蹈锋刃，死行阵，若谈笑然。"⑥ 与尚武紧密联系的是质朴，元朝初年，发往合肥戍守的夏人"质直而上义，平居相与，虽异姓如亲姻。凡有所得，虽箪食豆羹，不以自私，必召其朋友。朋友之间有无相共，有余即以与人；无即以取诸人，亦不少以属意。百斛之粟，数千百缗之钱，可一语而致具也。岁时往来，以相劳问，少长相坐，以齿不以爵。献寿拜舞，上下之情怡然相欢"。其"国中之俗，莫不皆然"。⑦

---

① 《宋史》卷四八六《夏国传下》。
② （宋）沈括：《梦溪笔谈》卷一八。
③ 《黑河建桥敕碑》，载陈炳应：《西夏文物研究》，宁夏人民出版社 1985 年版，第 139 页。
④ 史金波、白滨、黄振华：《文海研究》，中国社会科学出版社 1983 年版，第 521 页。
⑤ 《金史》卷一三四《西夏传》。
⑥ 《梁溪集》卷一四四《御戎论》，文渊阁四库全书影印本。
⑦ （元）余阙：《青阳先生文集》卷二《送归彦温赴河西廉使序》，文渊阁四库全书影印本。

2. 巫术迷信与复仇

万物有灵的鬼神信仰，必然带来巫术迷信的流行。西夏人称巫师为"厮乩"①或"厮"②，"病者不用医药，召巫者送鬼"，"或迁他室，谓之'闪病'"。③作战选单日，避晦日，若战败，三天后"辄复至其处，捉人马射之，号曰'杀鬼招魂'；或缚草人埋于地，众射而还"。每出兵先卜，其法有四，一是"炙勃焦"，用艾草烧羊胛骨，视其征兆；二是"擗算"，擗著于地，根据数目以定吉凶；三是"咒羊"，夜间牵羊焚香咒之，次日晨屠宰，视羊五脏，"肠胃通则兵无阻，心有血则不利"；四是"矢击弓弦"，用箭杆敲击弓弦，"审其声，知敌至之期与兵交之胜负"，"六畜之灾祥，五谷之凶稔"，亦用此法占卜。④

复仇是西夏社会流行的又一习俗，"若仇人未得，必蓬头垢面，跣足蔬食，要斩仇人而后复常"。⑤若无力复仇，则"集邻族妇人，烹牛羊，具酒食，介而趋仇家，纵火焚之"。⑥由于"俗曰敌女兵不祥"，被焚仇家往往避而不战。双方怨仇和解时，用髑髅盛鸡猪狗血酒，共饮而发誓，仇已解，"若复报仇，谷麦不收，男女秃癞，六畜死，蛇入帐"。⑦

3. 服饰与发式

西夏的服饰可以分为两大类型，一是党项人传统的衣裘褐，披大毡，开国皇帝夏景宗曾自豪地说："衣皮毛，事畜牧，蕃性所便"。⑧夏桓宗天庆年间

① （宋）沈括：《梦溪笔谈》卷一八。
② 《辽史》卷一一五《西夏外纪》。
③ 《辽史》卷一一五《西夏外纪》。
④ 《宋史》卷四八六《夏国传下》。
⑤ 《旧唐书》卷一九八《党项传》。
⑥ （宋）曾巩：《隆平集》卷二〇《夏国赵保吉传》。
⑦ 《辽史》卷一一五《西夏外纪》。
⑧ 《宋史》卷四八五《夏国传上》。

（1194—1205）黑水地区农牧民典借谷物的抵押品为袄子裘、马毯、旧皮毯、白帐毡、旧皮毯等皮毛制品，① 武威小西沟岘亥母洞中与西夏文献同时发现的还有牛皮靴。《番汉合时掌中珠》列有帐毡、枕毡、褐衫、靴、短鞡、长鞡、皮裘、毡帽、马毡、毯等。

在保留传统服饰的同时，部分党项人特别是党项贵族阶层逐渐接受中原汉族服饰。李德明衣锦绮，与宋朝无异。夏景宗"改大汉衣冠"，以突出党项民族特点，规定"文资则幞头、靴笏、紫衣、绯衣，武职则冠金帖起云镂冠、银帖间金镂冠、黑漆冠，衣紫旋襴，金涂银束带，垂蹀躞，佩解结锥、短刀、弓矢韣，马乘鲵皮鞍、垂红缨，打跨钹拂。便服则紫皂地绣盘毬子花旋襴，束带。民庶青绿，以别贵贱。"② 文官的幞头、靴笏、紫衣、绯衣，实际上因袭了唐、宋文官的服饰，武官的服饰在榆林窟第29窟的西夏供养武官像中有着形象的描述，虽说具有党项民族特点，但也能看出唐、宋武官服饰的痕迹。敦煌莫高窟409窟西夏皇帝供养像，头戴白毡冠，足登白毡靴，身穿圆领窄袖团龙袍，腰束玉带，这是西夏后期皇帝衣饰的真实写照，一方面保留了党项民族的毡冠，另一方面接受了中原汉族的龙袍。

西夏境内的普通汉人，包括部分汉化的党项人的服饰有袄子、旋襴、袜肚、汗衫、布衫、衬衣、裙、裤、腰绳、背心、领襟、鞋、冠冕、凉笠、暖帽、绵帽、腕钏，等等。③

西夏建国前党项人披发或蓬首，景宗李元昊下令秃发，限三日内剃发，从此"剃发，耳戴重环"就成了西夏人的标准形象。④ 从榆林窟第29窟西夏

---

① 陈国灿：《西夏天庆间典当残契的复原》，《中国史研究》1980年第1期。
② 《宋史》卷四八五《夏国传上》。
③ （西夏）骨勒茂才：《番汉合时掌中珠》"人事下"，宁夏人民出版社1989年版。
④ 《辽史》卷一一五《西夏外纪》记载，夏景宗"秃发，耳重环"；《涑水纪闻》卷一二载，庆历初夏景宗围宋朝麟州，守将募人出去报信，通引官王吉"请秃发，衣胡服，挟弓矢，赍粮粮，诈为胡人，夜缒而出。遇虏问，则为胡语答之"；《续资治通鉴长编》卷五一二，哲宗元符二年七月丙午条记载：秦凤路第三将招诱到三个西人"是环庆路熟户蕃捉生，伪冒改名，剃发，穿耳，戴环，诈作诱到西界大小首领"。

供养人以及西夏文《观音经》版画中的人物形象来看，党项人剃发不是全剃光头，而是秃顶而留边。

西夏妇女喜欢梳高髻，武威西夏墓出土的五侍女木板画，前四位梳高髻。元人马祖常在《河西歌》中写道："贺兰山下河西地，女郎十八梳高髻"。高髻是唐代妇女的普遍发式，吐蕃、回鹘妇女也有这种发式，① 可见北方民族对中原服饰文化的吸收有一定的共性。

4. 饮食住行

西夏建国后，以畜牧为生的党项人，仍保持着传统的肉食乳饮习俗，《文海》记有肉、乳、乳渣、酪、脂等肉乳制品。以农业为生的党项人及汉族，以面食为主，《文海》"面"释："此者碾谷物为制面之谓。"② "汤面"释："此者为食中可饮细面之谓也。"③ 《番汉合时掌中珠》记述的食馔有细面、粥、乳头、油饼、胡饼、蒸饼、干饼、烧饼、油毯、盏锣、角子、馒头、炒米、蒸米等；食用器具有锅、碗、匙、笊篱、檠子、碟、盘、火炉鏊、甑、笼床、茶铫、茶臼；制作方法有烤、炸、蒸、煮、熬；佐味调料有油、盐、醋、椒、葱、蜜。

西夏的饮料以茶为主，蕃部肉食乳饮，特别需要茶帮助消化，"惟茶最为所欲之物"。④ 宋朝每年岁赐茶三万斤，与宋朝的边贸中也有大量进口。饮酒是西夏普遍的社会习俗，盟誓、赏赐、宴会、接待来使都离不开酒，平常百姓也以饮酒为乐。⑤

由于接连不断的战争和频繁的自然灾害，西夏的农牧业生产很不稳定，

---

① 张碧波、董国尧主编：《中国古代北方民族文化史》（民族文化卷），黑龙江人民出版社 1993 年版，第 1244 页。

② 史金波、白滨、黄振华：《文海研究》，中国社会科学出版社 1983 年版，第 554 页。

③ 史金波、白滨、黄振华：《文海研究》，中国社会科学出版社 1983 年版，第 493 页。

④ 《续资治通鉴长编》卷一四九，仁宗庆历四年五月甲申条。

⑤ 杜建录：《西夏经济史》中国社会科学出版社 2002 年版，第 175—177 页。

广大农牧民经常以野菜、草籽充饥，"春食鼓子蔓、醶蓬子；夏食苁蓉苗、小芜荑；秋食席鸡子、地黄叶、登厢草；冬则蓄沙葱、野韭、拒霜、灰条子、白蒿、醶松子，以为岁计"。①

西夏牧民住毡帐，便于迁徙游牧，农民与城镇居民"居皆立屋，有官爵者，始得覆之以瓦"。② 与西夏国邻接且风俗相类的宋朝麟州亦大抵如此。③《文海》"屋舍"释："舍也，房室也，室也，门也，家也，居也，院也，庭也，居住之谓也"；"房室"释："屋也，家舍也，室屋也，帐也，庖也，住宿处是也"。④ 前者有庭有院，为农民和城镇居民居住的房舍，后者是游牧部族住宿的帐篷。

西夏人的出行有水陆两路，以都城兴庆府以及灵州、凉州、夏州等大中城镇为中心的陆路交通四通八达，交通工具主要是马、车，凉州"当四冲地，车辙马迹，辐凑交会，日有千数"。⑤ 沙漠中"马不能行，行者皆乘骆驼"。黄河水路有木船和羊皮筏，羊皮筏即西夏军队装备的"浑脱"，"以羊皮为囊，吹气实之浮于水"，有时"以骆驼牵木筏而渡"。⑥

5. 婚丧节庆

西夏盛行包办买卖婚姻，"男女长大，遣将媒人，诸处为婚，索与妻眷"。⑦ 如果"为婚时已予应允，酒食已饮者，嫁资未转传则不算换为婚。嫁资多少已取，则取多少一律算实在为婚"。⑧ 一般百姓一夫一妻，上层皇帝贵

---

① （宋）曾巩：《隆平集》卷二〇《夏国赵保吉传》。
② （宋）曾巩：《隆平集》卷二〇《夏国赵保吉传》。
③ "麟州府，在黄河西古云中之地，乃蕃汉杂居。黄茆土山，高下相属，极目四顾，无十步平坦。廨舍庙宇，覆之以瓦；民居用土，止若栅焉。架险就中，重复不定，上引瓦为沟，虽大潴亦不浸润。其梁、柱、榱题，颇甚华丽。城邑之外，穹庐窟室而已。"（《西夏纪事本末》卷一〇）
④ 史金波、白滨、黄振华：《文海研究》，中国社会科学出版社1983年版，第466、416页。
⑤ 《凉州重修护国寺感应塔碑铭》。
⑥ 《宋史》卷四九〇《高昌传》。
⑦ （西夏）骨勒茂才：《番汉合时掌中珠》"人事下"，宁夏人民出版社1989年版。
⑧ 《天盛改旧新定律令》卷八《为婚门》。

族普遍有纳妾现象，李德明娶三室，景宗李元昊凡七娶，仁宗时的晋王察哥"年已七十余，犹姬妾充下陈"。① 元朝初年，西夏故地甘州"娶妻致有三十，否则视其资力，娶妻之数惟意所欲，然第一妻之地位为最尊。诸妻中有不善者得出之，别娶一人。男子得娶从姊妹，或其父已纳之妇女为妻"。② 这是北方民族为了防止财产外流的"收继婚"残余，早期党项就是"妻其庶母及伯叔母、嫂、子弟之妇"。③ 总体来说，党项人的婚姻没有汉族那么多的封建礼教，经常是"育女稍长，靡由媒妁，暗有期会，家不之问"。④

　　早期党项"死则焚尸，名为火葬"。⑤ 建国后这种葬俗保留了下来，并和佛教的火化融为一体，形成了独特的党项火葬习俗，即焚尸后还要建坟，和古代羌人焚尸扬灰的葬俗有很大的区别。《文海》"丘"释："丘墓也，烧人尸处地圈之谓也。""坟"释："弃尸场建坟地之谓"。⑥ 这种焚尸建坟的习俗在考古发掘中得到证实。1977 年和 1989 年甘肃武威市发掘的三座西夏墓，所葬均为焚烧后的骨灰，分别用木匣、木缘塔、黑釉瓷瓶盛装。⑦

　　西夏皇家陵园"仿巩县宋陵而作"，⑧ 其葬俗也吸收中原汉族，如陵园坐北面南，继承了汉族南面为尊的观念；墓室前甬道有门，门外两侧有门神武士，是汉族墓葬的传统习俗；墓室内发现棺材朽木和人骨，说明是汉族土葬方式。在继承唐、宋陵寝制度的同时，西夏陵也保留了大量的本民族习俗。如汉族是赑屃驮碑，而西夏为力士驮碑。力士手腕、足胫皆饰圆环，是包括党项在内的西南少数民族的习俗；西夏的陵台建成独特的塔形，当与党项笃信佛教有密切关系；献殿、墓道、墓室、陵台都位于陵园偏西处，可能与党

---

①　《西夏书事》卷三六。
②　冯承钧译：《马可波罗行纪》第一卷第 61 章，上海书店出版社 2001 年版，第 129 页。
③　《旧唐书》卷一九八《党项羌传》。
④　《西夏纪事本末》卷一〇。
⑤　《旧唐书》卷一九八《党项羌传》。
⑥　史金波、白滨、黄振华：《文海研究》，中国社会科学出版社 1983 年版，第 547、400 页。
⑦　孙寿龄：《西夏的葬俗》，《陇右文博》1996 年第 1 期。
⑧　《嘉靖宁夏新志》卷二。

项人以西为尊的观念有关；随葬完整的羊、狗、鸡等家畜家禽以及铜牛、石马、石狗等，反映了游牧民族的生活习俗。

史载李继迁"寻葬其祖于红石峡，障水别流，凿石为穴。既葬，引水其上，后人莫知其处"①。这种奇特的葬法以后再没出现过。

西夏以十二月为首岁，因此重冬至节，亲友团聚欢宴，以示庆祝。开国皇帝夏景宗认为节日太少，规定每年春、夏、秋、冬四季第一个月的初一和他本人的生日（五月五日）作为节日，让臣民庆贺。②

---

① 《西夏书事》卷七。
② 《宋史》卷四八五《夏国传上》。

十三、西夏地理

　　高山、黄河、荒漠、绿洲以及黄土丘陵构成西夏最基本的自然地貌，西夏人将这种地貌划分为山林、坡谷、沙窝、平原、河泽五种类型。州、府、郡、县、城、堡、寨、监军司是其基本区划；西夏府的地位明显高于州，西夏中后期的中兴府、大都督府、西凉府、府夷州、中府州位列次等司，而灵武郡和甘州城作为大都督府和府夷州的驻地，位列下等司，凉州城作为西凉府的驻地，位列末等司。由堡寨号为州的洪、定、威、龙等州，实际上就是一个边城；左厢、右厢是以京师为中心来界定，京师的左面是左厢，右面是右厢；监军司和州府在区划上相互重叠，在职责上军民融合，监军司兼理民政，州府兼理军政。

　　为加强财赋的征收和监管，至少在天盛年间或以前，开始设置转运司"路"，其中京畿中兴府、大都督府设都转运司，其品级和群牧司、农田司平行，属中等司；西院、南院、寺庙山、肃州、瓜州、沙州、黑水、官黑山、卓啰等地设置转运司，其品级和地边城司平行，属下等司。与此同时，设东、南、西、北四个经略司"路"，负责京畿地区、大都督府及啰庞岭以外的地方重大军政、民政、财政事务。但无论财赋路还是经略司路，均不属路一级行政区划。西夏在保留本民族制度的基础上，对中原和其他地区制度广泛吸收，形成了其政区划分多样性的特点。

（一）西夏的生态环境

西夏境土，东据黄河，西界玉门，北抵大漠，南邻萧关，"地方二万里"，大致包括今宁夏中北部、甘肃西部、陕西北部、内蒙古西南部、青海东部。冬天是西北干寒季风冲击的方向，夏天是东南温湿季风的末梢地区，这样就形成其大陆性气候，降水量稀少且集中于夏季，当代年降雨量由西往东只有39—400毫米（祁连山和贺兰山除外），而年蒸发量在600—2000毫米，因此，除横山至天都山山界外，其余大部分属温带荒漠半荒漠地区，地貌以干旱剥蚀和风蚀为主。然而，西夏境内河水资源比较丰富，黄河自东南而西北流过，祁连山积雪融水，汇聚成石羊河、疏勒河、黑河三大内陆水系，年出山径流量65亿立方米。这种特殊的自然条件，将西夏全境划分为荒漠与半荒漠、灌溉绿洲和半农半牧三大生态区域。

1. 荒漠与半荒漠生态

荒漠与半荒漠生态区由鄂尔多斯和阿拉善两大高原组成，为西夏最大的生态区域，约占全境的4/5以上，因此在宋朝边帅吕大忠的眼里，"夏国赖以为生者，河南膏腴之地，东则横山，西则天都、马衔山一带，其余多不堪耕牧"。① 吕大忠的认识有一定的局限性，实际上西夏的荒漠半荒漠地区也很重要。鄂尔多斯高原位于黄河大湾以南，东、西、北三面为黄河环绕，南面以长城为界。海拔一般在1200—1600米之间，西北部略高，向东南缓缓倾斜。属温带干草原和荒漠的过渡地带，流沙和固定、半固定沙丘相互交错。该地高出与之相邻的河套断陷盆地300—500米以上，使地下水的交替成为可能。同时，在广阔的地表上，白垩系沙崖透水层直接裸露地表，有利于200—500

---

① 《续资治通鉴长编》卷四六六，哲宗元祐六年九月壬辰条。

毫米年降水直接渗入补给，从而成为很有意义的供水区。① 因此，地下水丰富，且质量很好，矿化度小于 1—3 克/升。

高原的东北部为沙黄土丘陵，河谷地带海拔低于 1000 米以下，宜于耕垦畜牧，汉朝曾在这里屯垦实边，该地发现的西夏窖藏中，有不少铁犁铧、铁锄、铁镰等农具，其形制与中原地区一致。北部是沿黄河南岸的库布齐沙漠，呈东西带状分布，固定和半固定沙丘的高度一般在 10—50 米之间，严重威胁着农田和草场。沙丘间洼地的边缘因承压的缘故，往往有泉水涌出，形成植被茂密的沼泽草地。②

高原的中部和西部为起伏和缓的沙地草原与风蚀洼地。风蚀洼地广泛沉积了冲积湖积物，表面为沙层所覆盖，在风的吹蚀堆积下，成为草丛沙丘，湖泊众多，水草较好。南部为毛乌素沙地，大部分沙丘呈固定或半固定状态，丘间洼地，水草丰美，是我国沙漠水源丰富地区。③ 历史上这里湖泊众多，《新唐书》卷四三载："夏州北渡乌水，经贺麟泽、拨利干泽，过沙，次内横划、沃野泊、长泽、白城。百二十里至可朱浑水源。又经故阳城泽、横划北门、突纥利泊、石子岭，百余里至阿颓泉。又经大非苦盐池……又西五十五里有绥远城。皆灵、夏以北蕃落所居。"夏大安八年，即宋元丰四年（1081），北宋五路伐夏，王中正河东军"渡无定河，循水北行，地皆沙湿，士马多陷没，遂继谔趋夏州"。④ 说明唐代到西夏，这一地区有大片湖泊和沼泽地，李继迁立身的地斤泽就是夏州以北三百里的湖泊湿地。

鄂尔多斯地区较好的生态环境，为北方民族发展畜牧业创造了极为有利的条件。北魏时期敕勒人在这里养马二百万匹，骆驼一百万峰，牛羊无数。⑤

---

① 张天曾：《中国干旱地区地下水的形成和分布》，载赵松年主编：《中国干旱地区自然地理》，科学出版社 1985 年版。

② 中国自然地理编委会编：《中国自然地理》（总论），科学出版社 1985 年版，第 358、374 页。

③ 朱士光：《评毛乌素沙地形成与变迁问题的学术讨论》，《西北史地》1986 年第 4 期。

④ 《宋史》卷四八六《夏国传下》。

⑤ 《魏书》卷一一〇《食货志六》。

党项人进入这一地区不久，便"部落繁富"，[①] 形成了著名的平夏部，从而走上了建立西夏国的道路。

当然，鄂尔多斯地区沙漠面积大，地表组成物质粗糙，干旱少雨，多风沙，也极大地限制了农牧业的发展。这一问题从唐代开始就已十分严重，《新唐书·五行志》记载，长庆二年（822）十月，"夏州大风，飞沙为堆，高及城堞。""夏州沙碛，无树艺生业。"[②] 在唐代诗人的眼里，也是"茫茫沙漠广，渐远赫连城"。[③]

西夏时鄂尔多斯沙漠已延伸到宋夏交界的横山边缘，"横山一带两不耕地，无不膏腴，过此即沙碛不毛。"[④] "横山之北，沙漠隔限"。[⑤] 宋人沈括在《梦溪笔谈》中，对鄂尔多斯南部的毛乌素沙地有着形象的描述："予尝过无定河，度活沙，人马履之，百步之外皆动，溯溯然如人行幕上。其下足处虽甚坚，若遇其一陷，则人马驼车，应时皆没，至有数百人平陷无孑遗者。或谓此即'流沙'也。又谓沙随风流，谓之'流沙'。"[⑥] 这正是今天横山与鄂尔多斯高原交界处的"活沙区"。

阿拉善高原东起贺兰山，东北接黄河，西至玉门，北与蒙古国为界，南经合黎山、龙首山与河西走廊接壤，大部分地面海拔在1000—1500米之间，由南向北缓缓倾斜，最低处居延海海拔仅820米。

沙漠戈壁构成高原的主要景色，既是有水草的居民点，也往往以某某沙为名。后晋天福年间（936—943），供奉官张匡邺与判官高居晦出使于阗，"自灵州过黄河，行三十里，始涉沙入党项界，曰细腰沙、神点沙，至三公沙，宿月支都督帐。自此沙行四百余里，至黑堡沙，沙尤广，遂登沙岭。沙

---

① 《旧唐书》卷一九八《党项羌传》。
② 《新唐书》卷一四一《韩全义传》。
③ （唐）许棠：《夏州道中》，《全唐诗》卷六〇三。
④ 《续资治通鉴长编》卷三四七，神宗元丰七年七月丁未条载吕惠卿语。
⑤ 《续资治通鉴长编》卷四六九，哲宗元祐七年正月壬子条。
⑥ （宋）沈括：《梦溪笔谈》卷三，第52条。

岭，党项牙也，其酋曰捻崖天子。"① 沙漠中的气候非常恶劣，夏天酷暑如焚，冬天寒风凛冽，"秋冬间劲风一起，扬沙拔木，故沙漠中无大树，惟夏雨潴低地，则刚草丛生，高至数尺，质如铁线，以能御大风，故得独存，漠中植物，此为最大。"② 高原的东南部是腾格里沙漠，错布着沙丘、湖盆草滩、丘岭及平地，其中沙丘占 71%，湖盆草滩占 7%。③ 巴丹吉林沙漠分布于西南边缘，虽然大部分沙丘为流沙，但沙山之间仍有 144 个内陆湖泊。湖泊周围植被呈圆环状分布，湖滨为海韭菜、海乳草等沼泽化草甸，再往外是白刺沙滩。④ 这些湖泊主要用来游牧，为当地的畜牧中心。

高原东北的乌兰布和沙漠也基本形成，宋太宗太平兴国六年（981），王延德出使西域，途经这一地区时记载："沙深三尺，马不能行，行者皆乘橐驼。不育五谷，沙中生草名登相，收之以食。"⑤ 登相是流沙上的先锋植物，属藜科，俗称沙米。登相的特点是生长在新沙上，在生有沙蒿和禾本科草类的沙地上，则不能生长。它被称作"流沙上的先锋植物"。⑥ 王延德穿行这一地区时，采集登相以食，表明宋夏时期这一地区的沙漠化已相当严重。

高原的北部为一望无际的中央戈壁，沙砾中多生碱地植物，可以放牧。中央戈壁北端是一片绿洲，汉朝在这里设居延塞，唐朝设宁寇军，西夏设黑水监军司，元朝设亦集乃路。发源于祁连山的弱水（或称黑河）自南向北，流至下游一分为二，注入东、西居延海。根据居延海沉积物的分布情况可知，历史上该湖泊曾达到 2600 平方公里，后来逐渐缩小，到 20 世纪 40 年代，东居延海周围约 75 公里，"水色碧绿鲜明，味咸，含大量盐碱，水中富鱼族，以卿鱼最多"，"鸟类亦多，天鹅、雁、鹤、水鸡、水鸭等栖息海滨或水面，

① 《新五代史》卷七四《于阗传》。
② （清）《蒙古志》卷一《沙漠》。
③ 中国自然地理编委会编：《中国自然地理》，科学出版社 1980 年版，第 198 页。
④ 《中国自然区划概要》，科学出版社 1984 年版，第 128 页。
⑤ 《宋史》卷四九〇《高昌传》。
⑥ 侯仁之：《历史地理学的理论与实践》，上海人民出版社 1979 年版，第 93 页。

千百成群，飞鸣戏泳，堪称奇观"。"海滨密生芦草，粗如笔杆，高者及丈，能没驼上之人，极似荻苇，入秋芦花飞舞，宛若柳絮，马牛驼群，随处可遇"。西海周约150公里，"水因含碱过重，其色青黑，距水滨十里，即为湿滩，人畜不能进，亦无草水，水味苦"。①

唐代诗人王维在路经居延故城时，作《出塞作》一诗："居延城外猎天骄，白草连天野火烧。暮云空碛时驱马，秋日平原好射雕。"反映出当时居延地区水草丰茂的生态景观。从黑水城出土的大量西夏土地文书来看，西夏时期这里水草丰茂，畜牧业和农业均比较发达。② 元朝这里的生态环境还相当好，元世祖至元年间（1264—1294）曾在这里开凿渠道，溉田九十余顷。③ 当然，黑水地处沙碛，生态环境十分脆弱，除绿洲外，大部分地方"多系硝碱沙漠石川，不宜栽种"。④

2. 河套绿洲生态

河套平原是夹持在贺兰山、阴山与鄂尔多斯高原之间的一个断陷冲积平原，分今宁夏北部的西套平原与内蒙古后套平原。西套平原即西夏时的兴灵平原，位于贺兰山与鄂尔多斯高原之间，沿黄河流向呈南北延伸，南北长约250公里，东西宽约50公里，海拔一般在1100—1200米之间。后套平原介于阴山与鄂尔多斯高原之间，沿黄河由西向东伸展，长约500公里（一部分属辽朝的东胜州）。自秦汉以来，中原王朝就在河套平原开渠屯垦，由于长期灌溉，使地面沉积了深厚的淤灌层，土壤肥沃。

黄河出黑山峡进入西套平原（今宁夏平原）后，土地肥沃，水草丰足，宋人何亮指出：灵武"地方千里，表里山河，水深土厚，草木茂盛，真牧放

---

① 上见董正钧：《居延海（额济纳旗）》，载阿拉善盟政协文史资料研究委员会办公室编：《阿拉善盟旗志史料》，1987年，第88页。

② 史金波：《西夏经济文书研究》，社会科学文献出版社2017年版。

③ 《元史》卷六〇《地理志三·亦集乃路》。

④ 李逸友：《黑城出土文书》（汉文文书卷），科学出版社1991年版，第18页。

耕战之地"。① 秦汉以来进入该地的汉族和北方少数民族就在这里开凿渠道，引河灌溉。《元和郡县图志》卷四"灵州条"载："其城赫连勃勃所置果园，今桃李千余株，郁然犹在。"

屹立于平原西北侧的贺兰山，大大削弱了冬季寒流的侵袭，同时也阻挡住了腾格里沙漠的东移，对农业生产十分有利。特别是兴灵平原，当代年平均气温 8.5℃左右，一月平均气温-9℃，七月平均气温 24℃左右，日照充足，昼夜温差大，无霜期 157—170 天，② 适宜于稻麦生产，为西夏最重要的产粮区。

贺兰山又名阿拉善山，大致呈南北走向，延伸 200 余公里，东西宽 20—60 公里，海拔一般在 2000—3000 米之间，主峰达 3556 米。文献记载"山有树木青白，望如驳马，北人呼驳为贺兰"。③ 西夏时该山"冬夏降雪，有种种林丛，树、果、芜荑及药草，藏有虎、豹、鹿、獐，挡风蔽众"。④ 可见生态环境相当好，后来历经战乱和滥伐滥樵的破坏，林区面积大为缩减，20 世纪在贺兰山南端大柳木高山上明代木石结构的烽火台中，发现了用于修建烽火台的松木，其直径在 20 公分左右，而且连枝带叶，修建这些防御工事应是就地取材。⑤ 如今该地早已是石质秃山，贺兰山东麓植被缩减可见一斑。即便如此，迄今仍保存着数十万亩林地，特别是在海拔 2000—3100 米的阴坡，依然密布着云杉、油松、山杨。⑥ 山麓有耐旱灌木与杂草，为良好的天然牧场。

后套平原是指阴山以南，乌兰布和沙漠以东，西山嘴以西的区域，东西长约 500 公里（部分属辽朝东胜州），远大于西套平原（今宁夏平原）。西汉

---

① 《续资治通鉴长编》卷四四，真宗咸平二年六月戊午条。
② 银川市方志办编：《银川市情》，宁夏人民出版社 1987 年版，第 4 页。
③ （唐）李吉甫：《元和郡县图志》卷四《关内道四·灵州》。
④ 罗矛昆译：《圣立义海·山之名义》，载《圣立义海研究》，宁夏人民出版社 1995 年版，第 58 页。
⑤ 许成：《宁夏考古史地研究论集》，宁夏人民出版社 1989 年版，第 2 页。
⑥ 许成、汪一鸣：《西夏京畿的皇家林苑——贺兰山》，《宁夏社会科学》1986 年第 3 期。

王朝在此移民实边，引水灌田。① 北魏设临沃县（今内蒙古包头境），仍然引水灌田，"水上承大河于临沃县，东流七十里，北灌田，南北二十里，注于河"②。唐德宗年间在这里修浚陵阳渠、咸应渠以及永清渠灌溉田亩。③《元和郡县图志》记载："牟那山（今内蒙古乌拉山）南又是麦泊，其地良沃，远近不殊。"④ 元朝初年水利专家郭守敬上言："舟自中兴沿河四昼夜至东胜，可通漕运，及见查泊，兀郎海古渠甚多。"⑤ 兀郎海即兀剌海，为西夏黑山威福军司所在地，位于今后套平原中部。当然古代后套地区引黄灌溉不稳定，且大部分是戈壁草滩，"地多沮泽而碱卤"，⑥ "迫塞苦寒，土地卤瘠"，⑦ 多生柽柳（俗名红柳）、沙柳、芨芨草、芦草、碱草、白茨、蒿属等耐盐植被。

阴山山脉西起狼山、乌拉山，中为大青山、灰腾梁山，东到大马群山，东西长 1200 公里，南北宽 50—100 公里，平均海拔 1500—2000 米。山脉南北两坡不对称，北坡缓缓倾向内蒙古高原，属内陆水系，南坡以 1000 多米的落差直降到黄河河套平原，挺拔峻峭。西夏在阴山中西段驻军七万，以防辽朝和鞑靼。《元和郡县图志》卷四"天德军"条下载："其城居大同川中，当北戎大路，南接牟那山（今乌拉山）钳耳觜，山中出好材木，若有营建，不日可成。"说明唐代乌拉尔山中有森林分布。西夏晚期这里植被仍然比较好，野兽出没，1227 年成吉思汗率兵出征，望见穆纳山（即牟那山），降旨道："丧乱之世，可以隐遁；太平之世，可以驻牧。当在此猎捕麋鹿，以游豫晚年。"⑧

---

① 侯仁之：《乌兰布和沙漠北部的汉代垦区》，载《历史地理学的理论与实践》，上海人民出版社 1979 年版。

② （北魏）郦道元《水经注》卷三。

③ 《新唐书》卷三七《地理志一》。

④ 《元和郡县图志》卷四"天德军"条。

⑤ 《元史》卷一六四《郭守敬传》。

⑥ 《汉书》卷六四上《主父偃传》。

⑦ 《旧唐书》卷一五二《李景略传》。

⑧ 朱风、贾敬颜译：《汉译蒙古黄金史纲》，内蒙古人民出版社 1985 年版，第 25 页。

3. 半农半牧生态

半农半牧生态区由河西走廊和宋夏沿边山界组成。河西走廊东起乌鞘岭，西抵玉门关，东西长达 1300 公里，南北宽数十公里不等。走廊南面的祁连山和阿尔金山山脉，海拔在 4000 米以上。北面的龙首山、合黎山、马鬃山统称为"北山"，山势比较低矮，一般在 2000 米以下。海拔 4000 米以上的祁连山终年积雪，并形成 1400 平方公里的冰川，每年春夏之际这些冰川大量融化，汇聚成石羊河、黑河、疏勒河三大内陆水系，当代年径流量 65 亿立方米。①浸灌着走廊的万顷良田，形成一片片沙漠绿洲，自东汉迄盛唐，"民物富庶，与中州不殊"。②

祁连山及其分支焉支山还是优良的天然牧场，《西河旧事》云："山在张掖、酒泉二界上，东西二百余里，南北百里，有松柏五木，美水草，冬温夏凉，宜畜牧。"③ 焉支山，又名删丹山（即山丹山），"在县南五十里，东西一百余里，南北二十里，水草茂美，与祁连山同。匈奴失祁连、焉支二山，乃歌曰：'亡我祁连山，使我六畜不繁息。失我焉支山，使我妇女无颜色。'"④敦煌文书记录唐代甘水（今党河）上游"美草""瀑布""多野马""狼虫豹窟穴""山谷多雪"，虽只言片语，但亦见祁连山西段山高林深，雨雪充沛，狼豹出没，野马徜徉。⑤

西夏时期这里的自然植被仍相当好，西夏文类书《圣立义海》载："积雪大山（即祁连山），山高，冬夏降雪，雪体不融。南麓化，河水势涨，夏国灌水宜农也。""焉支上山，冬夏降雪，炎夏不化。民庶灌耕，地冻，大麦、燕

---

① 汤奇成、程天文：《河西走廊的河川径流》，载赵松年主编：《中国干旱地区自然地理》，科学出版社 1985 年版。

② 《文献通考》卷三二二《古雍州附案语》。

③ 《史记》卷一一〇《匈奴传·索引》。

④ （唐）李吉甫：《元和郡县图志》卷四〇《陇右道下·甘州》。

⑤ 李并成：《历史上祁连山区森林的破坏与变迁考》，《中国历史地理论丛》2001 年第 1 期。

麦九月熟，利养羊马，饮马奶酒也。"①

　　这里需要指出的是，河西走廊除石羊河、黑河、疏勒河流域的绿洲外，许多地方是荒漠戈壁，唐代边塞诗人岑参留下了"酒泉西望玉关道，千山万碛皆白草""玉门关城回且孤，黄沙万里白草枯""太守到来山出泉，黄砂碛里人种田"的诗句。② 这种戈壁绿洲的自然景观，从古到今都是如此。

　　宋夏沿边山界东起横山西至天都山，横山即古桥山，"南连耀州，北抵盐州，东接延州，绵亘八百余里。盖邠、宁、环、庆、延、绥、鄜、坊诸郡邑，皆在桥山之麓，宋人所称横山之险，亦即桥山北垂矣"。③ 位于西夏境内的横山，大体包括在银、夏、绥、宥诸州之内，这里是鄂尔多斯高原与黄土高原的连接处，尽管公元 5 世纪还是"临广泽而带清流"的夏州城，④ 当时已"深在沙漠"之中，⑤ 但大多数地方的植被还相当完好，水草丰茂，多马宜稼。发源于横山的无定河全长 442 公里，当代年径流量 15.3 亿立方米，⑥ 浸润着河谷两岸的沃土。位于西安州（今宁夏海原县境）境内的天都山，自然环境也很好，"多树种竹，豹、虎、鹿、獐居，云雾不退。谷间泉水，山下耕灌也"⑦。

　　值得一提的是西夏人将上述生态区划分为山林、坡谷、沙窝、平原、河泽五种类型：第一山林。种植诸种树草，金银宝物出处。野兽依蔽：九兽中，豹虎鹿獐居，种种野兽凭山隐蔽，众鸟筑巢树上。畜兽宜居：四畜中犛牛、羊等居山得安。土山种粮：待雨种稻，糜、粟、麻、荞相宜。

　　第二坡谷。诸禾流彩，披着艳装。野兽伏匿：九兽中，顽羊、山羊、豹

---

① 罗矛昆等：《圣立义海研究》，宁夏人民出版社 1995 年版，第 59 页。

② （唐）岑参：《赠酒泉韩太守》《玉门关盖将军歌》《敦煌太守后庭歌》，载《全唐诗》卷一九九。

③ （清）顾祖禹：《读史方舆纪要》卷五二《陕西一》，中华书局 1994 年版。

④ （唐）李吉甫：《元和郡县图志》卷四《关内道四·夏州》引《十六国春秋》。

⑤ 《续资治通鉴长编》卷三五，太宗淳化五年四月甲申条。

⑥ 陈明荣等编：《陕西省地理》，陕西人民出版社 1996 年版，第 40 页。

⑦ 罗矛昆等：《圣立义海研究》，宁夏人民出版社 1995 年版，第 60 页。

狼等隐处也。畜类饶逸：坡谷草药，四畜中白羊放牧易肥，每年产羔乳汁美。向柔择种：坡谷地向柔，待雨宜种荞麦也。

第三沙窝。坡窝生蓬，地软草茂。小兽虫藏：蝎、蛙、鼠及沙狐多藏伏。畜类牧肥：沙窝长草、白蒿、蓬头厚，诸杂草混，四畜中骆驼放牧得宜也。不种禾熟：沙窝种处不定，天赐草谷，草果不种自生。

第四平原。九兽中白黄羊、红黄羊居平谷，食水草而长。畜兽多居：四畜中宜马，多产驹，为战具也。迎雨种地：平原地沃，降雨不违农时，粮果丰也。

第五河泽。草泽浩浩，远观腾雾，近视青玄，未有旱兆。野兽多居：□鸡不少，野兔多居。畜类饶益：四畜中宜羊牛。不种生菜：草泽不种谷粮，夏菜自长，赈济民庶。①

（二）西夏政区划分与基层组织

1. 州府郡县

宋代的路是地方一级行政区划，路下设州、府、军、监，西夏则以州（府）为一级行政区划。《续资治通鉴长编》记载："赵元昊既悉有夏、银、绥、静、宥、灵、盐、会、胜、甘、凉、瓜、沙、肃，而洪、定、威、怀、龙皆即旧堡镇伪号州，仍居兴州，阻河，依贺兰山为固。"② 这是西夏初期的政区划分，进入后期，地方区划有所变化，"河之内外，州郡凡二十有二。河南之州九：曰灵、曰洪、曰宥、曰银、曰夏、曰石、曰盐、曰南威、曰会。河西之州九：曰兴、曰定、曰怀、曰永、曰凉、曰甘、曰肃、曰瓜、曰沙。熙、秦河外之州四：曰西宁、曰乐、曰廓、曰积石"。③

---

① 罗矛昆等：《圣立义海研究》，宁夏人民出版社 1995 年版，第 57 页。
② 《续资治通鉴长编》卷一二〇，仁宗景祐四年十二月条；《宋史》卷四八五《夏国传上》记载缺怀州。
③ 《宋史》卷四八六《夏国传下》。

西夏在都城、陪都及其他重要区域设府，如兴州兴庆府，后更名中兴府，灵州西平府，后更名大都督府，凉州西凉府、甘州宣化府等，府和州同属地方一级区划，但其地位比州重要，西夏的州府大体分为上中下末四等，府当属于上州，故《宋史》在叙述西夏地方区划时，将兴庆府（中兴府）、西平府（大都督府）、西凉府直接曰兴州、灵州和凉州，而不作府。不过，西夏府的地位明显高于州，西夏中后期位列次等司的州府有中兴府、大都督府、西凉府、府夷州、中府州，而灵武郡和甘州城作为大都督府和府夷州的驻地，位列下等司，凉州作为西凉府的驻地，位列末等司。由堡寨号为州的洪、定、威、龙等州，实际上就是一个边城。夏仁宗大庆年间（1140—1143），负责夏金南边榷场交易的官员是"碓场使兼拘碓西凉府签判"，① 从一个侧面反映出西凉府的管辖范围大于凉州城。

郡作为一级区划从秦朝开始，汉代一级区划为州，唐代州郡不一，有时废州设郡，有时废郡设州，宋代以州为区划，但将郡的名称保留下来，作为郡望，一般上州和府均有郡望，如次府，京兆府，京兆郡，永兴军节度；次府，河中府，河东郡，护国军节度；大都督府，陕州，陕郡，保平军节度；中都督府，延州，延安郡，彰武军节度；中府，庆州，安化郡；上州，鄜州，洛交郡，保大军节度；中州，解州，防御；下州，环州，军事；同下州，保安军。② 作为中、下州的解州、环州以及同下州的保安军是没有郡望的。西夏的郡有的因袭前代郡望，如灵州灵武郡、盐州五原郡、沙州敦煌郡；③ 有的具有控扼地方的作用，如在甘州设镇夷郡，在肃州设蕃和郡，以加强对该地回鹘、吐蕃等民族的统治。④ 西夏中后期文献多称府郡，黑水城出土汉文西夏榷场文书记载，在南边榷场交易的商贩分别来自镇夷郡和西凉府，而不称甘州

---

① 杜建录、史金波：《西夏社会文书研究》，上海古籍出版社 2012 年增订本，第 233 页。
② （宋）王存：《元丰九域志》卷三《陕西路》。
③ 《西夏地形图》，《西夏纪事本末》卷首。
④ 吴天墀：《西夏史稿》，四川人民出版社 1980 年版，第 204 页。

和凉州。① 《天盛改旧新定律令·司序行文门》记载，同时设大都督府和灵武郡，大都督府属第二等司，灵武郡属第四等司，和定远县、怀远县、临河县、甘州城司、永昌城并列。说明西夏中后期的灵武郡属大都督府管辖，其地位和城司相等，或本身就是灵州城司。

县级区划只在府和上州设置，《天盛改旧新定律令》记载的县有华阳县、治远县、五原县、定远县、怀远县、临河县、保静县、富清县、真武县、河西县等，这些县有的在京师界，有的在大都督府界，有的在西凉府界。这是西夏中后期的县域划分。西夏发祥地自来有完整的州县乡里设置，元和年间（806—820），夏州节度使统银夏绥宥四州十三县，其中夏州辖朔方、德静、宁朔、长泽四县；绥州辖龙泉、延福、绥德、城平、大斌五县；银州辖儒林、真乡、开光、抚宁四县。宥州地处荒漠，不辖县。夏州拓跋政权建立后，长期领有银夏绥宥四州八县之地，西夏建国前期，这些县应该保留下来。后来随着宋夏两国对横山长达百年的争夺，绥州被宋朝占领，宋金之际夺回，银、夏等州残破衰落，不仅裁撤属县，连自身也降为五等司中的末等。

里溜（又作迁溜）相当于保甲，是西夏基本社会组织，十户遣一小甲，五小甲遣一小监，二小监遣一农迁溜，分别由下臣、官吏、独诱、正军、辅主担任甲长、小监和迁溜。② 一迁溜管附近几个村庄或一段渠道的农户，往往是自然的数字，而不是整一百户。③ 里溜平时核查户口、组织生产、督促赋税、维持治安，战时带所属部落兵出征。

夏州拓跋政权首领和僚属的墓志铭记载县下设乡里，如拓跋守寂葬于"银州儒林县新兴乡招贤里欢乐平之原"，定难军摄节度判官毛汶葬于"朔方

① 杜建录、史金波：《西夏社会文书研究》，上海古籍出版社 2012 年增订本，第 223—240 页。

② 《天盛改旧新定律令》卷一五《纳领谷派遣计量小监门》。

③ 编号4991-6《里溜人口税账》："里溜梁肃寂勾管五十九户全户及三十九人单身，男女大与小总计二百二十一人，税粮食五十六石四斗数"。编号为6342-2《户籍账》："里溜饶尚般百勾管七十九户，共二百二十人，大一百八十人，小四十人"。（史金波：《西夏经济文书研究》附录"西夏经济文书录文、对译和意译"，社会科学文献出版社 2017 年版，第 484、455 页）

县崇信乡绥德里峻岭原",夏银绥宥等州观察支使何德璘葬于"朔方县崇信乡绥德里张吉堡之右",夏州观察支使何公葬于"夏州朔方县崇信乡绥德里",拓跋政权大首领的家族墓地就在夏州朔方县仪凤乡奉政里乌水原,奉政里又作奉正里。① 西夏立国后,这里的乡里自然成为里溜。在荒漠半荒漠牧区没有州郡县区划,由监军司直接管理宗族部落,中小部落首领就是基层迁溜首领。在宋夏沿边和河西走廊半农半牧区,既设置州郡,又设置监军司,二者均兼顾军民,② 所不同的是州郡侧重行政,监军司侧重军政,且管辖范围更广。

2. 监军司

西夏的监军司和地方州郡平行,以军事为主,兼理民政。宋人在军赏中,将西夏监军司的正监军和州郡的郡守同等对待。③ 景宗李元昊建国时,在全境"置十二监军司,委豪右分统其众"。它们分别是左厢神勇、石州祥祐、宥州嘉宁、韦州静塞、西寿保泰、卓啰和南、右厢朝顺、甘州甘肃、瓜州西平、黑水镇燕、白马强镇、黑山威福。④《宋史》对这十二个监军司排序是有规律的,它从东部开始,由远及近按照顺时针方向逐一展开。⑤ 对照《西夏地形图》所列位置,他们分别是:左厢神勇军司,驻今陕西府谷县无定河西;石州祥祐军司,驻今陕西横山东北无定河畔;宥州嘉宁军司,驻今内蒙古鄂托克前旗宥州古城;韦州静塞军司,驻今宁夏同心县韦州镇;西寿保泰军司,

---

① 相关墓志铭见杜建录:《党项西夏碑石整理研究》,上海古籍出版社 2015 年版。
② (宋)郑刚中《西征道里记》:"夏国左厢监军司接麟、府沿边地分,管户二万余;宥州监军司接庆州、保安军、延安府地分,管户四万余;灵州监军司接泾、原、环、庆地分,沿边管户一万余,兹其大略也。"
③ 《宋会要辑稿》兵·军赏一八之七:元丰四年军赏,斩获西夏"大首领谓正监军、伪置郡守之类,四官,赐绢五十疋;次首领谓副监军及贼中所遣伪天赐之类,三官,赐绢三十匹;小首领谓钤辖、都头、正副寨主之类,两官,赐绢二十匹;蕃丁一级转一资,赐绢二十匹"。
④ 《宋史》卷四八五《夏国传上》。
⑤ 鲁人勇:《西夏地理志》,宁夏人民出版社 2012 年版,第 97 页。

驻今宁夏海原县高崖乡草场古城；卓啰和南军司，驻今甘肃永登县庄浪河西南；右厢朝顺军司，驻今甘肃武威西北；甘州甘肃军司，驻今甘肃张掖市甘州区；瓜州西平军司，驻今甘肃酒泉瓜州县锁阳城镇东南；黑水镇燕军司，驻今内蒙古额济纳旗黑水古城；白马强镇军司，驻今内蒙古阿拉善盟左旗北；黑山威福军司，驻今内蒙古阴山南。

西夏后期增加到十八个监军司，①《天盛改旧新定律令》记载十七个监军司，分别是石州、东院、西寿、韦州、卓啰、南院、西院、沙州、啰庞岭、官黑山、北院、年斜、肃州、瓜州、黑水、北地中、南地中，其中石州、西寿、韦州、卓啰、瓜州、黑水、官黑山（黑山威福）七个监军司与前期重名，南院、南地中、北地中、沙州、啰庞岭、年斜六个是新置。其余为更名，其中右厢朝顺更名西院，白马强镇更名北院，甘州甘肃更名肃州监军司，并由甘州移置肃州，左厢神勇更名东院，并由银州东北移置夏州。②

夏奲都六年，即宋嘉祐七年（1062），西夏宥州向宋延州递送公牒，称"改西寿监军司为保泰军，石州监军司为静塞军，韦州监军司为祥祐军，左厢监军司为神勇军"。③ 同时，在灵州西平府设翔庆军。④ 这四个监军司对接的是宋朝边面，夏毅宗谅祚即位后，向宋朝示好，改蕃礼为汉礼，同时将对准宋朝的监军司改名保泰、静塞、祥祐、神勇等名称。将监军司名用传统祥和的文字表述，也是向宋朝示好的表现。《西夏地形图》所记的保太军、静寨军、神勇军、祥祐军、嘉宁军、清远军、祥庆军、和南军、甘肃军、朝顺军、

---

① 《续资治通鉴长编》卷一二〇，仁宗景祐四年十二月条记载："置十八监军司、委酋豪分统其众"。和《宋史·夏国传》不同，《续资治通鉴长编》把后期监军司数误作前期；《续资治通鉴长编》卷三一八，神宗元丰四年十月丙寅条："种谔言，捕获西界伪枢密院都案官麻女喫多革，熟知兴、灵等州道路、粮窖处所，及十二监军司所管兵数。"说明1081年（夏大安七年），西夏仍是十二个监军司。增至十八个监军司是一个过程，《天盛改旧新定律令》只记录十七个监军司。

② 鲁人勇：《西夏地理志》，宁夏人民出版社2012年版，第98页。

③ 《宋史》卷四八五《夏国传上》；《续资治通鉴长编》卷一九六，仁宗嘉祐七年六月癸未条："改西市监军司为保泰军，威州监军司为静塞军，绥州监军司为祥祐军，左厢监军司为神勇军"。和《宋史》有出入，待考。

④ 《西夏书事》卷二〇引刘温润《西夏须知》。

镇燕军、贺兰军等,^① 大都是吉祥的名称,其中保太军、静寒军、神勇军、祥祐军是毅宗李谅祚时改置的,其他是此后设置的,有的是监军司改名,有的是新设置。《天盛改旧新定律令》记载西夏中期设有鸣沙军、虎控军、威地军、大通军、宣威军。军在宋代属州一级行政区划,主要设在军事要地或山川险僻多聚寇盗之处,地位等同于下州,如设在对西夏边面的保安军(今陕西志丹县)和镇戎军(今宁夏固原市原州区)。西夏和宋朝不一样,监军司改名为军,并不是把其改制成地方州一级行政区划,其亦兵亦民部落兵制下军民合一的性质没有改变。

3. 经略司

西夏中期开始,为了加强对地方特别是部落豪酋的控制,在地方监军司和州郡之上设置经略司。《天盛改旧新定律令》卷一〇《司序行文门》记载:"经略司者,比中书、枢密低一品,然大于诸司。"经略司不在五等司内,说明它的特殊性,也即具有中央派出机构的性质,负责监察地方,而不是地方最高行政机构,相当于唐代的道。因此,它比中书、枢密低一品,然大于诸司。与之相对应的经略司印次于中书、枢密印,高于正统司印,银质,二十五两重,长宽各二寸三分。^②

文献明确记载西夏设有东经略司和西经略司,^③ 位于西夏的左右两厢。《天盛改旧新定律令》记载的东南经略司和西北经略司,^④ 可能是指东、南、西、北四个经略司。京畿地区、大都督府及啰庞岭以外的地方重大军政、民

---

① "加宁"当即"嘉宁","保太"当即"保泰","和南"当指"卓啰监军司"。

② 《天盛改旧新定律令》卷一〇《官军敕门》。

③ 《天盛改旧新定律令》颁律表记载参与律令修订的有"东经略使副、枢密承旨、三司正、汉学士赵□";《金史》卷六一《交聘表中》记载"东经略使苏执礼";武威西夏墓出土木板题记载,大夏天庆八年(1201)葬"故亡考任西路经略司兼安排官□两处都案刘仲达灵匣"(陈炳应:《甘肃武威西郊林场西夏墓题记、葬俗略说》,载白滨主编:《西夏史论文集》,第546—554页);《俄藏黑水城文献》黑水城告牒中有西经略司。

④ 《天盛改旧新定律令》卷四《修城应用门》。

政、财政事务须通过经略司上报中书、枢密，① 如"边中诸司各自所属种种官畜、谷物"的借领、供给、交还、偿还、催促损失等，由所属大人检校，然后依"地程远近次第，自三个月至一年一番当告中书、枢密所管事处。附属于经略者，当经经略使处依次转告。不附属于经略使处，当各自来状。"② "诸牧场四种官畜中患病时，总数当明之。隶属于经略者，当速告经略处，不隶属于经略者，当速告群牧司。验者当往，于病卧处验之。"③ 每年十月一日开始的军马、盔甲、武器校验，由殿前司奏报国主批准，属经略司管辖者，由经略司派遣胜任人为校验队将，校验结束后将典册报送殿前司。不属经略司管辖者，则由殿前司直接派遣胜任人校验。④ 还有国内有获死罪、劳役、革职、革军、降官、罚马等公事等，依季节由边境刺史、监军司等报于其处经略，经略人亦再查其有无失误，核校无失误则与报状单接。⑤ 应派遣盈能、副溜时，监军司大人按照一定选拔条件于首领处遴选，依次经正副统、经略司报请枢密使批准，方可以派遣。⑥ 囚犯等因病、管理不善致死时，所属司报于经略司，然后依文武次第分别报中书、枢密。⑦

4. 城堡寨

西夏的城有四种类型，有的是州府的驻地，如位列末等司的凉州，当是凉州城，属次等司西凉府的驻地；有的是堡寨号为州，实际是城的建制，如龙州、石州等，龙州就是地边二十一种城之一；有的是地位衰落的州，如列

---

① 《天盛改旧新定律令》卷四《事过问典迟门》："边中监军司、府、军、郡、县问种种习事中，应获死、无期之人，于所属刺史审刑中……，报经略职管司等，当待谕文。不系属于经略之啰庞岭监军司者，自杖罪至六年劳役于其处判断。获死罪、长期徒刑、黜官、革职、军等行文书，应奏报中书、枢密，回文来时方可判断"。说明设大都督府的啰庞岭监军司不属经略司统辖。
② 《天盛改旧新定律令》卷一七《库局分转派门》。
③ 《天盛改旧新定律令》卷一九《畜患病门》。
④ 《天盛改旧新定律令》卷五《季校门》。
⑤ 《天盛改旧新定律令》卷九《诸司判罪门》。
⑥ 《天盛改旧新定律令》卷六《行监溜首领舍监等派遣门》。
⑦ 《天盛改旧新定律令》卷九《行狱杖门》。

为末等司的夏州、绥州等；有的是地位重要的堡寨。监军司和州府驻地一般是大城，守大城的"州主、城守、通判弃城，造意等有官无官，及在城中之正副溜中无官等，一律以剑斩"。① 州主、城守、通判平时要对城墙和战具进行维修和整治，并按期将有关情况上报监军司。如果"每年不按期以状告监军司而懈怠时，城主、城守、通判等一律有官罚马一，庶人十三杖，以下局分人一律十杖"。②

由堡寨号城者，一般设在要害之处，或是军事据点，或是蕃部酋豪所在，或蕃汉和市交易中心，个别的城由于军事和经济上的缘故，甚至比一般的小州还重要。如夏天授礼法延祚三年，即宋宝元三年（1040）九月，宋环庆路副部署任福偷袭西夏白豹城，"凡烧庐舍、酒务、仓草场、伪太尉衙"。③ 太尉是由贵族担任的京官，地位相当高，史载西夏官分文武班，"自中书令、宰相、枢使、大夫、侍中、太尉已下，皆分命蕃汉人为之"，④ 由此可见白豹城地位之重要。

西夏大部分城筑在边地，如兀纳剌城，又作兀剌孩城、兀剌海城、斡罗孩，防御蒙古重要据点，元太祖四年（1209）被蒙古攻陷，俘西夏太傅西壁氏。⑤ 凡川城，又作凡川会，控扼河湟吐蕃唃厮啰与宋朝交通要道。夏大庆二年，即宋景祐四年（1037），元昊为断绝河湟吐蕃与宋朝的交通，发兵兰州南面的马衔山，筑城凡川，留兵戍守。⑥ 打啰城，天都山要害之地，夏大安八年，即宋元丰四年（1081），宋朝五路伐夏，熙河路李宪经打啰城到达天都，烧南牟府库而还。⑦

---

① 《天盛改旧新定律令》卷四《弃守大城门》。
② 《天盛改旧新定律令》卷四《修城应用门》。
③ 《续资治通鉴长编》卷一二八，仁宗康定元年九月壬申条。
④ 《宋史》卷四八五《夏国传上》。
⑤ 《元史》卷一《太祖纪》："四年己巳春，畏吾儿国来归。帝入河西，夏主李安全遣其世子率师来战，败之，获其副元帅高令公。克兀剌海城，俘其太傅西壁氏"。
⑥ 《续资治通鉴长编》卷一一九，仁宗景祐三年十二月辛未条；《宋史》卷四八五《夏国传上》。
⑦ 《宋史》卷四六七《李宪传》。

西夏的堡寨也主要集中在地边特别是夏宋沿边地区，这与该地属于定居农耕和半农半牧区有很大关系。景宗李元昊建国前夕在沿边山险之地修筑了三百余处，[①] 如果加上以后不断修筑和从宋朝手中夺取的，为数就更多了。若保守地按四百余处估计，则平均每个边州约有四十余处，西夏沿边堡寨数量之所以如此之众，可能与其分大小两种有关，所谓大寨，即筑城建池、重兵戍守的堡寨，大率"各相去二三十里，每寨实有八百余人，马四百匹"。[②] 占地面积一般在五千平方米左右，四边或三边开有寨门，有的凿有护寨壕。[③] 这种有别于小堡寨的城池就是大寨，有时也称作城，[④] 如白豹城又作白豹寨，金汤城又作金汤寨。龛谷城，又作龛谷堡，本吐蕃康古城，夏大庆元年（1036）被景宗李元昊攻占，改名龛谷城，西夏在此存储粮草兵器，号"御庄"。[⑤]

小堡寨大多是夯筑的土围子，具有规模小、数量多的特点，沿边个体族帐多依附堡寨居住，所谓"蕃部各有堡子守隘"，"其城垒皆控险，足以守御"。[⑥] 外敌入侵时，老幼退保堡寨，壮者因险设伏，邀击敌兵，入侵者"兵少则难追，多则难行"。[⑦] 夏天授礼法延祚三年，即宋康定元年（1040）十月，宋将葛怀敏等率众分六路攻夏州，到达洪州时，"夏人结寨捍拒，阴令横山蕃部，尽据险要，出邀宋军后。怀敏等战不胜，再宿而退。"[⑧] 城堡寨作为军民合一的机构，上承州县和监军司，平时组织所属蕃部生产，同时和邻寨以及

---

① 《续资治通鉴长编》卷一三二，仁宗庆历元年五月甲戌条：李元昊"始于汉界缘边山险之地三百余处，修筑堡寨，欲以收集老幼，并驱壮健，为入寇之谋"。《宋史》卷三二三《马怀德传》记载：延州东路巡检马怀德以所部入夏境，先后"破遮鹿、要册二砦"，"烧荡贼海沟、茶山、龙柏、安化十七砦三百余帐"，"夷黑神、厥保等十八砦"，"又城绥平，破贼青化、押班、吃当三砦"。仅马怀德一将就破了西夏四十座堡寨，可见元昊在宋朝边界修筑了三百余处堡寨并非妄言。

② 《续资治通鉴长编》卷四七一，哲宗元祐七年三月甲午条。

③ 陈炳应：《西夏文物研究》，宁夏人民出版社1985年版，第102页。

④ 《续资治通鉴长编》卷二八〇，神宗熙宁十年二月丙戌条：宋神宗诏鄜延路经略司："如西界修小堡寨，更不牒问；若违誓诏，修建城池，当牒问后奏候朝旨。"

⑤ 《续资治通鉴长编》卷三一六，神宗元丰四年九月乙未条。

⑥ 《宋史》卷三三五《种谔传》。

⑦ 《续资治通鉴长编》卷一三〇，仁宗庆历元年正月戊午条。

⑧ 《西夏纪》卷七，宋仁宗康定元年十月，第192页。

所属哨卡、口铺、烽燧组织联防，阻止骑探入界和蕃部族帐叛逃，战时则点集战斗或负责本寨人户坚壁清野。西夏还有一种小寨是简易的栅栏，景宗李元昊时，外戚没藏讹庞为侵耕宥野河西地，"插木置小寨三十余所于道光、洪崖之间"。① 这种具有标识意义的小寨，军事上的防御意义不大。

5. 左厢右厢和东南西北四院

左厢、右厢是以京师为中心来界定，京师的左面是左厢，右面是右厢。《宋史》在记载西夏兵力部署时指出："自河北至午腊蒻山七万人，以备契丹，河南洪州、白豹、安盐州、罗落、天都、惟精山等五万人，以备环、庆、镇戎、原州；左厢宥州路五万人，以备鄜、延、麟、府；右厢甘州路三万人，以备西蕃、回纥；贺兰驻兵五万、灵州五万人、兴州兴庆府七万人为镇守。"② 显然，西夏建国初期的左厢宥州路是京师左边的银、夏、绥、宥地区，不是专指宥州；右厢甘州路是京师右边的河西甘、凉、瓜、沙地区，不是专指甘州。西夏中后期的左厢或右厢有时是几个州，有时是一个州。夏天祐民安八年，即宋绍圣四年（1097），吕惠卿在上言进筑米脂、细浮图等城堡时指出，西夏"左厢石、宥、韦州防拓人马三五万人"，直接指出左厢宥、石、韦三州。③ 宋人郑刚中《西征道里记》载："夏国左厢监军司接麟、府沿边地分，管户二万余；宥州监军司接庆州、保安军、延安府地分，管户四万余；灵州监军司接泾、原、环、庆地分，沿边管户一万余，兹其大略也。"④ 这里的左厢监军司专指某个州，而且不包括宥州。

西夏后期设置的十七个监军司有具体地名的是石州、西寿、韦州、卓啰、沙州、啰庞岭、官黑山、年斜、肃州、瓜州、黑水，另有六个用方位来命名，

---

① 《续资治通鉴长编》卷一八五，仁宗嘉祐二年二月壬戌条。
② 《宋史》卷四八五《夏国传上》；《续资治通鉴长编》卷一二〇，仁宗景祐四年十二月条。
③ 《续资治通鉴长编》卷四九二，哲宗绍圣四年冬十月丙戌条。
④ （宋）郑刚中：《北山集》卷一三《西征道里记并序》，文渊阁四库全书影印本。

即东院、西院、南院、北院监军司和北地中、南地中监军司。① 四院和北地中、南地中同时设置，说明北院和南院不是北地中和南地中。前揭西院由右厢朝顺更名，并由甘州移到肃州，北院由白马强镇更名，东院由左厢神勇更名，并由银州东北移置夏州。南院是新设立，当是西凉府。立石夏天祐民安五年（1094）的《凉州重修护国寺感应塔碑铭》夏汉合璧，西夏文铭文中的"南院"，对应的是汉文铭文的"右厢"，② 说明当时的都城兴庆府西南的西凉府为南院，同时也可称右厢。甘、凉等州都可称右厢，反映出西夏左右厢所指比较宽泛。

6. 京畿、边中、地边、地中

京畿、边中、地边、地中是西夏常用的地理概念，京畿又称京师界，包括中兴府（兴庆府）、南北二县、五州地。③ 南北二县是华阳县和治源县，五州是怀、定、静、永、顺五个小州，均由堡镇号州，故又以县相称，如怀远县、定远县、临河县、保静县等。

边中是地中、地边的合称，是西夏京畿之外的区域。地中，是指京畿和地边中间地区，地中、地边设州、府、郡、县、监军司、城、堡、寨。其中监军司、转运司在地边地中均设置，踏曲库多在京师及地中设置，卖曲库在地中地边均设置。城寨多设置地边，《天盛改旧新定律令》记载的地边城司有永便、孤山、魅拒、西宁、边净、末监、胜全、信同、应建、争止、甘州、龙州、远摄、合乐、真武县、年晋城、定边城、卫边城、折昌城、开边城、富清县、河西县、安持寨、西院、宥州、鸣沙等 26 种。④

西夏政区划分特色鲜明，一是监军司和州府在区划上相互重叠，在职责

---

① 《天盛改旧新定律令》卷一〇《司序行文门》。
② 史金波：《西夏社会》，上海人民出版社 2007 年版，第 315 页。
③ 《天盛改旧新定律令》卷一四《误殴打争门》。
④ 《天盛改旧新定律令》卷一〇《司序行文门》。

上军民融合，监军司兼理民政，州府兼理军政。监军司和州往往不分彼此，前引"夏国左厢监军司接麟、府沿边地分，管户二万余；宥州监军司接庆州、保安军、延安府地分，管户四万余；灵州监军司接泾、原、环、庆地分，沿边管户一万余，兹其大略也。"[①]

二是设置财赋路，加强财赋的征收和监管。西夏立国初期，地方收入主要归部落首领为代表的各级官府所有，中央财政主要靠青白盐等专卖和对外贸易收入支撑。"元昊数州之地，财用所出，并仰给于青盐"。[②] 中期以后，随着中央集权的加强，在天盛年间（1149—1169）或此前，开始设置转运司，负责财赋的征收和转运，其中京畿中兴府、大都督府设都转运司，其品级和群牧司、农田司平行，属中等司；西院、南院、寺庙山、肃州、瓜州、沙州、黑水、官黑山、卓啰等地设置转运司，其品级和地边城司平行，属下等司。这里需要指出的是，西夏转运司路的设置虽然受宋朝的影响，但和宋朝的路有很大区别。宋代的路是地方最高区划，设帅、漕、宪、仓四个机构，分别掌管军事、财赋、司法、农业，西夏的转运司路则不是一级政区，其军事、司法、农业依然由州郡府县和监军司负责。西夏设东、南、西、北四个经略司，京畿地区、大都督府及啰庞岭以外的地方重大军政、民政、财政事务需通过经略司上报中书、枢密，也具有"路"的性质，但远比财赋路管辖的范围要大。西夏区划上的多样性，反映出其在保留本民族制度的基础上，对中原和其他地区制度广泛吸收的特点。

（三）西夏的州府沿革

1. 京畿诸州

兴州，景宗李元昊升为兴庆府，治怀远县（今宁夏银川市兴庆区）。本宋

---

① （宋）郑刚中：《北山集》卷一三《西征道里记并序》，文渊阁四库全书影印本。
② （宋）包拯：《包孝肃奏议》卷九《论杨守素》，文渊阁四库全书影印本。

灵州河外怀远镇，宋咸平四年（1001）被李继迁攻取。宋天禧四年（1020），李德明"城怀远镇而居之，号兴州"。① 夏显道二年（1033），景宗李元昊升为兴庆府，领南北二县，五个小州。半个世纪后，更名中兴府，属次等司。1227年被蒙古占领，元初为西夏行中书省驻地。

定州，治定远县（宁夏平罗县姚伏镇）。本宋灵州河外定远镇，至道年间（995—997）置威远军。宋咸平四年（1001）李继迁攻取，夏大庆元年（1036）景宗李元昊升为定州。② 属堡镇号州，规模较小，西夏中后期常以定远县名义出现，属于下等司，③ 成为中兴府的属县。

怀州，治临河县（今宁夏银川市掌政镇东洼路村），本灵州河外临河镇，宋咸平四年（1001）李继迁攻取，夏大庆元年（1036）景宗李元昊升为怀州。④ 东距黄河十里，西夏在此设顺化渡，中兴府东至辽朝驿路在此渡河。怀州属堡镇号州，规模较小，西夏中后期常以临河县名义出现，属下等司，成为中兴府的属县。

静州，唐灵州保静县，宋废为保静镇，宋咸平四年（1001）李继迁攻取，西夏建国后号静州。《武经总要》记载："保静镇，本河外镇，咸平中陷，今为伪静州"。⑤ 大多数情况下以保静县出现，属下等司，成为中兴府的属县。

永州，治今宁夏永宁县杨和镇，宋河外地，宋咸平四年（1001）李继迁

---

① 《续资治通鉴长编》卷九六，真宗天禧四年闰十二月条；《宋史》卷四八五《夏国传上》记载天圣元年（1023）。据李焘考证，《德明正传》记城兴州在李士彬斩腊儿后，案李士彬在天圣元年正月斩腊儿，故从《续资治通鉴长编》。

② 《武经总要·前集》卷一八《西蕃地理》："定远镇，唐制朔方节度，下定远一军七千余人在北（此）城。南至怀远镇一百里，西贺兰山六（十）里，西南至（州）二百里。本朝至道中建为威远军，咸平中陷，今为伪定州"；《太平寰宇记》卷三六："定远镇，管蕃部四：鞠家族都指挥使鞠守荣、鞠再遇等一务；笆浪族巡检使西遄等一务；富儿族巡检使越啜等一务；小阿父儿族巡检使遇悉遄等一务。"

③ 《天盛改旧新定律令》卷一〇《司序行文门》，下同。

④ 《续资治通鉴长编》卷一二〇，仁宗景祐四年十二月条；《宋史》卷四八五《夏国传上》记载漏怀州。

⑤ 《武经总要·前集》卷一八《西蕃地理》。

攻取,《宋史》所记西夏后期河西九州之一。《西夏地形图》将永州标在兴州以南、静州以北,约今永宁县城所在的杨和镇。

顺州,治今宁夏青铜峡邵岗镇西。唐为灵州河外灵武县,宋初改为镇,宋咸平四年（1001）李继迁攻取,西夏建国后号顺州,《武经总要》记载:"灵武镇,外河镇也,南渡河至灵武州五十里,东保静镇四十里,西贺兰山六十里,北怀远镇七十里,咸平中陷,今为伪顺州。"① 大多数情况下以保静县出现,属下等司,成为中兴府的属县。

灵州,大都督府,治回乐县,今吴忠市利通区古城湾。② 唐设大都督府,宋为节度使治所。宋咸平五年（1002）李继迁攻取,易名西平府,都而据之。1020 年迁都兴州后,灵州为都城兴州（兴庆府）之障蔽,河东地区政治经济军事文化中心。西夏中后期升大都督府,属次等司。设啰庞岭监军司（又称灵州监军司）、③ 大都督府都转运司。啰庞岭监军司为中央镇戍军,任得敬专权期间一度和大都督府并归任得敬控制。仁宗李仁孝铲除任得敬后,收归中央控制。

鸣沙郡,治鸣沙县,属灵州大都督府。隋唐鸣沙县,宋废县设州,咸平中入西夏,复置鸣沙县,《天盛改旧新定律令》记为鸣沙军、鸣沙郡,为中等司,地位高于河西京师界小州。④ 鸣沙灌溉农业发达,是西夏粮食生产基地,设有"御仓"。夏大安八年,即宋元丰四年（1081）,北宋五路伐夏,刘昌祚泾原路大军抵鸣沙,得窖藏米百万。⑤

---

① 《武经总要·前集》卷一八《西蕃地理》。
② 西夏以前灵州治回乐县,即今吴忠市利通区古城乡古城湾,西夏灵州治所也当在此,明代因黄河水毁,州城向东迁移三次,最后稳定在今灵武市城关镇。参见白述礼:《古灵州城址再探》,《宁夏大学学报》2013 年第 5 期。
③ （宋）郑刚中:《北山集》卷一三《西征道里记并序》,文渊阁四库全书影印本。
④ 《天盛改旧新定律令》卷一五《催租功罪门》:"催促水浇地租法:自鸣沙、大都督府、京师界内等所属郡、县及转运司大人、承旨等,每年当派一人"。
⑤ 《续资治通鉴长编》卷三一八,神宗元丰四年十月辛巳条。

2. 南部诸州

威州，治今宁夏同心县下马关镇红城水古城。西夏建国初堡镇号州，又作南威州。① 唐咸亨三年（672）为安置吐谷浑设安乐州，后更名长乐州，至德（756—757）后陷吐蕃，唐大中三年（849）收复，更名威州，五代废。咸平中（998—1003）李继迁攻取，景宗李元昊建国初升为州。同时在州北十五里筑韦州静塞监军司城，因州在监军司城南，故称南威州。夏奲都六年（1062），毅宗李谅祚更韦州监军司为祥祐军。

会州，治今甘肃靖远县。唐会州，唐末陷吐蕃，宋初复置会州，咸平（998—1003）中入西夏，西夏建国初诸州之一。夏永安二年，即宋元符二年（1099）八月，宋朝攻取，改隶熙河兰会路。夏正德元年，即宋靖康二年（1127）被金朝攻占。夏乾祐十四年（1183），西夏收复会州。金在会川城侨置会州，为新会州，西夏会州是"古会州"。②

西安州，治南牟会（今宁夏海原县西安镇西安州古城）。夏天授礼法延祚五年（1042），景宗李元昊纳妃没𣗊氏，于天都山下南牟会营建离宫。夏大安八年，即宋元丰四年（1081），宋朝五路伐夏，熙河路李宪破南牟会，焚元昊离宫，旋被西夏收复。夏永安二年，即宋元符二年（1099）再次被宋朝占领，建为西安州。夏元德八年，即宋靖康元年（1126）西夏收复，仍为西安州。夏人庆三年，即金皇统六年（1146），金朝正式承认西夏对西安州等沿边州军的占领。③《天盛改旧新定律令》不载此州，疑西夏后期废为城。

3. 东部诸州

盐州，治今陕西定边县西南。唐置盐州五原郡，宋初因之，领五原县。

---

① 《宋史》卷四八六《夏国传下》。
② 鲁人勇：《西夏地理志》，宁夏人民出版社 2012 年版，第 57 页。
③ 《金史》卷二六《地理志下·庆原路》："皇统六年，以德威城、西安州、定边军等沿边地赐夏国，从所请也。"

夏宋景德约和后入西夏，景宗李元昊建国前诸州之一。境内有乌池、白池等，盛产青白盐，为西夏经济命脉所在，"元昊数州之地，财用所出，并仰给于青盐"。① 宋人何亮在《安边书》中写道："乌、白盐池，夏贼泪诸戎视之犹司命也。"②

安州，治今陕西吴旗县铁边镇铁边城。本宋庆州蕃戎地，景宗李元昊建国前由堡镇号州。《武经总要》记载：自庆州淮安镇西北入通塞川，"取车箱峡路过庆州旧蕃戎地，今伪建安州"。③ 安州为防御宋朝的军事要地，西夏在此驻军设防。④

夏州，治统万城（今陕西靖边县北白城子古城），夏州拓跋政权驻地，西夏最早属州。东晋匈奴赫连勃勃筑城建大夏国，赫连勃勃亡国后置夏州，隋改朔方郡，唐复为夏州，为夏州节度使住地。唐中和元年（881），党项大首领拓跋思恭因助唐镇压黄巢起义有功，授夏州节度使，次年封夏州节度使为定难节度使。历唐末五代到宋初，拓跋部世领银夏绥宥四州八县之地。宋太平兴国七年（982），夏州定难节度使李继捧入朝，献出世代居住的银夏绥宥四州之地，留居汴京开封。李继捧族弟李继迁反对献出世居的故土，起兵抗宋。宋淳化五年（994），宋太宗以夏州城坚如铁石，若被李继迁占据，就难以制服。乃下诏"隳夏州故城，迁其民于绥、银等州，分官地给之"。⑤ 至道三年（997）宋朝授李继迁夏州节度使，银夏绥宥四州疆土又回到夏州拓跋部手中。

夏大安八年，即宋元丰四年（1081），宋朝五路伐夏，由于西夏坚壁清野，主力退守京畿，鄜延路种谔和麟府路王中正相继顺利进入夏州城，城中

---

① （宋）包拯：《包孝肃奏议》卷九《论杨守素》，文渊阁四库全书影印本。
② 《续资治通鉴长编》卷四四，真宗咸平二年六月戊午条。
③ 《武经总要·前集》卷一八《西蕃地理》。
④ 《宋史》卷四八五《夏国传上》："河南洪州、白豹、安、盐州、罗落、天都、惟精山等五万人，以备环、庆、镇戎、原州。"
⑤ 《续资治通鉴长编》卷三五，太宗淳化五年四月乙酉条。

居民只有数十家。① 从一个侧面反映出由于政治中心的转移以及宋朝隳城后将夏州民迁往银、绥等州，夏州的地位日益衰落，位列末等司，还不如列入下等的诸县和由堡镇号州的龙州。当然，列入末等司的夏州有可能是夏州城司。

宥州，治长泽县（今内蒙古鄂托克旗南境城川古城）。夏州拓跋政权属地，西夏最早属州。唐开元二十六年（738），于盐州北三百里置宥州，以安缉六州降胡。天宝（742—755）末，宥州侨治经略军城（今内蒙古鄂托克旗乌兰镇西约二十公里处）。既而经略军和宥州并废，回鹘南下一路无阻，元和九年（814），乃于经略军城复置宥州，元和十五年（820）徙治长泽县。②

宥州是夏宋交聘的中心，庆历议和后，"宋每遣使往，馆于宥州，终不复至兴、灵，而元昊帝其国中自若也。"③ 西夏在宥州设嘉宁监军司，宥州城司为末等司，设城主。夏大安八年，即宋元丰四年（1081），宋朝五路伐夏，麟府路王中正至宥州，城中居民五百余家，王中正纵兵屠掠，"斩首百余级，降者十数人。获马牛百六十，羊千九百。军于城东二日，杀所得马牛羊以充食"。④

龙州，治石堡城（陕西靖边东三十公里龙州镇大涧），西夏建国时由堡镇号州。《武经总要》记载："石堡镇，本延州西边镇塞也，至道中陷于夏，今伪号为龙州"。⑤ 夏贞观四年，即宋崇宁三年（1104），宋朝攻取，改置威德军，两年后复为石堡寨。夏正德元年，即宋靖康二年（1127），复入西夏。天盛年间（1149—1169）颁行的《天盛改旧新定律令》列为下等司。

石州，治今陕西横山县无定河畔。宋大中祥符八年（1015），李德明"筑堡于石州浊轮谷，将建榷场"，说明李德明时期已经设置石州。西夏初年在石

---

① 《续资治通鉴长编》卷三一八，神宗元丰四年十月戊辰条："王中正至夏州，时夏州已降种谔，谔寻引去，中正军于城东，城中居民数十家"。

② 《新唐书》卷三七《地理志一·关内道·宥州》。

③ 《宋史》卷四八五《夏国传上》。

④ 《续资治通鉴长编》卷三一八，神宗元丰四年十月癸酉条。

⑤ 《武经总要·前集》卷一八《西蕃地理》。

州设祥右监军司，夏䞆都六年（1062），毅宗李谅祚更名静塞军。夏大安八年，即宋元丰四年（1081），宋朝五路伐夏，鄜延路种谔攻取石州。① 后又恢复石州，《天盛改旧新定律令》所列监军司中有石州监军司。

洪州，治洪门镇（今陕西靖边县境）。唐为夏州洪门镇，咸平中（998—1003）入西夏，后由堡镇号州，西夏建国时诸州，西夏后期亦存。②

银州，治今陕西横山县党岔镇古城。党项拓跋部世居四州之一，宋太平兴国七年（982），夏州定难节度使李继捧入朝献宋，宋雍熙二年（985），李继迁袭取，为西夏立国的基本州郡，也是宋夏争夺最频繁的州。夏天赐礼盛国庆二年，即宋熙宁三年（1070）宋朝占领后，寻弃不守。夏大安八年，即宋元丰四年（1081），再被宋朝攻占，继而被西夏夺回。夏贞观五年，即宋崇宁四年（1105），又被宋朝攻占，次年（1106），宋废银州为银川城。③ 宋金之际被西夏收复，设银州城，银州城司位列下等司。

绥州，今陕西绥德县城关，党项拓跋部世居四州之一。宋太平兴国七年（982），夏州定难节度使李继捧入朝献宋，咸平中（998—1003）复还西夏。夏拱化五年，即宋治平四年（1067），横山党项首领嵬名山降宋，宋知青涧城种谔乘机攻取绥州，夏天赐礼盛国庆元年，即宋熙宁二年（1069），西夏提出用塞门、安远二寨易绥德，宋朝不许，并废绥州为绥德城，隶延州。宋室南迁后入金，金大定二十二年（1182）升为州。④

胜州，西夏立国初诸州之一，地居辽朝边境黄河套内。隋开皇二十年（600），割云州之榆林、富昌、金河三县置胜州，唐贞观三年（629）仍置胜州。宋初州废，为部落居住。咸平中（998—1003）入西夏，夏天授礼法延祚

---

① 《续资治通鉴长编》卷三一八，神宗元丰四年十月癸亥条："种鄂至石州，贼弃积年文案、簿书、枷械，举众遁走，移军据之"。李焘在记录这段文字后，还疑问石州在宋朝河东，和岚、隰并为一路，史不载陷西夏。由此推断"贼界自有石州监军司，此必非河东石州也"。

② 《宋史》卷四八六《夏国传下》。

③ 《宋史》卷八七《地理志三·陕西》。

④ 《宋史》卷八七《地理志三·陕西》；《金史》卷二六《地理志下·鄜延路》。

六年，即辽重熙十二年（1043），为辽朝所取，辽置河清军、金肃州，辽亡后入金。

4. 西部诸州

兰州，治金城（今甘肃兰州）。汉设金城郡，唐置兰州，唐末宋初为吐蕃所据。夏大庆元年（1036），景宗李元昊"复举兵攻兰州诸羌，侵至马衔山，筑城凡川"，① 兰州乃入西夏。夏大安八年，即宋元丰四年（1081），宋取兰州，西夏控制兰州只有几十年。

凉州西凉府，今甘肃武威市凉州区。河西地区政治文化中心，唐广德二年（764）陷吐蕃，宋初由六谷吐蕃潘罗支控制。李继迁确立向西发展战略，经李德明到李元昊，终于占领凉州，仍为凉州西凉府。天盛年间（1149—1169），西凉府和都城兴庆府、灵州大都督府以及府夷州、中府州并为西夏五大府州，位列次等司。西凉府辖凉州城、永昌城，《天盛改旧新定律令·司序行文门》中的下等司有永昌城，末等司有凉州，这里的凉州当是西凉府所在凉州城。

甘州宣化府，今甘肃张掖市甘州区。汉代张掖郡，唐置甘州。唐建中二年（781）陷吐蕃，唐末又被回鹘攻占，宋天圣六年（1028），李德明遣李元昊打败甘州回鹘，甘州入西夏，仍为甘州。后置宣化府、镇夷郡，天盛年间（1149—1169），和都城兴庆府、灵州大都督府、西凉府并列为次等司的府夷州，当是甘州镇夷郡。甘州镇夷郡辖甘州城和兀剌孩城，甘州城属下等司，兀剌孩城距甘州三十里，距山丹城三里。② 另设甘州甘肃监军司。

肃州，今甘肃酒泉市。汉代酒泉郡，唐置肃州，唐大历元年（766）陷吐蕃，五代为回鹘所据。夏大庆元年（1036）西夏攻取，仍为肃州。天盛年间（1149—1169）设肃州工院、肃州转运司，均属下等司，反映当地手工业和农

---

① 《宋史》卷四八五《夏国传上》。
② （清）施世杰：《元秘史山川地名考》，光绪丁酉鄞郑学庐影印本，《续修四库全书》。

业生产比较发达。

瓜州，今甘肃瓜州县。汉代属敦煌郡地，唐置瓜州。唐大历十一年（776）陷吐蕃，唐末归义军政权统治，五代回鹘所据。夏大庆元年（1036）西夏攻取，仍为瓜州，属中等司。① 瓜州监军司属中等司，瓜州转运司属下等司。

沙州，今甘肃敦煌市。汉置敦煌郡，唐置沙州。唐建中二年（781）陷吐蕃，唐大中五年（851）张议潮起义赶走吐蕃，建立归义军政权。夏广运三年（1036）西夏攻取，仍为沙州，属中等司。沙州监军司亦为中等司，沙州转运司属下等司。

5. 河湟诸州

西宁州，今青海西宁市。唐置鄯城县，唐宝应元年（762）陷吐蕃，吐蕃筑青唐城。宋元符二年（1099），宋朝取青唐，置鄯州，因措置不当，遭到吐蕃反抗，宋兵退出河湟地区。宋崇宁三年（1104），宋朝再取青唐，改鄯州为西宁州，赐西平郡。金天会九年（1131），金人攻取，置西宁州。夏大德二年，即金天会十四年（1136）入西夏，仍为西宁州。② 天盛时期（1149—1169）西宁州为二十三种边城之一，属下等司。

乐州（湟州），今青海乐都县碾伯镇大古城村。唐鄯州地，唐宝应元年（762）陷吐蕃后筑邈川城，宋元符二年（1099），宋朝取邈川，置湟州，因措置不当，遭到吐蕃反抗，宋兵退出河湟地区。宋崇宁二年（1103），宋朝再取。宋宣和元年（1119）更名乐州。宋室南渡后归金，夏大德二年、即金天

---

① 《天盛改旧新定律令》卷一〇《司序行文门》：中等司中"二十种一律刺史一人：东院、五原郡、韦州、大都督府、鸣沙郡、西寿、卓啰、南院、西院、肃州、瓜州、沙州、黑水、啰庞岭、官黑山、北院、年斜、南北二地中、石州"。这些设置刺史的中等司，或为州，或监军司所驻的城。以下有关此类州、城描述均据此，不再一一标注。

② 《金史》卷七八《刘筈传》：1137年（夏大德三年、金天会十五年），西夏得西宁州后，表乞河外诸州，金主以积石、乐、廓三州与之。当时在三州的数千秦人不愿归夏，金主一时拿不定主意。权枢密院事刘筈说："三小州不足为轻重，恐失朝廷大信"，遂以三州归夏。

会十四年（1136）入西夏。

廓州，今青海化隆县群科镇。唐廓州，唐乾元元年（758）陷吐蕃。宋元符二年（1099）宋朝攻取，次年复失。宋崇宁三年（1104）宋朝再取，置廓州。宋室南渡后归金，夏大德三年，即金天会十五年（1137）入西夏。夏金在河湟地区以黄河为界，河之北为夏境，河之南为金土。①

积石州，今青海贵德县河西镇黑古城。唐置积石军，隶廓州，唐末陷于吐蕃，筑溪哥城。夏贞观八年，即宋大观二年（1108）入宋，置积石军。金天会四年（1126）金人攻取。夏大德三年，即金天会十五年（1137）入西夏。夏天盛二十一年，金大定九年（1169），西夏发兵四万、役夫三万筑积石州城，更名祈安城。② 这里需要指出的是，夏乾祐十三年，即金大定二十二年（1182），金以积石军溪哥城为积石州，③ 说明大定年间（1161—1189）积石州一度归属金朝，后又归西夏，史载西夏后期"河外之州四：曰西宁、曰乐、曰廓、曰积石"。④

（四）西夏的交通

西夏地居辽、宋、金、回鹘、吐蕃中间，它的交通运输既是境内经济生活的纽带，又是对外联系的桥梁。其河西凉、甘、肃、瓜、沙五州，控制着最重要的中西陆路交通线；河套灵、夏、银、绥、宥诸州，自来是中原与北方民族交通的要道，夏州北上经天德军直达贝加尔湖，唐太宗时辟为参天可汗道，成为中原与北方民族交往的"通四夷道"。因此，西夏时期西赴回鹘、吐蕃、龟兹乃至波斯大食等国，北往辽、金、鞑靼，南通北宋（后来是金朝），都比较便利。

① 鲁人勇：《西夏地理志》，宁夏人民出版社 2012 年版，第 91 页。
② 《金史》卷九五《粘割斡特剌传》。
③ 《金史》卷二六《地理下·临洮路·积石州》。
④ 《宋史》卷四八六《夏国传下》。

1. 交通道路

兴灵路，由都城兴庆府渡黄河至灵州西平府。河西兴庆府与河东灵州是西夏重要的政治经济中心，大体方圆十里内设一渡口，并向摆渡船家征税。[①]这些沿河渡口有大有小，《西夏地形图》在兴庆府南"古灵州"地标出的"郭家渡"，当是比较著名的大渡口。

兴庆府至居延路，《西夏地形图》标出由兴庆府向西，穿过贺兰山口，经麦阿罗磨、井阿罗磨祖、阿罗磨娘、郢麻龙瓦、碧罗山等，至黑水镇燕军司所在居延泽。

兴庆府至阴山路，由兴庆府北至定州（今宁夏平罗南）、克危山（今宁夏石嘴山），然后东渡黄河，又北至阴山西段的黑山威福军司。

兴庆府至吉兰泰路，由兴庆府西北越过贺兰山谷，沿戈壁沙滩，至吉兰泰附近的白马强镇军司，今沿途多有西夏城址。

沿山路，沿贺兰山大道。贺兰山自西北而东南，绵延五百里，山之西为阿拉善高原，山之东为黄河平原，从克危山（今石嘴山）经西夏陵区至峡口（今青铜峡），沿贺兰山东麓形成交通大道。据《西夏地形图》，沿该大道有九条谷道可穿越贺兰山，分别为新山谷、罗保大陷谷、信宿谷、小白羊谷、大白羊谷、大像谷、横涧谷、前石门、后石门，西夏沿山麓及谷口驻守五万军队，[②] 用于拱卫都城兴庆府。

灵环路，灵州至环州路，又名灵武路。由灵州向南，经清边寨、圣泉（又名耀德）、浦洛河（今宁夏盐池县惠安堡）、清远军、美利寨、青冈峡、洪德，至清远军（环州）。"自过美利寨后，渐入平夏，经旱海中，难得水

---

① 《天盛改旧新定律令》卷一一《渡船门》："河水上置船舶处左右十里以内，不许诸人免税渡船。倘若违律时，当纳税三分，一分当收官，二分由举告者得。"
② 《宋史》卷四八五《夏国传上》。

泉。"① 宋人宋琪指出："灵武路自通远军（环州）入青冈峡五百里，皆蕃部熟户。向来使人、商旅经由，并在部族安泊，所求赂遗无几，谓之打当，亦如汉界逆旅之家宿食之直也。"

灵原路，即唐代灵州至原州（今宁夏固原）路，唐末五代弃置不用，宋至道年间恢复。② 由镇戎军（古原州）出发，过萧关即入西夏，经鸣沙至灵州。宋元丰四年（1081）五路伐夏，刘昌祚的泾原军即由此路抵灵州城下。

灵凉路，灵州至凉州路，即唐代灵州西域道的东段。西夏时有两条：一条"自灵州过黄河，行三十里始涉沙，入党项界，曰细腰沙、神点沙，至三公沙，宿月支都督帐。自此沙行四百余里，至黑堡沙，沙尤广，遂登沙岭。沙岭，党项衙也，其酋曰捻崖天子。渡白亭河至凉州"。③ 这是一条穿越沙漠的道路，宋朝使臣走过。另一条自灵州渡黄河，西南经应理（今宁夏中卫市）至凉州，蒙古大军灭西夏走的是这条路线。赵珣《聚米图经》曰："灵州西至凉州九百里"。④ 这条路也是都城兴庆府联结河西诸州的要道，瓜、沙等州经肃、甘、凉抵达兴庆府需行四十天。⑤

灵会路，据《西夏地形图》，灵州西南经袋袋岭、鸣沙县、勒山、妹杷山、独孤、阑漫、割踏口、赏移口、杀牛岭，至西寿保泰军司所在的会州。

天都山五路，天都山是西夏元昊离宫所在，其地"介五路间，羌人入寇，必先至彼点集，然后议所向，每一至则五路皆竦"。⑥ 这五路是：（1）西南经会州至兰州；（2）东过萧关，然后北经鸣沙至灵州；（3）东过萧关，东北至韦州（今宁夏同心县韦州）；（4）西南经得胜寨（今宁夏西吉县将台）、静边

---

① 《资治通鉴》卷二七六，明宗天成四年注引。
② 《宋史》卷二五七《李继隆传》："先是，受诏送军粮赴灵州，必由旱海路，自冬至春，而刍粟始集。继隆请由古原州蔚茹河路便，众议不一，继隆固执论其事，太宗许焉。遂率师以进，壁古原州，令如京使胡守澄城之，是为镇戎军。"由是恢复灵原路。
③ 《新五代史》卷七四《于阗传》。
④ 《资治通鉴》卷二七六，明宗天成四年注引。
⑤ 《天盛改旧新定律令》卷一七《物离库门》。
⑥ 《宋史》卷三五三《张叔夜传》。

寨（今甘肃静宁），可达秦州（今甘肃天水）；（5）东南出须弥山口，经平夏城（今宁夏固原黄铎堡）至镇戎军（今宁夏固原市原州区）。①

河西河湟路，西夏河西联结河湟吐蕃道路。据《武经总要》：秦州"西北三百一十里至故渭州，又百八十里至临州，又东北二百里至兰州，北渡黄河出金城关，二百六十里至凉州松昌县，又二百一十里至凉州，五百一十里至甘州，又四百里至肃州，又九十里渡玉门关，又四百二十里至瓜州，又三百里至沙州，入洮叠州路。自州西北三百一十里至渭州，又二百里至泯州，又百九十里至洮州，百八十里至叠州"。②

夏盐路，夏州至盐州道路，也是夏州至都城兴庆府干道。自延州北至塞门寨，度芦子关，由屏风谷入夏州石堡、乌延岭，入平夏至盐州，约六百里。然后西行至兴庆府。"其路自塞门至石堡、乌延，并山谷中行，最为险狭。乌延至盐州地平"。至道中五路出师，"范廷召从此路进军，凡二十日至乌、白池会师"。③

夏绥路，夏绥等州至兴庆府道路。据《西夏地形图》，由绥州出发，沿无定河至银、石、夏三州，然后经板井流、青岭、汉州委儿、龙溧碧瓦猝、沈井移，至顺化渡过黄河，经永州抵兴庆府。

国信驿路，夏宋两国驿路。按《西夏地形图》，由宋保安军北顺宁寨④出境，经乌池、白池、人头、苦井、古雨、分山口，再西渡黄河，经永州抵兴庆府。宋人曾公亮称其为"长城岭路"。自保安军北"归娘族六十里过长城岭，北至秦王井驿入平夏，经柳泊岭并铁巾、白池、人头堡、苦井、三分山、谷口、河北九驿，至故灵州怀远镇七百里。此路自军至秦王井，在山谷口行，险狭。自秦王井地势渐宽平，经沙渍，少水泉，可掘沙为井"。⑤ 此路亦可直

① 鲁人勇：《宁夏交通史》，宁夏人民出版社 1988 年版，第 66 页。
② （宋）曾公亮：《武经总要·前集》卷一八上《边防》。
③ （宋）曾公亮：《武经总要·前集》卷一八上《边防》
④ 《西夏地形图》标有万全寨、顺宁寨等，且靠近万全寨，实际上夏宋使节多自顺宁寨出入境。
⑤ （宋）曾公亮：《武经总要·前集》卷一八上《边防》。

抵宥州，庆历年间宋夏议和后，"宋每遣使往，馆于宥州，终不复至兴、灵"。①

夏辽驿路，曾巩《隆平集》记载：西夏兴庆府东北"十有二驿，而达契丹之境"，据《西夏地形图》，这十二驿由西向东分别是马练驿、吃罗驿、启哆驿、卒李驿、瓦井驿、布袋驿、连袋驿、陌井驿、乳井驿、咩逋驿、梁唛驿、横水驿。以井或水为名的驿站，反映了驿站是有水源的地方，咩逋驿当与咩逋族有关。②

2. 津渡关桥

西夏境内河流较多，黄河上游与河套大湾主要在西夏境内，河西走廊南部祁连山雪水汇聚成石羊河、黑河、疏勒河三大内陆水系，计有大小河流57条，横山地区有无定河、大理河等。出于生产生活与军事战争的需要，西夏在这些大大小小的河流上，修建众多津渡桥梁。

摆渡是古代大河两岸交通的重要途径，西夏沿黄河设有二十四个大规模的渡口，每个渡口设税监、出纳各两名，负责征税。③ 另外，还设巡检兵丁维持渡口治安。这是规模比较大的渡口，还有满足两岸人民生产生活的小渡口，大致十里左右就有一个摆渡者。④《西夏地形图》标出三个著名的渡口，一是顺化渡，位于都城兴庆府东黄河岸边，距都城三十里，过黄河后即入通往辽朝的驿路和通往宋朝的夏绥驿路；二是吕渡，位于灵州东北三十里，连接都城兴庆府和灵州大都督府，通往宋朝的国信驿路经过此渡；三是郭家渡，在雄州境内黄河边，连接卓啰和南军司以及河湟诸州军道路。

黄河上游及其支流水流湍急，不易摆渡，同时河面较窄，易于搭建桥梁，

---

① 《宋史》卷四八五《夏国传上》。
② 咸平二年正月，五年，"以咩逋族开道使泥埋领费州刺史"，五年"咩逋族开道使、费州刺史泥埋遣子通诸入贡"，元昊建国后，咩逋族及其居地并入西夏。（《宋史》卷四九一《党项传》）
③ 《天盛改旧新定律令》卷一七《库局分转派门》。
④ 《天盛改旧新定律令》卷一一《渡船门》。

这些桥梁大多是浮桥和木桥，见于记载的有兰州黄河浮桥、会州索桥、浩门河通济桥、廓州大通河桥、积石州黄河桥（溪哥桥）、兰州西河口京玉关浮桥等。[①] 这些桥梁多为宋朝搭建，入夏后进行维修保护，成为西夏的桥梁。西夏人自己建的规模较大的桥梁有黑水桥，夏乾祐七年（1176），仁宗李仁孝亲自为建桥碑撰写碑文。[②]

战争期间在河套地区的黄河上架设大规模浮桥，夏天授礼法延祚九年，即辽重熙十五年（1046），辽朝大举伐夏，大军渡过黄河后，西南面招讨使萧蒲奴为保证辽军退路畅通，"以兵二千据河桥，聚巨舰数十艘"，用铁索连在一起。又"布舟于河，绵亘三十余里"，派人沿河巡视，见有浮物即捞取，以防撞坏浮桥。既而辽军败退，得以顺利渡过黄河。[③] 由巨舰舟船搭建浮桥，并有专人打捞上游的漂浮物，以防撞坏浮桥，无论搭建成本还是维护成本都非常高，不可能用于日常的生产生活。

河套灌溉农业区沟渠纵横，官私修有大大小小的桥梁道路，西夏法律对此有明确的规定："沿诸渠干有大小各桥，不许诸人损之。若违律损之时，计价以偷盗法判断。""大渠中唐徕、汉延等上有各大道、大桥，有所修治时，当告转运司，遣人计量所需笨工多少，依官修治"。大渠干的小桥，由转运司指挥租户家主"依私修治"，并负责监管维护。如果附近家主不建桥，或建而不维护致桥破损时，"有官罚钱五缗，庶人十杖，桥当建而修治之。"渠水巡检、渠主因指挥监管不力，也要承担相应的法律责任。[④]

3. 交通工具

车辆，西夏地势平坦，除山地和沙漠外，大部分道路可行车，其中一种

---

① 鲁人勇：《宁夏交通史》，宁夏人民出版社 1988 年版，第 224—225 页。
② 王尧：《西夏黑水桥碑考补》，《中央民族学院学报》1978 年第 1 期。
③ 《辽史》卷八七《萧蒲奴传》。
④ 《天盛改旧新定律令》卷一五《桥道门》。

轮径大的牛车（高车），南北朝时，由敕勒人带入河套，为后世党项、契丹、蒙古等民族所沿用，为党项人游牧迁徙所必备，也是商旅运输的重要工具。行路时多由马牛牵引。武威出土的西夏《重修护国寺感应塔碑》记载，凉州"车辙马迹，辐凑交会，日有千数"，这里的车当由马匹牵引。西夏出车院制造和供给的官用车辆①也主要以马匹为动力。

　　驮畜，西夏驮畜有骆驼、马、骡、驴及牦牛。广袤的沙漠中，既不能行舟，又不能通车，货物运输，唯藉骆驼。公元981年，宋遣供奉官王延德出使高昌，行经党项居地，"沙深三尺，马不能行，行者皆乘骆驼"。② 军队给养也以骆驼驮运为主，"凡正军给长生马、驼各一，团练使以上，帐一、弓一、箭五百、马一、橐驼五"。③ 配给正军的骆驼主要是驮运军需装备。④

　　西夏每年派往宋、辽、金贸易使团，所需骑乘和驮运的马驼"预先由群牧司分给，当养本处，用时驮之"。⑤ 使者个人所带货物，"不许由官驼负之，倘若违律时，驮物者徒六个月"。⑥ 递送公文一般骑乘官牧场马匹或农牧民自养马匹，若附近没有官私马匹，属于火急公文，也可骑乘军用马匹。⑦ 驴多在沿边山界使用，"服重致远，上下山谷"。⑧ 在青海湖周围和祁连山地区，主要用牦牛驮运。牲畜驮运是西夏最普遍的运输方式，黑水城出土西夏文书记录运输的胶泥以驮计数，木料也是搬驮运送。⑨

　　木船，黄河贯穿西夏全境，西自青海，东迄天德（今内蒙古包头西），将两岸分割成若干地理单元，因此沿河摆渡和水运成为西夏又一重要交通运输

　　①　《天盛改旧新定律令》卷一○《司序行文门》。
　　②　《宋史》卷四九○《高昌传》。
　　③　《宋史》卷四八六《夏国传下》。
　　④　西夏统帅阿沙敢布曾对蒙古使臣宣称："今汝蒙古若以惯战而欲战，则我有阿剌筛（阿拉善）之营地，有褐子之帐房，有骆驼之驮焉"。(《蒙古秘史》续集卷二)
　　⑤　《天盛改旧新定律令》卷一九《供给驮门》。
　　⑥　《天盛改旧新定律令》卷一八《他国买卖门》。
　　⑦　《天盛改旧新定律令》卷一三《执符铁箭显贵言等失门》。
　　⑧　《后汉书》卷八《孝灵帝纪》注引《续汉志》。
　　⑨　杜建录、史金波：《西夏社会文书研究》，上海古籍出版社2012年增订本，第241—272页。

方式。前述《天盛改旧新定律令》载有大小二十四个渡口，每个渡口设税监、出纳二名，负责征收渡船税。① 《西夏地形图》只标出了顺化渡、吕渡、郭家渡三个著名渡口。

浑脱，本指将牛羊皮完整脱下，这里作名词，即完整的皮囊。② 浑脱泅渡是西夏最具特色的渡河方式。《武经总要》曰："浮囊者，以浑脱羊皮吹气令满，系其空，束于腋下，人浮以渡。"③ 西夏军队的装备中，每人都配浑脱，遇水作渡具，行军盛饮水，一举两得。后来，这种渡具也传到内地，北宋河北道"为羊浑脱，动以千计"。④

皮筏，木排和浑脱相结合的水运工具。将十几只乃至数百只充气皮囊固定在木排上，制成羊皮筏或牛皮筏，皮囊处浮于水面，用来渡河或长短途运输。宋人王延德路过西夏黄河渡口，看见党项人"以羊皮为囊，吹气实之浮于水，或以骆驼牵木筏而渡"。

① 《天盛改旧新定律令》卷一七《库局分转派门》。
② 羊皮浑脱制作方法是：宰杀山羊后，不开膛剖肚，而是从颈口取出骨肉，使皮张完好无损，将羊皮浸泡三四天，待有异臭后取出晾晒一天，去毛洗净，然后将原皮的四肢用细麻绳扎紧，从颈口灌进食盐半斤，水少许，胡麻油半斤，再扎住颈口，置于烈日下曝晒四至五日，待皮呈红褐色，柔软而不龟裂即可。使用时解开一肢上的麻绳，吹满空气，然后束紧，挟在腋下泅渡过河。牛皮浑脱不吹气，而是填满干草之类的轻浮物，可供数人泅渡。
③ （宋）曾公亮：《武经总要·前集》卷一一《水战具》。
④ 《宋史》卷三三九《苏辙传》。

十四、西夏文献

西夏文献按其质地可分为纸质和金石题刻两大类，按其文字有汉文、西夏文以及其他民族文字文献。汉文党项西夏资料是西夏历史研究中最基本、最大量、最常见的资料，它构建起党项的兴起与西夏国的建立、发展、消亡的基本骨架，西夏历史上的重大事件，帝王的年号、谥号、庙号都来自汉文西夏史料。没有《隋书》、新旧《唐书》中的党项传，没有宋、辽、金三史中的西夏纪和西夏传，就没有脉络比较清晰的党项西夏史。西夏文文献资料弥足珍贵，由佛教经卷、字词书、法律文献、诗歌谚语、社会文书等组成的西夏文献资料大大地丰富了西夏史的内容。换言之，没有西夏文文献特别是西夏文社会文书，就没有丰富多彩的西夏史。由于正史中没有西夏史，出土文献和文物考古资料在西夏史研究中具有特殊的意义。

（一）汉文党项西夏资料

1. 隋唐五代党项史料

我国正史中，最早为党项作传的为《隋书》，其后有北史。《隋书》八十五卷，唐魏征等撰，成书于唐贞观十年（636），其党项传虽只有短短的三四百字，却保存了早期党项的居地、社会生活、社会风俗以及与隋王朝关系等方面珍贵的资料。两唐书关于早期党项社会生活与社会风俗的记述，就是从《隋书》中抄袭下来的。《北史》一百卷，唐李延寿撰，成书于唐贞观十七年（643）。《北史》是根据《魏书》《北齐书》《周书》《隋书》删补改编而成的，其中《党项传》完全因袭《隋书·党项传》，仅个别字句略有变动和订正。

唐代党项资料首推两唐书《党项传》。二书互有长短，旧唐书虽史源较早，但非唐代党项之全豹。从记载党项活动的时间来看，旧书止于唐武宗会昌元年（841），新书止于唐昭宗乾宁三年（896），新书叙事比旧书多五十余年。从内容上看，新书《党项传》是在前代官修实录、国史基础上又综合其他史料而成，特别是对唐代后期党项史料大约增加了三分之一。

除《党项传》外，两唐书的纪、传、志、表中也大量保留了唐代党项及夏州拓跋政权的资料。《旧唐书》有五十四个人物传，《新唐书》有六十八个人物传涉及党项及拓跋政权资料，其中比较重要的有李道彦、刘师立、李靖、张说、崔知温、郭子仪、仆固怀恩、郑畋等传。这些传记从不同角度记载了大量唐代党项的政治、军事、经济活动。另外，两唐书中的回纥、吐蕃、吐谷浑等传，多有涉及唐朝对党项的征伐、招抚及部族往来方面的史料。由于记述涉事人物不同，角度不同，对史料取舍运用不同，或辗转抄录的讹误，两唐书同一人物、部族传与党项传记载同一历史事件，往往详略不同，或互有抵牾。因此，在运用这些史料时，要相互参校和补充，以免以讹传讹。韩荫晟先生《党项与西夏资料汇编》一书，就做了大量校勘、考证，可供研究者参阅。

两唐书《地理志》较详细地记载了唐朝为招抚党项所设的羁縻州，分别见于《旧唐书》卷三十八、四十、四十一，《新唐书》卷三十七、四十二、四十三。如《旧唐书》卷四十一记载贞观元年至十年（627—636）所置的二十五个羁縻州（脱嵯州），其中明言置党项者有九州，置生羌者有五州，置降羌者有九州，不言处置者有一州，都是为招抚党项所置。此外，《地理志》还大量保存了党项内迁后居地范围、州名、户口等方面的珍贵史料。两唐书《食货志》及《新唐书·兵志》中，也有与党项有关的史料，但多为"党项叛扰，馈运不通"之类的记载。《新唐书》方镇表记载了夏州节度政权的领地及节度使的更替，是拓跋政权早期建置方面比较系统完整的资料。

唐代党项史料除"正史"外，还有以下几部重要著作。《通典》二百卷，唐杜佑撰。其中卷一百九十《边防典》里有党项传，所述党项事终于唐初内附设置崛、奉、严、远四州，基本内容包含在两唐书党项传中。另外，卷六《赋税》、卷七《食货》、卷二十五《职官》、卷一百一十三至一百七十六《郡国》、卷一百八十七至一百九十三《附国》《吐谷浑》《吐蕃》《女国》等传中，都涉及党项史料。

《唐会要》一百卷，宋王溥撰。卷九八党项条的内容基本与《旧唐书·党项传》相同。有关党项的记载，还见于该书卷二十六、六十六、七十三、七十八、八十、八十八、九十七、九十九。

《册府元龟》一千卷，宋王钦若、杨亿等奉敕编撰，大中祥符六年（1013）成书。其中帝王、闰位、宰辅、将帅、邦计、牧守、外臣、谏诤、国史、卿监、奉使、内臣、总录等部中，包含有丰富的党项史料，有的还相当珍贵。如卷九百七十记载唐高祖武德二年（619）十一月，"吐谷浑、党项并遣使朝贡"，为目前所见党项与唐朝发生关系最早的记载。另外，卷九百七十五、九百七十七、九百九十六记载党项内属、抚绥事，也为其他史籍所未备。

《资治通鉴》二百九十四卷，另有《目录》《考异》各三十卷，宋司马光主修，历时十九年，于宋神宗元丰七年（1084）成书。其中党项史料主要分布在卷一百七十五至二百九十三。《资治通鉴》中记载唐末五代拓跋政权的史实最为详细，为研究西夏建国前历史的必备书籍之一。

《唐大诏令集》一百三十卷，北宋宋敏求编。唐代诏令《新唐书》未收，《旧唐书》虽载，但多漏略或歧异，赖是书补其不足，保存了许多珍贵的原始资料，其中党项史料散见《政事》《蕃夷》两大类。宋敏求在编辑时有一些删节，在使用唐朝对党项颁发的诏令时，可同《文苑英华》《全唐文》《册府元龟》的记载参校。

《全唐文》一千卷，清嘉庆时由一百余人集体修撰，把《四库全书》中所收唐人别集除有诗无文者外，全部录入。据白滨先生统计，近二十人的文章包含党项史事，如唐中宗、玄宗、代宗、宪宗、文宗、宣宗及张说、张九龄、韩愈、杜佑、元稹、白居易、李德裕、沈亚之、杜牧等帝王将相和文人墨客。

《太平御览》与《文苑英华》，二书均为宋李昉总纂。前者引书达 1690 种，十之七八今已失传，虽涉及党项史料只有十余卷，但史料价值很高。后者为一部文学总集，上起萧梁，与《昭明文选》相衔接，下迄五代，共收作家两千二百人，作品近两万篇，其中唐人作品占百分之九十，在一些制、表、状、书、记中有涉及党项的史料，使用时可与相应的唐人文集及《全唐文》参校。

《元和郡县图志》，唐李吉甫撰，系我国现存最早而比较完整的全国地理总志。宋以后图失传，故又名《元和郡县志》。其史料价值超过两唐书《地理志》。该书关内、陇右道较详细记述内徙党项分布区域，可与两唐书《地理志》相互参校和补充。

《太平寰宇记》，宋乐史撰。本书门类除因袭《元和郡县志》外，又增加了风俗、姓氏、人物、艺文、土产等门，在陇右、关西、河东等道的一些郡县中，保存的部族名、蕃汉户口为诸史所缺载，在党项人口史研究上有很高的价值。另外书中还列有《党项》专条。

唐人文集中，记载党项资料最丰富的首推李德裕《会昌一品集》。李德裕仕宪宗以后六朝，任过宰相，亲自处理过回鹘、吐蕃、党项事务，其文集有大量关于党项的敕、疏、状，以及对回鹘、边事的制、敕、疏、状中涉及的党项史事，具有非常高的史料价值。白居易《白氏长庆集》、元稹《元氏长庆集》、张说之《张说之集》、柳宗元《河东先生集》、杜牧《樊川文集》等都涉及重要的党项史事，可谓是唐代党项的第一手资料。

《旧五代史》一百五十卷，宋薛居正等撰，成书于宋开宝七年（974），《新五代史》七十四卷，宋欧阳修撰，成书于宋皇祐五年（1053）。旧史记述翔实，很受时人重视。新史除取材旧史外，还广泛征引宋人关于五代杂史，内容较广泛。两史《党项传》互有详略，可以参校互补。五代时夏州拓跋政权日渐强大，两史纪传中保存了有关拓跋政权首领的传承以及与中原王朝关系的史料。

《五代会要》，宋王溥撰，记载翔实，向为治史者所重视。其党项传叙事起后唐同光二年（924），止后周广顺三年（953），内容远比新旧五代史丰富。

2. 宋辽金时期党项与西夏汉文史料

《宋史》四百九十六卷，元脱脱等撰。卷四百九十一《党项传》是研究宋代党项活动的基本资料，可惜的是该传只记述宋朝建国后的第二年（961）至真宗天禧五年（1021）六十年间宋朝境内的党项族活动，对1021年以后散处在宋夏沿边的党项生、熟户，特别是对宋朝境内的党项熟户没有进行系统记述，幸赖该史其他部分有相关记载，可以参用。卷四百八十五、四百八十六为《夏国传》，是西夏建国前后历史比较系统、详细的记载。建国前叙李彝兴、李克睿、李继筠、李继捧、李继迁、李德明。建国后叙景宗李元昊、毅宗李谅祚、惠宗李秉常、崇宗李乾顺、仁宗李仁孝、桓宗李纯祐、襄宗李安全、神宗李遵顼、献宗李德旺、末帝李睍十帝事。之后另有夏国地理、官制、兵制、风俗的记载。

除《党项》《夏国》二传外，党项、西夏史料还散见于《宋史》诸帝《本纪》，《天文》《地理》《礼》《乐》《职官》《兵》《食货》《艺文》诸志及诸表、列传。其中以《兵志》与人物传中的史料最丰富。人物传中的史料大致可分为两类：一类直接是宋朝境内党项大族首领的传记，如折御卿、折克行、折可适、王承美、李继周、高永年、刘绍能等党项人物传；另一类是守边将帅传中涉及的党项及西夏史料。据白滨估计,《宋史》中这样的人物传约有三百多篇,比较重要的有曹光实、田仁郎、李继隆、石保兴、郑文宝、王德用、刘平、任福、沈括、种世衡、种谔、司马光、韩琦、范仲淹、韩绛、张方平、曹玮、张齐贤、狄青、吴育、吕惠卿、周美、卢鉴、王文郁、周永清、张蕴、宋琪等传。此外,回鹘、吐蕃、于阗、高昌等传中也有涉及党项与西夏史料。

《辽史》一百一十六卷,元脱脱等撰。卷一百一十五为《西夏外纪》,记事起自李继迁联辽抗宋,终于夏崇宗元德六年辽朝灭亡。按年系月举其大要,内容较为简略,主要为辽夏之间的朝贡、联姻、信使往来及战争等。记述西夏社会风俗、兵制与《宋史》夏国传略同,但记述西夏物产方面的史料为其他史籍所罕见,颇为珍贵,有关西夏服饰、复仇、军抄,可与其他史籍相互校勘印证。另外《兵卫志》《地理志》《百官志》《礼志》《食货志》《部族表》《属国表》及近四十个人物传中,都包含有西夏史料,比较重要的人物传有萧惠、萧迭里等传。

《金史》一百三十五卷,亦为元脱脱等撰。卷一百三十四为《西夏传》,记事上起崇宗弃辽附金,下迄西夏灭亡。和《辽史》西夏外纪一样,按年系月举其大要,但详于辽史。除《党项传》外,诸志、《交聘表》以及宗翰、娄室、结什角、乌古论长寿、郭虾蟆、白撒、赤盏合喜、赵秉文、完颜希尹、宗望、耶律余睹等四十多个人物传中,也都包含与西夏有关的史料,特别是《交聘表》中提供了西夏同金朝聘使往来及其官职名称,是研究西夏官制的重要资料。

除宋、辽、金三部"正史"外,今存宋代史籍中记载党项与西夏史料最丰富的著作首推宋李焘《续资治通鉴长编》(简称《长编》),是书为北宋九朝编年史,成书于南宋孝宗淳熙十年(1183),原书九百八十卷。宋时有九朝抄本藏于秘阁,后散佚,现存七朝本。李焘为了编写《长编》这部巨著,探讨了北宋诸种典章制度和重要臣僚事迹,又系统研究了宋代历次官修史籍和私人撰述，为撰写《长编》打下了坚实的基础。故书成之后，宋孝宗称他"无愧司马光"。叶适称赞"《春秋》之后，才有此书"。成为后世治宋史必备的书籍，也是研究西夏史必备的书籍。但《长编》以及其他《四库全书》本的史料，将西夏人名、地名、族名改译，给今人研究造成困难。宁夏大学西夏学研究院编纂的多卷本《党项与西夏资料索引》，附党项与西夏职官、地理、人物、宗族异译对照表，可供参考。

据粗略统计，今存七朝本《长编》中有关党项、西夏史料竟多达二百万字。《长编》所保存的西夏史料不仅数量甚巨，而且价值非常高，它广征博引，取材丰富。仅卷一百二十一至一百三十六的西夏史料，就征引《国史》《实录》《会要》《司马光日记》《朔历》《稽古录》《司马光奏议》《龙川别志》《苏舜卿集》《吕氏家塾记》《记闻》《聚米经》《夏台事迹》《东都事略》《涑水记闻》《韩琦墓志》《富弼语录》《王向集》《尹洙集》《东轩笔录》《梦溪笔谈》《范仲淹奏议》《杂录》《武经》《欧阳修墓志》《张方平传》等官修史书及私家文集、杂记、笔记、墓志，达三十余种。

《宋会要辑稿》三百六十六卷，清嘉庆年间徐松从《永乐大典》中辑出。是现存宋代史料中最原始、最丰富、最集中的一部，分十七类门，叙宋代典制及相关史事。其中《礼》《职官》《食货》《兵》《方域》《蕃夷》诸门保存大量党项、西夏史料，以《兵》和《方域》两门最为重要。如《方域》二一府州条记载党项大族折氏仕宋太祖至宋徽宗事，丰州条记党项藏才族王氏的事迹，均为宋朝境内党项大族活动的完整史实记载。《兵·边备》不仅是北宋对夏边防的系统记述，而且也从一个侧面反映出西夏的政治、军事乃至经济状况。有中华书局影印本和上海古籍出版社点校本。

《东都事略》与《隆平集》。《东都事略》一百三十卷，为纪传体北宋史，南宋王偁撰，卷一百二十七、一百二十八《西夏传》，记事上起拓跋思恭镇压黄巢有功封节镇，下迄靖康元年北宋灭亡，基本内容包括在《宋史·夏国传》中，但成书较早，值得重视。《隆平集》二十卷，北宋曾巩撰。卷二十《夏国赵保吉传》记载李继迁、李德明、李元昊三代史事，其中记述西夏风俗、制度方面的资料，十分珍贵。

《文献通考》三百八十四卷，元马端临撰。卷二百七十六《封建考》有西夏政权始末考述，记拓跋思恭至仁宗李仁孝史事；卷三百三十四《四裔考》"党项"条中，系统记述唐至宋天禧末党项史事。另外，《四裔考》中的吐蕃、吐谷浑、回鹘、白兰、宕昌、邓至都包含着直接或间接的党项及西夏史料，可资参阅。

《宋大诏令集》二百四十卷，现存一百九十六卷，南宋绍兴年间宋氏编辑。共收录太祖至徽宗颁布的诏令三千八百余篇，其中有关西夏的诏令数十篇，为研究西夏历史的原始资料，可补正《宋史·夏国传》等史书中的讹误及遗漏。《宋太宗实录》，北宋钱若水等撰，原为八十卷，今残存二十卷，是宋代实录中唯一保存下来的一部分，宋初西夏史料，此书所记最为珍贵。《宋九朝编年备要》（又作《皇朝编年备要》）三十卷，南宋陈均撰，各卷均有西夏史料，尤其徽、钦二帝时期的资料，可弥补《续资治通鉴长编》的佚缺。《皇宋十朝纲要》二十五卷，宋李焘子李埴撰，记载北宋九朝及南宋高宗朝事迹，有关西夏记载可与《续资治通鉴长编》参证。《三朝北盟会编》二百五十卷，南宋徐梦莘撰，记宋金和战之事，涉及西夏与宋、辽、金关系方面的史料。《建炎以来系年要录》二百卷，南宋李心传撰，为高宗赵构一朝编年史，有涉及西夏与南宋关系方面的史料。

除上述编年体史书外，还有一些其他体裁的书籍，较重要的有宋朱熹编《五朝名臣言行录》十卷，《三朝名臣言行录》十四卷。收集太祖至徽宗朝名臣言行，其中多涉及西夏史事。宋杜大珪编《名臣碑传琬琰集》一百零七卷，收集孝宗以前诸臣神道碑、墓志铭、行状、别传及实录中的本传，亦多涉及西夏史实。《宋朝事实》二十卷，宋李攸撰，分门别类记载宋朝典制，卷十二、二十有西夏史料。《玉海》二百卷，宋王应麟撰，分二十一门二百四十余类，有关西夏史料见于《地理》《兵制》《朝贡》《兵捷》诸门。《太平治迹统类》三十卷，宋彭百川撰，取材于《续资治通鉴长编》，仿纪事本末体例记北宋九朝典故，专门列有北宋经略西夏本末。《诸臣奏议》一百五十卷，宋赵汝愚编，汇集北宋及南宋初期诸臣奏议，其中百官、刑赏、兵、边防诸门奏议多涉及西夏事，是研究夏宋关系的重要文献。《宋朝事实类苑》七十八卷，宋江少虞撰，卷七十五记西夏事十二条，其余各卷亦有西夏史事的记述。《建炎以来朝野杂记》，宋李心传撰，与《建炎以来系年要录》互为姊妹，乙集卷十九《西夏扣关》，记述西夏与南宋关系方面的史事。《武经总要》二十卷，宋曾公亮撰，卷十八、十九、二十是《西蕃地理》，西夏的山川、交通、堡寨多载于此。《契丹国志》二十七卷，宋叶隆礼撰，卷二十一有西夏向辽进贡物品及辽朝回赐的记载。宋宇文懋昭《大金国志》四十卷，金刘祁《归潜志》十四卷，金无名氏《大金吊伐录》四卷，都有涉及西夏及夏金关系的史料。

宋人文集很多，仅见于《四库全书》别集类著录的就有三百八十八部，其中相当一部分涉及西夏史事，有的史料价值相当高，如范仲淹《范文正公集》、司马光《温国文正司马公文集》、夏竦《文庄集》、余靖《武溪集》、欧阳修《欧阳文忠公全集》、张方平《乐全集》、韩琦《安阳集》、宋祁《景文集》、包拯《包拯集》、苏辙《栾城集》、文彦博《文潞公集》、尹洙《尹河南集》、蔡襄《蔡忠惠集》、王安石《临川集》、范纯仁《范忠宣集》、苏舜卿《苏舜卿集》、王禹偁《小畜集》。

除文集外，宋人笔记小说中也保存了许多珍贵的西夏史料，如田况《儒林公议》二卷，内载元昊十卫队长事为诸史所无。司马光《涑水记闻》十六卷，记太祖至神宗时期夏宋关系，十分重要。沈括《梦溪笔谈》三十卷，记载西夏史事多为《宋史·夏国传》所缺。魏泰《东轩笔录》十五卷，记宋太祖至神宗六朝事，多涉及西夏史事。曾布《曾公遗录》，残存三卷，是书即《曾布日录》，载哲、徽二朝事，内含西夏史料极富。龚鼎臣《东原录》一卷，有西夏蕃号方面的资料。陈师道《后山谈丛》四卷，多载夏宋战争史料。王巩《闻见近录》一卷，记夏宋战争及张元事迹。郑刚中《西征道里记》一卷，有关于西夏监军司重要史料。洪皓《松漠纪闻》，内载西夏商税史料及西夏对金《贺正表》。康与之《昨梦录》一卷，记西夏制弓事。上官融《友会丛谈》三卷，记麟州党项部落风俗事。谢枋得《碧湖杂记》，内载麟、府党项风俗。张义端《贵耳集》三卷，记西夏谋士张元、吴昊事甚详。楼钥《北行日录》二卷，内记有西夏入金贡使的衣貌、礼物等。苏辙《龙川略志》卷六《西夏请和议定地界》，记载元祐年间两国疆界交涉之事甚详。此外，欧阳修《归田录》二卷，洪迈《容斋随笔》，叶梦得《石林燕语》十卷，邵伯温《邵氏闻见录》二十卷，方勺《泊宅编》十卷，范镇《东斋记事》六卷，蔡绦《铁围山丛谈》六卷，李远《青唐录》一卷，苏轼《东坡志林》十五卷、《仇池笔记》二卷，周密《齐东野语》二十卷等都有关于西夏方面的史料。这里需要指出的是宋人笔记小说中的记载，虽是研究西夏历史的原始资料，但由于长期传抄，讹误甚多，在使用时，应与《续资治通鉴长编》等史籍参校。

3. 元及元以后党项西夏史料

西夏灭亡后，被蒙古人称为唐兀的西夏遗民或留居故地，或迁徙他方，或随蒙古大军进驻全国各地，或参与元朝统治上层活动，在相当长的一段时期内，仍保留原来的民族特征。元代各种史籍保存了他们活动的足迹。

《元史》多为参与上层统治的唐兀人立传，较重要的人物传有文献昭圣皇后唐兀氏、察罕、亦力撒合、立智理威、塔出、李桢、昔里钦部、爱鲁、也蒲甘卜、昂吉儿、拜延、高智耀、纳麟、高睿、来阿八赤、卜颜铁木儿、星吉、福寿、杨朵儿只、杨不花、迈里古恩、观音奴、喜同、明安达尔、丑闾等传。此外，在本纪、志表及其他人物传中，也有涉及蒙古灭夏及元代唐兀人的史料，有的还可间接反映西夏时期的社会历史，如卷六十《地理志三》，记载元初甘州屯田1160余顷，沙州屯田440余顷，从一个侧面说明西夏河西地区生产的发达。

除《元史》外，清人所撰几部有关元史的著作也值得重视，如《蒙兀儿史》一百六十卷，现存一百四十六卷，清屠寄撰，其卷一百五十四和《新元史》卷二十九各列有《氏族表》，在色目氏族中列有西夏宗室嵬名李氏以下显赫大族世袭表及历任官职简历，也为《元史》所缺。

元代史籍中包含党项、西夏或唐兀史料的还有《圣武亲征录》，作者佚名，成书于元世祖时，记太祖成吉思汗、太宗窝阔台两朝史事，有较详细的蒙古征夏史料。《国朝名臣事略》十五卷，元苏天爵编，收录元朝前、中期著名政治家、军事家、学者共四十七人事迹。有关唐兀人事迹资料比《元史》更早、更丰富。《长春真人西游记》二卷，元李志常撰，为金元之际长春真人邱处机弟子记其随师西游路途见闻，内有党项、西夏故地道里风俗方面史料。另外，《大元一统志》《至顺镇江志》《元秘书监志》也都有关于唐兀方面的直接或间接史料。

元明人诗文集中也包含大量的唐兀史料，其中最有价值的首推唐兀人余阙的《青阳集》九卷，王翰《友石山人遗稿》一卷。除唐兀人自己的文集外，比较重要的还有虞集《道园学古录》四十卷、《道园类稿》五十卷，程文海《雪楼集》三十卷，姚燧《牧庵集》三十六卷，杨维桢《车维子文集》三十一卷、《铁崖文集》十五卷，张伯淳《养蒙先生文集》十卷，王恽《秋涧先生大全集》一百卷，吴澄《吴文正公集》四十九卷，刘岳申《申斋集》十五卷，马祖常《石田文集》十五卷，袁桷《清客居士集》五十卷，柳贯《柳待制集》二十卷，许有壬《至正集》八十一卷，朱德润《存复斋文集》十卷，陈基《夷白斋文集》三十五卷，李祁《云阳集》十卷，王毅《木讷斋文集》五卷，释大昕《蒲室集》十五卷，戴良《九灵集》三十二卷，丁鹤年《丁鹤年集》三卷，王沂《伊滨集》二十四卷，李士瞻《经济文集》六卷，以及明人宋濂《宋学士全集》四十卷，朱善继《一斋集》十五卷，徐一夔《始丰稿》十四卷等五十余种。

蒙元史是一门国际性的学问，国外有关蒙元史著作也有丰富的西夏及唐兀方面的资料，著名的有志费尼《世界征服者史》三卷，记载了蒙古灭夏的历史。拉施特《史集》四卷，其中有几个章节专门记述唐古特（党项）人的史实，史料价值很高，内有西夏故地风土民情、物产方面的记载。

明代以后，党项作为一个民族已经从历史上消亡，因此，明清史籍中有关党项与西夏的资料，多是前代史料的辑录、综合和抄袭。但对这些史料也不能轻视，它毕竟保存了今天已佚失的资料，有的还相当珍贵，需要人们细心地去挖掘。如《永乐大典》，今还存有二百余册，还可能从中发掘出西夏史料。清代《古今图书集成》中的《边裔典》《民族典》也都汇集有关党项及西夏史料。另外，清人吴广成《西夏书事》、张鉴《西夏纪事本末》、张澍《西夏姓氏录》、王仁俊《西夏艺文》以及民国初年罗福苌、罗福颐《宋史夏国传集注》、罗福颐《西夏文存》、戴锡章《西夏纪》等都有一定的史料价值。明清两代大量编修的地方志中，除《嘉靖宁夏新志》有专门考证西夏历史的文字外，曾在西夏版图内其他地方的方志，都直接或间接地记述与西夏有关的史料，值得重视。

中华人民共和国成立后，在西夏史料学方面的成就首推韩荫晟《党项与西夏资料汇编》。该书第一次全面搜集、整理了党项与西夏史料，所收汉文资料，始于隋初，讫于元末。以二十四史有关部分的资料为主，旁及历代史学著作、文集、金石资料。对资料的收集以初见者为主，因袭者不录，但注明参见。全编内容宏富，考订翔实，是研究西夏史必备的书籍。

（二）西夏文文献资料

西夏文文献主要为 20 世纪以来在内蒙古额济纳旗黑水古城、宁夏灵武、甘肃敦煌、武威等地出土的文献，目前已相继结集成《俄藏黑水城文献》《中国藏西夏文献》《英藏黑水城文献》《法藏敦煌西夏文献》《日本藏西夏文文献》出版，兹择其要分类介绍：

1. 法律文献

在传世的西夏法律文献中,《天盛改旧新定律令》篇幅最长、记载最详、保存最完整。该律令为夏仁宗天盛(1149—1169)时期国家法律条文的汇集,共二十卷,一百五十门,一千四百六十一条(缺十四章与十六章部分条目),其中卷一是对"十恶"不赦的处罚规定;卷二为"八议""官当"等刑罚特殊适用原则;卷三为盗窃与债务方面的法律规定;卷四为有关边防制度;卷五为兵器供给与校验制度;卷六为战时动员与兵役制度;卷七为有关投诚与叛逃方面的规定;卷八为伤杀、犯奸以及婚姻方面的法规;卷九为司法制度;卷十为机构编制与官吏迁转方面的法规;卷十一为宗教管理等方面的规定;卷十二为内宫禁卫方面的规定;卷十三为举告、通逃及传讯方面的法律规定;卷十四为斗讼方面的法规;卷十五为农田水利和税收方面的规定;卷十六主要为地租分成规定;卷十七为市场与仓储管理规定;卷十八为纳税、专卖与外贸方面的条例;卷十九为国有畜牧法;卷二十为有关补充规定。具有同样性质的法典还有天盛以后编修的《法则》《亥年新法》等。

《贞观玉镜统》,是一部重要的西夏军事法典,夏崇宗贞观年间(1101—1113)刊印,今存残卷有三种版本。较详细地规定了西夏军队的编制、组织机构、赏罚等,是研究西夏军事制度史的珍贵史料。

《官阶封号谥号表》,首书皇帝封号及帝位继承人(太子)的封号;次书封号名称,分上品、次品、中品、下品、末口、第六品、第七品。还有皇后、公主、嫔妃封号;诸王封号;国师、大臣、统军封号,其名称多为汉文史籍未见,是研究西夏官制的珍贵资料。

2. 字辞书

《番汉合时掌中珠》,系夏汉文音义对照双解小辞书,西夏骨勒茂才撰,成书于夏乾祐二十一年(1190)。全书分天、地、人三类,类下分上中下三部分，大凡天象、地理、生物、人类及人类社会发生的一切事物、观念与伦理道德无所不包，是研究西夏语言、社会、官制以及生产工具、农作物品种、饮食文化等方面重要资料。有黄振华、聂鸿音、史金波整理本，[①] 陈炳应在《西夏文物研究》一书中也作了专门研究。

《文海》，是一部以韵分类的西夏文字典，成书于夏崇宗至仁宗时期（公元 12 世纪中期），现存残本约三千多辞条。每个辞条及其释文，真实地反映了西夏农业、畜牧业、狩猎业、手工业、商业、阶级、军事、民族宗教、文学艺术、家庭婚姻、衣食住行、医药卫生、风俗习惯等方面的内容，是研究西夏语言文字、社会经济、政治、军事、文化等重要的资料，如《文海》有关党项姓氏资料就达二百余条。有俄罗斯克平等四人合著《文海》两卷本，[②] 我国史金波、白滨、黄振华合著《文海研究》。[③]

《同音》，又作《音同》，是西夏王朝编修的一部韵书，为研究西夏语言文字，尤其是语音系统的重要资料。该书始刊印于夏元德七年（1125），收西夏单字五千八百多个，是西夏文辞书中收字最多的一种，有李范文著《同音研究》。[④]

《杂字》《要集》，均残，都是按事物分类编排的西夏文辞书。如《杂字》分地、山、河海、珠宝、织品、男服、女服、树木、蔬菜、花草、谷物、马、骆驼、牛、羊、飞禽、野兽、爬虫、昆虫、党项名、汉姓、党项姓、亲属称谓、人体、住室、食物、器皿、练兵、人名、历法等类，每类下面又列出本类诸品种。《要集》中有器皿、乐器等名称。类似《杂字》的西夏文残页，在甘肃武威张义下西沟岘也有发现，该残页四字一组，有人认为是《四言杂字》，宣扬道德规范，记述婚姻关系和生儿育女等。

---

① 宁夏人民出版社 1990 年版。
② 科学出版社（莫斯科）1969 年版。
③ 中国社会科学出版社 1983 年版。
④ 宁夏人民出版社 1986 年版。

3. 历史与文学作品

《太祖继迁文》，可能是记载西夏太祖李继迁历史的作品，存残页。

《贞观记》，小本书，记崇宗贞观年间（1101—1113）事。还有一种写本残页，首尾俱缺，可能是天盛年间某种大事记。

《夏圣根赞歌》，以诗歌的形式记述党项祖先的历史活动，对研究西夏王室拓跋氏族源、党项风俗等，有重要的参考价值。克恰诺夫有俄译本，[①]日本西田龙雄、中国陈炳应、罗矛昆也有译释研究。

《月月乐诗》一卷，西夏仁宗乾祐十六年（1185）刊。以诗歌形式按十二月记载自然景观、动植物生长与生产、生活的关系，反映了西夏人生产与生活。今存有全本，西田龙雄发表有《西夏语〈月月乐诗〉之研究》。

《新集锦合辞》一卷，系西夏诗歌谚语集。刊于仁宗乾祐十八年（1187），由御史承旨梁德养、王仁持编辑。记述了党项人民对生产、生活、社会、自然界、阶级、道德的认识。反映了西夏建国后，思想文化方面受中原的影响越来越深。今存残卷，三十一页，有俄罗斯克恰诺夫和中国陈炳应译释本。

《圣立义海》，西夏文类书。刊于夏仁宗乾祐十四年（1183），内容十分广泛，包括天象、地理、动植物、工具、农业、饮食、器物、城市、皇室称谓、国家机构、宗教、军事、人事、阶级、阶层等等，正文下有释文，可以说是整个西夏社会及其知识水平的缩影。

此外，还有多种西夏诗文，如成书于夏仁宗乾祐十九年至二十年（1188—1189）的《新集碎金置掌文》，是仿汉文《千字文》而作的五言诗，其中"弥药勇健行，契丹步履缓。羌多敬佛僧，汉皆爱俗文。回鹘饮乳浆，山讹嗜荞饼"。是西夏人对周边民族的认识。《新修太学歌》作于夏仁宗乾祐二十三年（1192），全诗27行，词句华丽，是研究西夏太学的重要资料。

---

① 载《东方文字文献》，莫斯科1970年。

4. 官府文书和民间契约

官府文书和民间契约是研究西夏社会历史最直接的资料。20 世纪末我国学者史金波等在整理俄藏黑水城文献时，发现一千多编号、一千五百余件西夏社会文书，包括户籍、军抄状、账籍、契约、告牒、书信等等，其中契约就有五百多件，二百多件有具体年代，包括贷粮契、贷钱契、贷物契、卖地契、卖畜契、卖人口契、租地契、租畜契、典畜契、典物契、雇工契、雇畜契、换畜契等，① 这些珍贵资料收在《俄藏黑水城文献》第 12—14 册。

中国国家图书馆在整理馆藏西夏文文献时，揭下了一百七十余件写有文字的裱纸，其中很多是西夏社会文书，有买粮账、贷粮账、税账、户籍、贷钱账、契约、军抄文书、审案记录、告牒等，史金波在《文献》2004 年第 2 期撰文考释。

此外，近几十年来，我国甘肃、内蒙古等地又陆续发现了一些西夏社会文书，如《光定午年告牒》《乾定戌年卖驴契》《乾定酉年卖牛契》《乾定申年典糜契》《乙亥年借麦契》等。出土于甘肃武威张义下西沟岘的《天庆虎年会款单》，是夏天庆元年（1194）正月十名西夏人筹款记录凭单，类似现今的"互助金"名单。上述社会文书收录在宁夏大学西夏学研究院编纂的《中国藏西夏文献》中。

5. 医方、历书与卜辞

现藏于俄罗斯的西夏文医方、医书有《治疗恶疮要论》一百八十一面；《本草》；《千金方》卷十三、十四；治疗各种疾病的"紫菀丸"及其配制、服用方法；治马病的医方等。另外，在甘肃武威张义下西沟岘出土的三贴医方，据考证是治疗伤寒、寒湿症一类病症的。医方遵循中医学传统，似为偏

---

① 契约整理研究见史金波：《西夏经济文书研究》，社会科学文献出版社 2017 年版。

方，同时又带有原始巫医色彩，是研究西夏医学的重要资料。

历书。宋朝向西夏颁赐历书，两国关系交恶时宋朝中断颁赐，因此西夏有自己的历书。现存西夏文或汉文书写的历书残页，也有用两种文字书写的历书残件，为我们找到了西夏历书的实证。黑水城还发现过一种西夏文佛历残页，是说明何时拜佛译经可及时消释罪孽的片断文字。

黑水城发现有多种咒语集，如署名兰山觉照国师法狮子的《魔断要语》；写本卷子《谨左言右娄》，画有三幅法术图，周围依十二生肖作圆形排列。武威张义下西沟岘出土有两张卜辞残片，属卜占吉凶、求财、出行等方面的内容。

6. 宗教文献

党项人笃信佛教，西夏时期用西夏文大量翻译刊印佛教经典，据粗略统计，传世至今的西夏文佛经约四百余种，一千卷以上。除西夏文佛经本身的宗教内容外，在译释佛经时留传下来的序、跋、发愿文、题款，忠实地记录了当时的宗教组织机构、宗教活动等，是研究西夏佛教史的重要资料。

（三）金石题刻资料

1. 碑刻

保存至今的西夏碑刻首推甘肃武威出土《重修凉州护国寺感应塔碑》，又称《西夏碑》或《凉州碑》。该碑立于夏天祐民安五年（1094），阳面是西夏文，阴面为汉文，内容基本一致。碑铭在叙述兴修寺塔的过程中，涉及有关西夏社会经济、土地制度、阶级关系、国名、民族关系等内容，向为治西夏史者所重视。

西夏帝陵残碑。银川西夏陵出土大量残碑碎块，其中带有文字的计有4411块，大约三分之二是西夏文碑残块。尽管残碑支离破碎，无法复原，但相当一部分内容仍有很高的史料价值。如残碑中的"凤角城皇帝""明城皇帝""白城皇帝""永平皇帝"等尊号，可与史籍记载相佐证。还有"大白高"国名，以及"甲午五年""丙午十七年""乙酉十七年""天安礼定二年"，可考订西夏国名及纪年，诸如此类，不胜枚举。

夏州拓跋政权墓志铭。19世纪末及20世纪初，陕西省榆林市在文物征集和打击文物走私及盗墓的专项斗争中，征集或缴获到《唐静边州都督拓跋守寂墓志铭并盖》《大晋绥州刺史李仁宝墓志铭》《故永定破丑夫人（李仁宝妻）墓志文》，内蒙古自治区乌审旗无定河镇十里梁党项拓跋家族祖茔也相继出土了《大晋故虢王（李仁福）妻浍氏墓志铭》《后周绥州刺史李彝谨墓志铭》《宋定难军节度使李光睿墓志铭并盖》《大宋国故管内蕃部都指挥使李光遂墓志铭》《大宋定难军节度观察留后李继筠墓志铭》等，这十多块夏州拓跋政权墓志铭，为研究党项拓跋部的历史提供了珍贵的史料。

府州党项折氏家族神道碑及墓志铭。陕西府谷发现有《折继闵神道碑》《折克行神道碑》《宋故武功大夫河东第二将折公（可存）墓志铭》《李夫人（折惟忠妻）墓志》，以及折御卿、折继新、折继全、折可复及其妻陈氏的墓志。这些碑铭和墓志，反映了党项折氏家族在宋朝活动的历史，也提供了夏宋关系方面的资料。

《大元肃州路也可达鲁花赤世袭之碑》与《大元赠敦武校尉军民万户府百夫长唐兀公碑铭》。前者存于今甘肃酒泉，建于元至正二十一年（1361），一面汉文，一面回鹘文。记述了元代唐兀人举立沙家族仕元世袭情况，以及蒙古军攻占肃州的史实。后一碑发现于河南濮阳市城东柳屯乡，立于元至正十六年（1356），记载濮阳杨氏原为西夏故地凉州的土著居民，随蒙古大军进入中原，在今河南濮阳定居下来。

明代西夏文石刻经幢。出土于河北省保定市郊韩庄村，幢后记立幢人近百名，从族姓与身份看，有汉有蕃，有官有民，有僧有俗，说明当时尚有一部分党项人居住在今河北保定地区，仍使用西夏文字。这对研究西夏灭亡后党项人的迁徙情况有极高的史料价值。

另外，还有一些碑刻原物已失，只保留碑铭的，如载于《嘉靖宁夏新志》的《大夏国葬舍利碣铭》和《承天寺塔碑》。碑文内容都是用佛教故事宣扬佛法威力，以及记载当时佛事活动，其中所记西夏职官名称及夏景宗李元昊称"圣文英武崇仁至孝皇帝"，为史籍所缺。

2. 官印、符牌和钱币

除碑铭外，西夏官印、符牌、钱币和其他器物及其上刻的文字也有非常重要的史料价值。

官印。传世的西夏官印达一百三十余方，铜质，方形，上方柱钮，印文九叠白文篆字。有二字、四字、六字几种，其中以二字"首领"印占绝大多数。印背两侧分别刻人名与年款，形制与宋印无异。《天盛改旧新定律令》规定不同等级官印的质地、尺寸、重量，可与传世的官印相互印证。同时，官印的年款、人名是考订西夏纪年和党项姓氏的重要资料。

符牌。传世西夏符牌约二十几件，按内容可分为宿卫牌、守御牌、信牌三种。宿卫牌系宿卫者佩带，一般作长方形，上有穿，正面镌西夏文"内宿待命"四字，背面书人名。也有六字的，如"后门宫寝待命"，比一般宿卫牌形制稍大；守御牌系防守者所佩，一般为圆形，上有穿，正面为"防守待命"四字，背面西夏人名；信牌系传递军情命令者所佩，上镌西夏文"敕燃马牌"四字。史书记载西夏有"带牌天使"，景宗李元昊发兵时"以银牌召酋长面受约束"。这些记述可与符牌实物相印证。

钱币。迄今所见西夏文钱币有福圣宝钱、大安宝钱、贞观宝钱、乾祐宝钱、天庆宝钱等五种，汉文钱币有天授通宝、大德元宝、元德通宝、天盛元宝、乾祐元宝、天庆元宝、皇建元宝、光定元宝等。史载西夏于天盛十年（1158）"始立通济监铸钱"，根据出土钱币，西夏铸钱之始还可上推百年。

镌刻和墨书文字的西夏文物，比较重要的还有宁夏灵武出土的三件银碗，碗底内有西夏文墨书"三两""三两半"，标明重量，经实测重 114 克与 137.5 克，可知西夏一两为 38—39 克，与北宋一两 39—40 克相近，为研究西夏衡制的重要资料。

3. 墙壁题记

敦煌莫高窟和安西榆林窟西夏文题记，大致可分为功德发愿文、供养题榜和游人巡礼题名三种类型，这些题记既是西夏洞窟分期的重要依据，又是研究西夏历史的重要资料，题记记录了王公、贵族、高僧及平民百姓的姓名、官职和在莫高窟、榆林窟的宗教活动，提供有关西夏国名、纪年、官制、封号以及语言文字方面的资料。如题记中所见比较完整的西夏人名就有六十多个，其中可确认为党项姓氏的有息玉、嵬名、杂谋、酩布、骨匹、那征、味奴、讹三、千玉等数十个。

附　录

（一）西夏世袭表

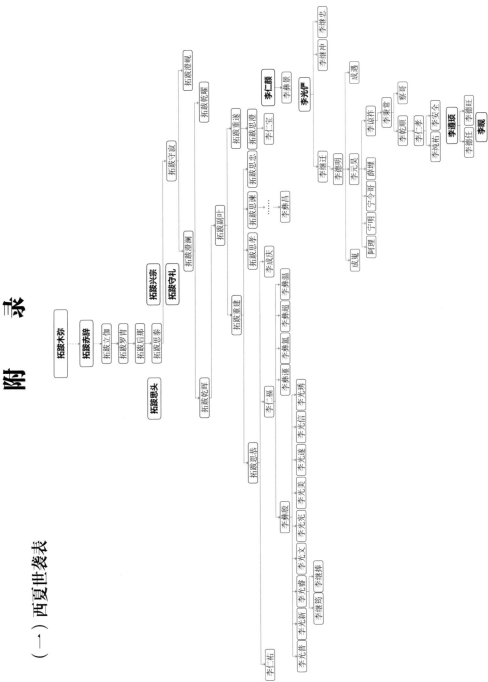

（二）西夏帝号表

庙号	陵号	谥号	姓名	生卒年	年号	世袭
太祖	裕陵	神武皇帝	李继迁	公元 963—1004		
太宗	嘉陵	光圣皇帝	李德明	公元 981—1031		太祖子
景宗	泰陵	武烈皇帝	李元昊	公元 1003—1048	显道（1032—1033） 开运（1034—1034） 广运（1034—1035） 大庆（1036—1037） 天授礼法延祚（1038—1048）	太宗子
毅宗	安陵	昭英皇帝	李谅祚	公元 1047—1067	延嗣宁国（1049—1049） 天祐垂圣（1050—1052） 福圣承道（1053—1056） 奲都（1057—1062） 拱化（1063—1067）	景宗子
惠宗	献陵	康靖皇帝	李秉常	公元 1061—1086	乾道（1068—1068） 天赐礼盛国庆（1069—1073） 大安（1074—1084） 天安礼定（1085—1086）	毅宗长子

庙号	陵号	谥号	姓名	生卒年	年号	世袭
崇宗	显陵	圣文皇帝	李乾顺	公元 1083—1139	天仪治平（1087—1089） 天祐民安（1090—1097） 永安（1098—1100） 贞观（1101—1113） 雍宁（1114—1118） 元德（1119—1126） 正德（1127—1134） 大德（1135—1139）	惠宗子
仁宗	寿陵	圣德皇帝	李仁孝	公元 1124—1193	大庆（1140—1143） 人庆（1144—1148） 天盛（1149—1169） 乾祐（1170—1193）	崇宗子
桓宗	庄陵	昭简皇帝	李纯祐	公元 1177—1206	天庆（1194—1205）	仁宗子
襄宗		敬穆皇帝	李安全	公元 1170—1211	应天（1206—1209） 皇建（1210—1210）	越王 李仁友子
神宗		英文皇帝	李遵顼	公元 1163—1226	光定（1211—1223）	齐王 李彦宗子
献宗			李德旺	公元 1181—1226	乾定（1223—1226）	神宗子
末帝			李睍	公元？ —1227	宝义（1226—1227）	清平 郡王子

（三）西夏纪年表

公元	干支	西夏	宋	辽、北辽、西辽	金
1032	壬申	景宗（李元昊）明道1	仁宗（赵祯）明道1	兴宗（耶律宗真）重熙1	
1033	癸酉	2	2	2	
1034	甲戌	开运1 广运1	景祐1	3	
1035	乙亥	2	2	4	
1036	丙子	大庆1	3	5	
1037	丁丑	2	4	6	
1038	戊寅	天授礼法延祚1	宝元1	7	
1039	己卯	2	2	8	
1040	庚辰	3	3 康定1	9	
1041	辛巳	4	2 庆历1	10	
1042	壬午	5	2	11	
1043	癸未	6	3	12	
1044	甲申	7	4	13	
1045	乙酉	8	5	14	
1046	丙戌	9	6	15	

续表

公元	干支	西夏	宋	辽、北辽、西辽	金
1047	丁亥	10	7	16	
1048	戊子	11	8	17	
1049	己丑	毅宗（李谅祚） 延嗣宁国 1	皇祐 1	18	
1050	庚寅	天祐垂圣 1	2	19	
1051	辛卯	2	3	20	
1052	壬辰	3	4	21	
1053	癸巳	福圣承道 1	5	22	
1054	甲午	2	6 至和 1	23	
1055	乙未	3	2	24 道宗（耶律洪基） 清宁 1	
1056	丙申	4	3 嘉祐 1	2	
1057	丁酉	奲都 1	2	3	
1058	戊戌	2	3	4	
1059	己亥	3	4	5	
1060	庚子	4	5	6	
1061	辛丑	5	6	7	

公元	干支	西夏	宋	辽、北辽、西辽	金
1062	壬寅	6	7	8	
1063	癸卯	拱化 1	8	9	
1064	甲辰	2	英宗（赵曙）治平 1	10	
1065	乙巳	3	2	咸雍 1	
1066	丙午	4	3	2	
1067	丁未	5	4	3	
1068	戊申	惠宗（李秉常）乾道 1	神宗（赵顼）熙宁 1	4	
1069	己酉	2 天赐礼盛国庆 1	2	5	
1070	庚戌	2	3	6	
1071	辛亥	3	4	7	
1072	壬子	4	5	8	
1073	癸丑	5	6	9	
1074	甲寅	大安 1	7	10	
1075	乙卯	2	8	大（太）康 1	
1076	丙辰	3	9	2	
1077	丁巳	4	10	3	

续表

公元	干支	西夏	宋	辽、北辽、西辽	金
1078	戊午	5	元丰1	4	
1079	己未	6	2	5	
1080	庚申	7	3	6	
1081	辛酉	8	4	7	
1082	壬戌	9	5	8	
1083	癸亥	10	6	9	
1084	甲子	11	7	10	
1085	乙丑	天安礼定1	8	大安1	
1086	丙寅	2	哲宗（赵煦）元祐1	2	
1087	丁卯	崇宗（李乾顺）天仪治平1	2	3	
1088	戊辰	2	3	4	
1089	己巳	3	4	5	
1090	庚午	天祐民安1	5	6	
1091	辛未	2	6	7	
1092	壬申	3	7	8	
1093	癸酉	4	8	9	
1094	甲戌	5	绍圣1	10	
1095	乙亥	6	2	寿昌（隆）1	
1096	丙子	7	3	2	

公元	干支	西夏	宋	辽、北辽、西辽	金
1097	丁丑	8	4	3	
1098	戊寅	永安 1	5 元符 1	4	
1099	己卯	2	2	5	
1100	庚辰	3	3	6	
1101	辛巳	贞观 1	徽宗（赵佶） 建中靖国 1	7 天祚帝（耶律延禧） 乾统 1	
1102	壬午	2	崇宁 1	2	
1103	癸未	3	2	3	
1104	甲申	4	3	4	
1105	乙酉	5	4	5	
1106	丙戌	6	5	6	
1107	丁亥	7	大观 1	7	
1108	戊子	8	2	8	
1109	己丑	9	3	9	
1110	庚寅	10	4	10	
1111	辛卯	11	政和 1	天庆 1	
1112	壬辰	12	2	2	
1113	癸巳	13	3	3	
1114	甲午	雍宁 1	4	4	

续表

公元	干支	西夏	宋	辽、北辽、西辽	金
1115	乙未	2	5	5	太祖 （完颜阿骨打） 收国1
1116	丙申	3	6	6	2
1117	丁酉	4	7	7	天辅1
1118	戊戌	5	8 重和1	8	2
1119	己亥	元德1	宣和1	9	3
1120	庚子	2	2	10	4
1121	辛丑	3	3	保大1	5
1122	壬寅	4	4	保大2 北辽宣宗（耶律淳） 建福1 北辽 萧德妃德兴1	6
1123	癸卯	5	5	保大3 北辽梁王（耶律雅里） 神历1	太宗 （完颜晟） 天会1
1124	甲辰	6	6	保大4 西辽德宗（耶律大石） 延庆1	2

续表

公元	干支	西夏	宋	辽、北辽、西辽	金
1125	乙巳	7	7	保大5 延庆2	3
1126	丙午	8	钦宗（赵桓） 靖康1	3	4
1127	丁未	正德1	南宋高宗 （赵构） 建炎1	4	5
1128	戊申	2	2	5	6
1129	己酉	3	3	6	7
1130	庚戌	4	4	7	8
1131	辛亥	5	绍兴1	8	9
1132	壬子	6	2	9	10
1133	癸丑	7	3	10	11
1134	甲寅	8	4	康国1	12
1135	乙卯	大德1	5	2	熙宗（完颜亶）13
1136	丙辰	2	6	3	14
1137	丁巳	3	7	4	15
1138	戊午	4	8	5	天眷1
1139	己未	5	9	6	2
1140	庚申	仁宗（李仁孝） 大庆1	10	7	3

续表

公元	干支	西夏	宋	辽、北辽、西辽	金
1141	辛酉	2	11	8	皇统 1
1142	壬戌	3	12	9	2
1143	癸亥	4	13	10	3
1144	甲子	人庆 1	14	感天后（塔不烟）咸清 1	4
1145	乙丑	2	15	2	5
1146	丙寅	3	16	3	6
1147	丁卯	4	17	4	7
1148	戊辰	5	18	5	8
1149	己巳	天盛 1	19	6	9 海陵王（完颜亮）天德 1
1150	庚午	2	20	7	2
1151	辛未	3	21	仁宗（耶律夷列）绍兴 1	3
1152	壬申	4	22	2	4
1153	癸酉	5	23	3	5 贞元 1
1154	甲戌	6	24	4	2

公元	干支	西夏	宋	辽、北辽、西辽	金
1155	乙亥	7	25	5	3
1156	丙子	8	26	6	4 正隆 1
1157	丁丑	9	27	7	2
1158	戊寅	10	28	8	3
1159	己卯	11	29	9	4
1160	庚辰	12	30	10	5
1161	辛巳	13	31	11	6 世宗（完颜雍） 大定 1
1162	壬午	14	32	12	2
1163	癸未	15	孝宗（赵昚） 隆兴 1	13	3
1164	甲申	16	2	承天后 （耶律普速完） 崇福 1	4
1165	乙酉	17	乾道 1	2	5
1166	丙戌	18	2	3	6
1167	丁亥	19	3	4	7
1168	戊子	20	4	5	8

公元	干支	西夏	宋	辽、北辽、西辽	金
1169	己丑	21	5	6	9
1170	庚寅	乾祐 1	6	7	10
1171	辛卯	2	7	8	11
1172	壬辰	3	8	9	12
1173	癸巳	4	9	10	13
1174	甲午	5	淳熙 1	11	14
1175	乙未	6	2	12	15
1176	丙申	7	3	13	16
1177	丁酉	8	4	14	17
1178	戊戌	9	5	末主 （耶律直鲁古） 天禧 1	18
1179	己亥	10	6	2	19
1180	庚子	11	7	3	20
1181	辛丑	12	8	4	21
1182	壬寅	13	9	5	22
1183	癸卯	14	10	6	23
1184	甲辰	15	11	7	24
1185	乙巳	16	12	8	25
1186	丙午	17	13	9	26
1187	丁未	18	14	10	27

公元	干支	西夏	宋	辽、北辽、西辽	金
1188	戊申	19	15	11	28
1189	己酉	20	16	12	29
1190	庚戌	21	光宗（赵惇）绍熙 1	13	章宗（完颜璟）明昌 1
1191	辛亥	22	2	14	2
1192	壬子	23	3	15	3
1193	癸丑	24	4	16	4
1194	甲寅	桓宗（李纯祐）天庆 1	5	17	5
1195	乙卯	2	宁宗（赵扩）庆元 1	18	6
1196	丙辰	3	2	19	7 承安 1
1197	丁巳	4	3	20	2
1198	戊午	5	4	21	3
1199	己未	6	5	22	4
1200	庚申	7	6	23	5
1201	辛酉	8	嘉泰 1	24	泰和 1
1202	壬戌	9	2	25	2
1203	癸亥	10	3	26	3
1204	甲子	11	4	27	4

公元	干支	西夏	宋	辽、北辽、西辽	金
1205	乙丑	12	开禧1	28	5
1206	丙寅	襄宗（李安全） 应天1	2	29	6
1207	丁卯	2	3	30	7
1208	戊辰	3	嘉定1	31	8
1209	己巳	4	2	32	卫绍王 （完颜永济） 大安1
1210	庚午	皇建1	3	33	2
1211	辛未	神宗（李遵顼） 光定1	4	34	3
1212	壬申	2	5		崇庆1
1213	癸酉	3	6		2 至宁1 宣宗（完颜 珣） 贞祐1
1214	甲戌	4	7		2
1215	乙亥	5	8		3
1216	丙子	6	9		4

公元	干支	西夏	宋	辽、北辽、西辽	金
1217	丁丑	7	10		5 兴定1
1218	戊寅	8	11		2
1219	己卯	9	12		3
1220	庚辰	10	13		4
1221	辛巳	11	14		5
1222	壬午	12	15		6 元光1
1223	癸未	献宗（李德旺） 乾定1	16		2
1224	甲申	2	17		哀宗 （完颜守绪） 正大1
1225	乙酉	3	理宗（赵 昀） 宝庆1		2
1226	丙戌	4 末帝（李睍） 宝义1	2		3
1227	丁亥	2	3		4

本表转自史金波《西夏社会》，向作者表示感谢。

（四）西夏交聘表

年　代	宋	辽（契丹）	吐蕃、回鹘
宋太平兴国七年，辽乾亨四年（982）	夏州节度留后李继捧入朝献地，族弟李继迁出奔地斤泽。(《宋史》卷四八五《夏国传上》)		
宋太平兴国八年，辽统和元年（983）	三月，李继迁入贡，宋遣内侍秦翰赍敕招之，继迁不听。(《西夏纪》卷一)		
宋雍熙元年，辽统和二年（984）			
宋雍熙二年，辽统和三年（985）			
宋雍熙三年，辽统和四年（986）		二月，李继迁遣使附契丹。契丹授继迁定难军节度使、特进检校太师、都督夏州诸军事。(《辽史》卷一一《圣宗纪二》)	

年　代	宋	辽（契丹）	吐蕃、回鹘
宋雍熙三年，辽统和四年（986）		十月，遣使入贡契丹。(《辽史》卷一一五《西夏外纪》) 十二月，李继迁请婚契丹，愿永作藩辅。诏封耶律襄之女为义成公主下嫁，赐马三千匹。(《辽史》卷一一《圣宗纪二》)	
宋雍熙四年，辽统和五年（987）			
宋端拱元年，辽统和六年（988）	宋授李继迁洛苑使、银州刺史。(《宋史》卷四八五《夏国传上》)	三月，李继迁遣使来贡。(《辽史》卷一二《圣宗纪三》)	

续表

年　代	宋	辽（契丹）	吐蕃、回鹘
宋端拱二年，辽统和七年（989）		正月，李继迁乞与李继捧和好，圣宗不许。（《辽史》卷一二《圣宗纪三》） 三月，以宗女封义成公主，下嫁李继迁。按，统和四年许婚，至此正式结婚。（同上）	
宋淳化元年，辽统和八年（990）		正月，李继迁遣使来谢。（《辽史》卷一一五《西夏外纪》） 三月，李继迁遣使来贡。（《辽史》卷一三《圣宗纪四》） 九月，李继迁遣使献宋俘。（《辽史》卷一一五《西夏外纪》） 十月，以败宋军来告。（同上） 十二月，以下宋麟、鄜等州来告，辽遣使封继迁为夏国王。（同上）	

年　代	宋	辽（契丹）	吐蕃、回鹘
宋淳化二年，辽统和九年（991）	七月，李继迁奉表请降，宋授以银州观察使，赐姓名赵保吉。(《宋史》卷五《太宗纪二》)	二月，李继迁遣使告伐宋捷。(《辽史》卷一一五《西夏外纪》) 四月，李继迁遣李知白来谢册封。(同上) 七月，以下宋银、绥二州，遣使来告。(同上) 十月，李继迁以宋所授敕命，遣使来上。(同上) 十二月，契丹以继迁潜附于宋，遣韩德威持诏谕之。(同上)	
宋淳化三年，辽统和十年（992）	四月，李继迁请通陕西互市。诏从之。(《西夏书事》卷五)	二月，李继迁以韩德威俘掠，遣使来奏，圣宗赐诏安慰。(《辽史》卷一三《圣宗纪四》) 十月，李继迁遣使入贡。(同上)	

年　代	宋	辽（契丹）	吐蕃、回鹘
宋淳化四年，辽统和十一年（993）			
宋淳化五年，辽统和十二年（994）	四月，宋削赵保吉所赐姓名。（《宋史》卷五《太宗纪二》） 七月，李继迁遣牙校以良马来献，犹称所赐姓名，答诏因称之。（《长编》卷三六） 八月丁酉，李继迁遣其将佐赵光祚、张浦到绥州见黄门押班张崇贵，求纳款。崇贵会浦等于石堡寨，椎牛醯酒犒谕，仍赐锦袍、银带。（同上） 乙巳，李继迁遣弟廷信奉表待罪。太宗召见廷信，面加慰抚，赐赉甚厚。（同上） 十一月，宋太宗遣张崇贵持诏谕李继迁，赐以器币、茶药、衣物等。（同上）		

年　代	宋	辽（契丹）	吐蕃、回鹘
宋至道元年，辽统和十三年（995）	正月，李继迁遣使以良马、骆驼来贡。(《宋史》卷五《太宗纪二》) 三月，太宗令卫士数百射于崇政殿，召夏使张浦观之。(《长编》卷三七) 六月，宋遣使授李继迁鄜州节度使，继迁不奉诏。(《宋史》卷五《太宗纪二》) 宋授夏使张浦郑州团练，留京师。继迁表郑文宝诱其部长嵬啰、嵬悉，遂贬文宝蓝山令。(《宋史》卷四八五《夏国传上》)	三月，李继迁遣使贡于契丹。(《辽史》卷一三《圣宗纪四》) 八月，夏国遣使进马。(同上) 十二月，夏国以败宋人，遣使来告。(同上)	
宋至道二年，辽统和十四年（996）		正月，夏国遣使来贡。(《辽史》卷一三《圣宗纪四》)	
宋至道三年，辽统和十五年（997）	二月，宋太宗崩，太子即位，是为真宗。 十二月，李继迁遣使修贡，求备藩任。真宗姑	二月，李继迁遣使贡于契丹。 三月，辽封夏国王李继迁为西平王。 六月，李继迁遣使契丹谢册封。	

年 代	宋	辽（契丹）	吐蕃、回鹘
宋至道三年，辽统和十五年（997）	务宁静，因从其请，授李继迁为定难节度使，遣内侍右班都知张崇贵赍诏赐之。（《长编》卷四二）	十二月，李继迁遣使贡于契丹。 （上见《辽史》卷一三《圣宗纪四》）	
宋咸平元年，辽统和十六年（998）	年初，李继迁遣押衙刘仁谦表让恩命，诏不允，赐仁谦锦袍、银带。 四月，李继迁遣弟李继瑗至宋谢恩。宋授继瑗亳州防御使，封继迁母卫慕氏卫国太夫人，子德明为定难军行军司马。（《宋史》卷六《真宗纪一》、卷四八五《夏国传上》）	二月，李继迁遣使如契丹贡奉。（《辽史》卷一三《圣宗纪四》）	
宋咸平二年，辽统和十七年（999）			
宋咸平三年，辽统和十八年（1000）		十一月，契丹授西平王李继迁子德昭（即德明，下同）朔方军节度使。（《辽史》卷一四《圣宗纪五》）	

年　代	宋	辽（契丹）	吐蕃、回鹘
宋咸平四年，辽统和十九年（1001）	八月，李继迁遣牙将贡马于宋，犹称所赐姓名。（《西夏纪》卷三）	三月，夏国遣李文贵如契丹贡奉。（《辽史》卷一四《圣宗纪五》） 六月，李继迁遣使奏下宋恒、环、庆三州，赐诏褒美。（《辽史》卷一一五《西夏纪》）	
宋咸平五年，辽统和二十年（1002）		李继迁遣使契丹进贡驼马。 六月，李继迁遣刘仁勖来告下宋朝灵州。（《辽史》卷一一五《西夏纪》）	十月继迁以铁箭诱西凉吐蕃六谷部，潘罗支拒之，戮夏使一人，执一人。（《宋史》卷四九二《吐蕃传》）
宋咸平六年，辽统和二十一年（1003）		五月，西平王李继迁薨，其子李德昭遣使来告。（《辽史》卷一四《圣宗纪五》）	二月，继迁复送铁箭潘罗支，令其归附。（《长编》卷五四）

年代	宋	辽（契丹）	吐蕃、回鹘
宋咸平六年，辽统和二十一年（1003）		六月，契丹赠李继迁尚书令，遣西上阁门使丁振吊慰。（同上） 九月，李德昭遣使来谢吊慰。（同上）	
宋景德元年，辽统和二十二年（1004）	《宋史》卷四八五《夏国传上》记载，继迁于景德元年（1004）正月二日卒；《宋史》卷七《真宗纪二》系之景德元年二月，与《辽史》记载不同，当考。 鄜延钤辖张崇贵遗书德明，德明回书称未葬，难发表章，乞就便具奏。宋赐德明诏谕，以信人未至，故未遣使吊问。（《长编》卷五六）	三月，李德昭遣使上继迁遗物。（《辽史》卷一四《圣宗纪五》） 七月，契丹遣使封李德昭为西平王。（同上） 十月，西平王李德昭遣使谢册封。（同上）	
宋景德二年，辽统和二十三年（1005）	六月丁亥，德明遣牙将王旼奉表归款，宋赐王旼锦袍、银带，遣侍禁夏居厚赍诏答之。（《长编》卷六〇）	二月，夏国遣使告下宋青城。（《辽史》卷一四《圣宗纪五》）	

年　代	宋	辽（契丹）	吐蕃、回鹘
宋景德二年，辽统和二十三年（1005）	甲午，张崇贵自延州入奏，诏谕当使德明自为誓约，纳灵州土疆，止居平夏，遣子弟入宿卫，送掠去吏民，尽散蕃汉兵及质口，封境之上有侵扰者禀朝旨，凡七事。则授德明定难节度使、西平王，赐金帛缗钱四万贯匹两，茶二万斤，给内地节度使俸，听回图往来，放青盐之禁，凡五事。仍遣阁门通事舍人焦守节偕往，呼德明亲信示之，如能顺命，即降恩制。既而德明使张浦至延州面议及致书疏，但多邀求，不肯自为誓约也。（《长编》卷六〇） 九月癸丑，德明遣都知兵马使白文寿来贡。（《长编》卷六一） 十二月，德明又遣教练使郝贵来贡。（《长编》卷六一）		

年　代	宋	辽（契丹）	吐蕃、回鹘
宋景德三年，辽统和二十四年（1006）	五月壬寅，德明遣兵马使贺永珍来贡。甲辰，又遣兵马使贺守文来贡。（《长编》卷六三） 先是，向敏中及张崇贵与德明议立誓约，久未决。德明虽数遣使修贡，然于七事不肯承顺，累表但云乞先赐恩命，徐议之。（同上） 六月丁丑，德明复遣左都押衙贺永正等来贡。甲午，诏秦翰与张崇贵移牒德明，自今勿复侵扰境外。（同上） 七月癸卯，德明又遣使贡马百五十匹，谢前答赐之物。宋赐袭衣、金带及器币等答焉。乃诏张崇贵谕其使，自今答赐，勿复谢恩。（同上） 八月，德明欲以良马、骆驼千计入贡。宋朝提出如果德明不同意亲弟入质，朝廷则不许贸易往来及放行青盐之禁，但可		

年　代	宋	辽（契丹）	吐蕃、回鹘
宋景德三年，辽统和二十四年（1006）	以约和。（同上） 　九月癸卯，宋以德明累表归顺，降诏慰谕。（《长编》卷六四） 　癸丑，德明移牒鄜延路，索蕃部指挥使色木结皆以等。宋报夏人，其投归在德明纳誓表前。（同上） 　丁卯，鄜延钤辖张崇贵入奏，德明遣牙校刘仁勖来进誓表，请藏盟府。（同上） 　十月庚午，宋以德明为定难节度使、西平王，给俸如内地。（同上） 　甲午，德明上言曹玮招纳夏界蕃部。诏以德明誓表遍谕边臣。（同上） 　丁丑，宋以内侍左右班都知张崇贵为赵德明旌节官告使，太常博士赵湘副之。赐德明袭衣、金带、金鞍勒马、银万两、绢万匹、钱二万贯、茶二万斤。（同上）		

年　代	宋	辽（契丹）	吐蕃、回鹘
宋景德三年，辽统和二十四年（1006）	癸未，延州向敏中等上言，赵德明遣人致书，以驼马土物送遗。诏令复书，以礼物答之。（同上） 十一月乙巳，赵德明遣使贡御马二十五匹，散马七百匹，驼三百头，以谢朝命。（同上） 庚申，赵德明又遣使来贡。（同上）		
宋景德四年，辽统和二十五年（1007）	三月，赵德明遣牙吏贡马五百、骆驼二百，谢给俸廪。诏赐德明袭衣、金带、器币。德明又请进奉使赴京，市所须物。从之。（《长编》卷六五） 五月，赵德明母罔氏卒，授德明起复镇军大将军、左金吾卫上将军。命殿中丞赵积为吊赠、官告等使，德明以乐迎告至其母枢前。明日禫衣受赐，泣曰："蕃夷母丧，蒙天子吊赠，起复之命，宠荣极矣！"（同上）	七月壬申，西平王李德昭母薨，契丹遣使吊祭。甲戌，契丹遣使起复。（《辽史》卷一四《圣宗纪五》）按，《长编》记载德明母五月卒。	

年　代	宋	辽（契丹）	吐蕃、回鹘
宋景德四年，辽统和二十五年（1007）	闰五月，赵德明移牒延州，请罢修葺保安军驿舍。（同上） 六月己酉，赵德明遣使贡马百五十匹，助修皇后园陵。（同上） 庚申，延州向敏中言，德明近多次移牒索早先归附宋朝的夏州民刘严等，宋廷不许。（同上） 七月，赵德明请许蕃民赴保安军榷场贸易，从之。（《长编》卷六六） 九月，赵德明将葬母，宋遣殿直袁瑀致祭。瑀至夏州，遗忘抚问辞，且发言轻易。及还，坐落职，赎金十斤。（同上） 十月乙未，麟州言赵德明请于州西置榷场互市，宋以延州已置，不许。（《长编》卷六七）		

年　代	宋	辽（契丹）	吐蕃、回鹘
宋景德四年，辽统和二十五年（1007）	庚申，真宗从张崇贵言，遣使赐赵德明冬服及仪天历。德明又请诣五台寺修设，追荐其母。真宗令崇贵答以不敢闻奏。若诚愿则听致施物于鄜延，委崇贵差人送五台山。（同上）		
宋大中祥符元年，辽统和二十六年（1008）	正月，夏州饥，请易粟，许之。（《宋史》卷七《真宗纪二》） 　　宋以天书降，加赐赵德明守正功臣，益食邑一千户，食实封四百户。（《宋史》卷四八五《夏国传上》） 　　四月，赵德明请市青盐，宋帝诏以德明所纳誓书谕之，盖素不载青盐事。（《长编》卷六八） 　　十月，宋真宗东封，德明遣使来献，礼成，加兼中书令，益食邑千户，实封四百户。（《宋史》卷四八五《夏国传上》）		

年　代	宋	辽（契丹）	吐蕃、回鹘
宋大中祥符二年，辽统和二十七年（1009）	三月，赵德明移牒鄜延路，请罢庆州开浚壕堑，诏许之。（《长编》卷七一） 六月，宋真宗诏械送夏州间谍，令赵德明裁遣。（同上） 十一月，夏州进奉使白守贵等请市弓矢及弩，宋帝以弩在禁科，不许，余从之。（《长编》卷七二）	十二月，契丹遣使来告国母萧氏卒。（《辽史》卷一一五《西夏纪》）	
宋大中祥符三年，辽统和二十八年（1010）	夏境饥，上表宋朝求粟百万。（《宋史》卷四八五《夏国传上》）	九月，契丹遣使册西平王李德昭为夏国王。（《辽史》卷一五《圣宗纪六》）	
宋大中祥符四年，辽统和二十九年（1011）	正月，赵德明奉表诉明爱等侵耕其绥州界，乞遣使按视。诏张崇贵详度，令明爱等还内地。（《长编》卷七五） 二月，赵德明遣使入贡于宋。（同上）		

年 代	宋	辽（契丹）	吐蕃、回鹘
宋大中祥符四年，辽统和二十九年（1011）	四月壬子，赵德明遣使贡马，贺祀汾阴。赐德明衣带、鞍勒马、器币。时贡马子弟与京城民相殴，诏以事付鄜延路，令移文德明，就彼决遣之。（同上） 甲子，定难节度使赵德明守中书令。（同上）		
宋大中祥符五年，辽开泰元年（1012）	四月，赵德明请割绥州土田、人口隶当道，诏陕西转运司取德明誓书，与边臣详定报之。初，德明以此为请，边臣言当隶延州，德明复遣使诣阙上诉，故有是命。（《长编》卷七七） 十月，宋以圣祖降，加德明守太保。（《宋史》卷四八五《夏国传上》） 十一月，宋遣西京左藏库使王应昌使夏州，以加恩官诰赐赵德明。（《长编》卷七九） 宋禁夏州进奉使造军器归本道。（同上）	四月，夏国遣使契丹进良马。（《辽史》卷一五《圣宗纪六》） 十一月，契丹赐夏国使东头供奉官曹文斌、吕文贵等官爵。（同上）	

年　代	宋	辽（契丹）	吐蕃、回鹘
宋大中祥符六年，辽开泰二年（1013）		七月，契丹遣使夏国，诏李德昭犄角伐党项。（《辽史》卷一五《圣宗纪六》） 八月，契丹遣引进使李延弘来赐夏国王李德昭及义成公主车马。（《辽史》卷一一五《西夏纪》）	
宋大中祥符七年，辽开泰三年（1014）	二月，赵德明遣使来献方物，宋加宣德功臣号。（《宋史》卷四八五《夏国传上》）		
宋大中祥符八年，辽开泰四年（1015）	西夏于石州浊轮谷筑堡，将建榷场，宋沿边安抚司止之。（《宋史》卷四八五《夏国传上》） 四月，宋真宗诏蕃部熟户逃亡西界者，移牒追取。（《长编》卷八四）		
宋大中祥符九年，辽开泰五年（1016）	十月，赵德遣牙校刘仁勖贡马二十匹，因上言自向敏中归阙，张崇贵云亡，后来边臣罕守旧制，擅举甲兵，渐乖盟约。诏答各遵纪律，共守封疆。		

年代	宋	辽（契丹）	吐蕃、回鹘
宋大中祥符九年，辽开泰五年（1016）	自赵德明纳款，凡有表奏，并令延州承受入递，其使者不复诣阙。其后向敏中言，"事有当诣阙者，令延州伴送。"及仁勖至延州，以其所奏异于他日，留仁勖，具以闻。诏特许赴阙。（《长编》卷八八）		
宋天禧元年，辽开泰六年（1017）	正月，宋加赵德明太傅，食邑千户，实封四百户。（《宋史》卷四八五《夏国传上》）		
宋天禧二年，辽开泰七年（1018）			吐蕃王并里尊遣使来假道。（《辽史》卷一六《圣宗纪七》）
宋天禧三年，辽开泰八年（1019）	春，赵德明继母卒，遣使来告。以屯田员外郎上官似为吊赠兼起复官告使，阁门祇侯常希古为致祭使。（《宋史》卷四八五《夏国传上》）　　冬，宋朝郊祀，加赵德明崇仁功臣号。（同上）		

年　代	宋	辽（契丹）	吐蕃、回鹘
宋天禧四年，辽开泰九年（1020）	正月，宥州蕃族腊儿率众劫熟户，被金明县监押李士彬斩杀。真宗诏部署司以其事报赵德明。（《长编》卷九五）	契丹主亲将兵五十万，以狩为言，来攻凉甸，赵德明率众逆拒，败之。（《宋史》卷四八五《夏国传上》）	
宋天禧五年，辽太平元年（1021）	五月，赵德明落起复，遣入内都知蓝继宗为官告使，至西夏赐之。德明与继宗射，继宗每发必中，德明赠以所乘名马。（《长编》卷九七）	契丹遣金吾卫上将军萧孝诚赍玉册金印，册赵德明为尚书令、大夏国王。（《宋史》卷四八五《夏国传上》） 十一月，李德昭遣使来贡。（《辽史》卷一六《圣宗纪七》）	
宋乾兴元年，辽太平二年（1022）	二月，宋真宗崩，太子嗣位，是为仁宗。 宋加赵德明纯诚功臣号。德明自与宋约和以来，每岁旦、圣节、冬至皆遣牙校来献不绝，而每加恩赐官告，则又以袭衣五、金荔支带、金花银匣副之，银沙锣、盆、合千	十月契丹遣堂后官张克恭使夏国，贺夏国王李德昭生日。（《辽史》卷一六《圣宗纪七》）	

年 代	宋	辽（契丹）	吐蕃、回鹘
宋乾兴元年，辽太平二年（1022）	两，锦彩千匹，金涂银鞍勒马一匹，副以缨、复，遣内臣就赐之。又遣阁门祗侯赐冬服及颁仪天具注历。（《宋史》卷四八五《夏国传上》） 赵德明表请大食国贡使取道西夏，宋朝不许。（《宋史·大食传》）		
宋天圣元年，辽太平三年（1023）	宋加赵德明尚书令。（《西夏纪》卷五）		
宋天圣二年，辽太平四年（1024）	宋使康德舆来赐冬服。（《西夏纪》卷五）		
宋天圣三年，辽太平五年（1025）	七月，宋发兵平属羌，虑西夏为疑，遣使谕赵德明。（《长编》卷一〇三）	十一月，夏国遣使入贡。契丹以德昭强盛，厚赐使者。（《西夏纪》卷五）	
宋天圣四年，辽太平六年（1026）	二月，应西夏之请，宋于并代路置和市场。（《长编》卷一〇四）	十月，契丹遣使问夏国五月与宋交战之故。（《辽史》卷一七《圣宗纪八》）	

年 代	宋	辽（契丹）	吐蕃、回鹘
宋天圣五年，辽太平七年（1027）	二月，赵德明遣都知兵马使白文美来告东南蕃部多逃入汉界。诏鄜延经略司据数遣还夏国，其先落蕃户口，亦诏德明护送境上。(《长编》卷一〇五)		
宋天圣六年，辽太平八年（1028）		六月，契丹遣吴克荷贺夏国王李德昭生日。(《辽史》卷一七《圣宗纪八》)	
宋天圣七年，辽太平九年（1029）		二月，李德明为元昊请婚契丹，许之。(《西夏书事》卷一一)	
宋天圣八年，辽太平十年（1030）	十二月辛丑，加赐西平王赵德明功臣号。(《宋史》卷九《仁宗纪一》) 丁未，赵德明遣使献马七十匹，乞赐佛经一藏，从之。(《长编》卷一〇九)		

年　代	宋	辽（契丹）	吐蕃、回鹘
宋天圣九年，辽太平十一年（1031）		六月，契丹圣宗崩，子宗真即位，是为兴宗。遣使夏国告哀。(《辽史》卷一一五《西夏纪》) 九月，夏国遣使契丹吊慰。(《辽史》卷一八《兴宗纪一》) 十月，夏国遣使来赙。(同上) 是岁，契丹以兴平公主下嫁夏国王李德昭子李元昊，以元昊为夏国公、驸马都尉。(同上)	
宋明道元年，辽重熙元年，夏显道元年（1032）	九月，环州言西人寇边，诏部署司严饬兵备，又令鄜延路移文夏州戒约之。(《长编》卷一一一) 十一月，定难节度使、守太傅、尚书令兼中书令、西平王赵德明封夏王。	十一月丙戌，夏国遣使来贺。 辛卯，夏国王李德昭薨，册其子夏国公李元昊为夏国王。(《辽史》卷一八《兴宗纪一》)	

年　代	宋	辽（契丹）	吐蕃、回鹘
宋明道元年，辽重熙元年，夏显道元年（1032）	赵德明卒，子元昊继立，延州以闻。诏辍朝三日，命开封府判官、度支员外郎朱昌符为祭奠使，六宅副使、内侍押班冯仁俊副之。赐赙绢七百匹、布三百匹，副以羊、酒等。将葬，赐物称是。皇太后所赐亦如之。(同上) 　　十一月癸巳，授元昊特进、检校太师兼侍中、定难军节度使、夏银绥宥静等州观察处置押蕃落使、西平王。以司封员外郎杨告为旌节官告使，礼宾副使朱允中副之。(同上)		
宋明道二年，辽重熙二年，夏显道二年（1033）	四月，宋遣供备库副使李用和持太后遗留物赐西平王赵元昊。(《长编》卷一一二)	正月，遣使如契丹贡奉。(《辽史》卷一八《兴宗纪一》) 　　十二月，契丹禁夏国使沿路私市金、铁。(同上)	

年　代	宋	辽（契丹）	吐蕃、回鹘
宋景祐元年，辽重熙三年，夏开运（广运）元年（1034）	元昊母卫慕氏死，遣使来告哀。起复镇军大将军、左金吾卫上将军。以内殿崇班王中庸为致祭使，超居舍人郭劝为吊赠兼起复官告使。元昊赂遗郭劝等百万，拒之不受。（《长编》卷一一五） 　十二月，赵元昊献马五十匹，求佛经一藏，宋仁宗诏特赐之。（同上）		
宋景祐二年，辽重熙四年，夏广运二年（1035）	宋加元昊中书令。（《宋史》卷四八五《夏国传上》） 　七月，西界首领遇讹等数寇边，鄜延路移牒约束。（《长编》卷一一七）		
宋景祐三年，辽重熙五年，夏大庆元年（1036）			

年　代	宋	辽（契丹）	吐蕃、回鹘
宋景祐四年，辽重熙六年，夏大庆二年（1037）			
宋宝元元年，辽重熙七年，夏天授礼法延祚元年（1038）	正月，元昊请遣人供佛五台山，乞令使臣引护，并给馆券，从之。（《长编》卷一二一） 九月，元昊从父山遇投宋，知延州郭劝命监押韩周执送元昊。元昊不肯受，曰："延州诱我叛臣，我当引兵赴延州，于知州厅前受之"。韩周劝谕良久，乃肯受。（《长编》卷一二二） 十月，元昊在兴庆府筑坛受册，自号大夏始文英武兴法建礼仁孝皇帝，改元天授礼法延祚，自诣西凉府祠神，遣使至宋告其称帝。（同上） 十二月，鄜延路钤辖司言赵元昊称帝。（同上）	三月，夏国遣使来贡。（《辽史》卷一八《兴宗纪一》） 四月，夏国王李元昊妃兴平公主薨，兴宗遣北院承旨耶律庶成持诏来问。公主生前与元昊不睦，故诘之。（同上）	

年 代	宋	辽（契丹）	吐蕃、回鹘
宋宝元二年，辽重熙八年，夏天授礼法延祚二年（1039）	正月，元昊使至宋都汴京。初，夏使称"伪官"，知延州郭劝、鄜延钤辖李渭留其使，具奏元昊虽僭中国名号，然阅其表函，尚称臣，可渐以礼屈，愿与大臣熟议。诏许夏使赴京师，郭劝遣韩周伴引。夏使至东华门，方去本国服。元昊在表中请宋朝许以西郊之地，册为南面之君。夏使回，不肯受诏及赐物，宋亦却其献物，令韩周复送至境上。郭劝、李渭因不察敌情，坐落职。(《长编》卷一二三) 　二月，宋废保安军榷场。(同上) 　六月，宋诏削赵元昊官爵，揭榜于边，募能擒元昊者，授以定难节度使。(同上) 　闰十二月，元昊复遣贺九言赍"嫚书"，纳旌节及所授敕告并所得赦牓，置神明匣，留归娘族而去。(《长编》卷一二五)		

续表

年　代	宋	辽（契丹）	吐蕃、回鹘
宋康定元年，辽重熙九年，夏天授礼法延祚三年（1040）	正月，鄜延、环庆经略司上言，元昊遣伪供备库使毛迎啜己等至境上，欲议通和。诏所上表如不亏臣礼，即受之。（《长编》卷一二六）	宋遣使契丹，请出面与夏说和，兴宗命枢密副使杜防使夏说之。（《辽史》卷八六《杜防传》）	
宋庆历元年，辽重熙十年，夏天授礼法延祚四年（1041）	正月，元昊使人于泾原乞和，又遣塞门寨主高延德至延州与范仲淹相约。仲淹既见延德，察元昊未肯顺事，且无表章，不敢报告朝廷，乃自为书谕以逆顺，遣监押韩周随高延德至夏。（《长编》卷一三〇） 二月丙戌，宋仁宗闻元昊执送塞门寨主至保安军，诏令赴京师，但范仲淹已遣延德还夏州。（《长编》卷一三一） 韩周至夏州，留四十余日，元昊方令野利旺荣为书报范仲淹，别遣使与韩周俱还。范仲淹当夏使面焚其书，而暗中录副本		

年　代	宋	辽（契丹）	吐蕃、回鹘
宋庆历元年，辽重熙十年，夏天授礼法延祚四年（1041）	以闻。书凡二十六纸，其不可闻者二十纸，仲淹悉焚之，余又略加删改。书既达，大臣皆谓仲淹不当辄与元昊通书，又不当焚其报。（同上）。 　十一月，诏延州，若元昊遣人进表章，即拘留之，先具事宜以闻。（《长编》卷一三四）	九月，夏国遣使来献宋俘。（《辽史》卷一九《兴宗纪二》）	
宋庆历二年，辽重熙十一年，夏天授礼法延祚五年（1042）	宋仁宗密诏知延州庞籍招纳元昊，提出"元昊苟称臣，虽仍其僭号亦无害，若改称单于、可汗，则固大善。"庞籍乃与元昊重臣野利旺荣数遣李文贵往返计议。（《长编》卷一三八）	契丹遣萧塔列葛使夏，告谕伐宋事，约元昊出别道以会。（《辽史》卷八五《萧塔列葛传》）	
宋庆历三年，辽重熙十二年，夏天授礼法延祚六年（1043）	正月癸巳，西夏六宅使、伊州刺史贺从勖持元昊书至保安军议和。元昊自称"男邦泥定国兀卒曩霄上书父大宋皇帝"。（《长编》卷一三九）		

年　代	宋	辽（契丹）	吐蕃、回鹘
宋庆历三年，辽重熙十二年，夏天授礼法延祚六年（1043）	二月庚戌，宋知制诰梁适假龙图阁直学士、右谏议大夫使延州，与庞籍商议招纳元昊之礼。遂许夏使贺从勖赴京师。（同上） 四月癸卯，宋签书保安军判官邵良佐假著作郎，随夏使贺从勖使夏州。宋朝提出议和条件：今后元昊上表，只称旧名，朝廷当册封为夏国主，赐诏不名，许自置官属；夏使至京，宴坐朵殿，宋使至夏，一如接见契丹使人礼；置榷场于保安军；岁赐绢十万匹、茶三万斤，生日与十月一日赐赉之；许夏国进奉乾元节及贺正；缘边兴复寨栅，并如旧。（《长编》卷一四〇） 七月乙酉，元昊复遣吕你如定等与邵良佐俱来，所要请凡十一事，其	正月，契丹遣同知析津府事耶律敌烈、枢密院都承旨王惟吉使夏，谕元昊与宋和。（《辽史》卷一一五《西夏纪》） 二月己酉，夏国以契丹主加尊号，遣使来贺。 甲寅，耶律敌烈等使夏国还，奏李元昊罢兵。（同上） 三月，夏国遣使契丹献俘。（《西夏书事》卷一六） 四月，夏国遣使契丹贡马、驼。（《辽史》卷一一九《兴宗纪二》）	

年　代	宋	辽（契丹）	吐蕃、回鹘
宋庆历三年，辽重熙十二年，夏天授礼法延祚六年（1043）	欲称男而不称臣，犹执前议。（《长编》卷一四二） 八月癸丑，宋遣大理寺丞张子奭与右侍禁王正伦使夏州。（同上） 元昊再遣杨守素如宋，乞称臣、市青盐及增岁币等。（《西夏纪》卷一〇） 十一月，宋使张子奭自西夏回京。（《长编》卷一四五） 十二月，元昊又遣张延寿等来议事。（同上）	七月，遣使上表契丹，请伐宋，不许。（《辽史》卷一一五《西夏纪》） 十月，夏人侵党项，契丹遣延昌宫使高家奴让之。（同上）	
宋庆历四年，辽重熙十三年，夏天授礼法延祚七年（1044）	二月，夏使张延寿还。（《西夏书事》卷一七） 五月丙戌，元昊始称臣，自号夏国主，复遣尹与则、杨守素来议事。（《长编》卷一四九） 七月，契丹遣使宋朝，告举兵伐夏，若"元昊乞臣，幸无亟许。"（《长编》卷一五一）	正月，元昊遣使献于契丹。（《西夏书事》卷一七） 五月，契丹征诸道兵伐夏。（《辽史》卷一九《兴宗纪二》） 七月辛酉，夏国遣使来朝。（同上）	

年代	宋	辽（契丹）	吐蕃、回鹘
宋庆历四年，辽重熙十三年，夏天授礼法延祚七年（1044）	九月丁丑，元昊复遣丁守素、尹悦则等来议事。（《长编》卷一五二） 九月甲申，宋廷拟册封元昊，仍令延州先移文夏人。（同上） 十月庚寅，赐元昊誓诏。元昊早已上誓表，因辽朝来报，故拖至十月才颁誓诏。（同上） 十一月，元昊败辽兵，遣使赍表至宋献俘。宋仁宗诏却其俘而受表。（《长编》卷一五四） 十二月乙未，册命元昊为夏国主。以尚书祠部员外郎张子奭充册礼使，东头供奉官张士元充副使。仍赐对衣、黄金带、银鞍勒马、银二万两、绢二万匹、茶三万斤。册以漆书竹简，凡二十四，长尺一寸。赐金涂银印，方二寸一分，文曰"夏国主印"，龟钮锦绶；金涂银	八月丁巳，夏国复遣使来，契丹以夏使不实对，答之。（同上） 十月丁酉，元昊上表谢罪。（同上） 己亥，元昊遣使来奏，欲收叛党以献，从之。（同上） 辛亥，元昊遣使来进方物。 壬子，北院枢密副使萧革言元昊伏罪，兴宗赐酒许和。（同上） 丁巳，元昊遣使送还俘虏。契丹亦还羁押的夏国使人。（同上） 十二月，西夏归还契丹驸马都尉萧胡靓。又遣使契丹贡奉。（《辽史》卷一一五《西夏纪》）	

年　代	宋	辽（契丹）	吐蕃、回鹘
宋庆历四年，辽重熙十三年，夏天授礼法延祚七年（1044）	牌，长七寸五分，阔一寸九分。约称臣，奉正朔，改所赐敕书为诏而不名，许自置官属。夏使至京，就驿贸易，宴坐朵殿。宋使至夏国，相见以宾客礼。置榷场于保安军及高平寨，第不通青盐。然宋朝每遣使往，馆于宥州，终不至兴、灵焉。（《长编》卷一五三）		
宋庆历五年，辽重熙十四年，夏天授礼法延祚八年（1045）	二月，夏国遣丁弩关聿则等来贺正旦，自是岁以为常。时聿则因留延州议事，故后至也。（《长编》卷一五四） 四月，遣人如宋贺乾元节。（《宋史》卷一一《仁宗纪三》） 五月壬戌，归宋将石元孙。（《长编》卷一五五） 闰五月丙午，遣使至宋谢册封。又遣僧吉外吉法正谢赐藏经。（《长编》卷一五六）	正月甲申，夏国遣使进鹘。（《辽史》卷一九《兴宗纪二》） 六月庚辰，夏国遣使来贡。（同上）	

续表

年　代	宋	辽（契丹）	吐蕃、回鹘
宋庆历五年，辽重熙十四年，夏天授礼法延祚八年（1045）	七月，宋使至西夏贺生日。(《西夏纪》卷一一) 八月庚辰，诏保安军移文宥州，令遵守誓约，以夏国未肯明立封界故也。(《长编》卷一五七) 十月辛未，宋遣使至夏国颁历。(《宋史》卷一一《仁宗纪三》) 夏国请岁赐毋逾岁暮，不许。(《西夏纪》卷一一) 十二月壬子，诏延州自今夏国有合议边事，先具经画利害以闻，其常事，听一面移文宥州。(《长编》卷一五七) 元昊遣杨守素至保安军，索在汉人户。(同上)		
宋庆历六年，辽重熙十五年，夏天授礼法延祚九年（1046）	正月己五，宋诏夏国主，其缘边封界只以誓诏所载为定。先是，夏国遣杨守素持表及地图来献卧尚庞、吴移、已布等九处城寨，并理索边界人四百余户。然所献城寨并		

续表

年　代	宋	辽（契丹）	吐蕃、回鹘
宋庆历六年，辽重熙十五年，夏天授礼法延祚九年（1046）	在汉地，只以蕃语乱之，其投来边户，亦元属汉界，不当遣还。（《长编》卷一五八） 本月，西夏遣使如宋贺正旦。（《西夏纪》卷一一） 四月壬申，夏国请求将禁止边臣纳过境蕃部事附入誓诏。甲戌，诏从其请。 七月，宋使至西夏贺生日。（同上） 九月辛卯，夏国主言，先以兵马收获承平州分水向西一带境土，既分赏得功将校，今边臣故有所争，未协累年之议。（《长编》卷一五九） 甲午，宋遣刑部员外郎张子奭往保安军，与夏国所遣人面议之，仍谕夏国主。（同上） 十一月己卯，宋遣著作佐郎楚建中往延州同议夏国封界事。（同上）		

年　代	宋	辽（契丹）	吐蕃、回鹘
宋庆历七年，辽重熙十六年，夏天授礼法延祚十年（1047）	九月，宋应西夏请求，移保安军榷场于顺宁寨。(《长编》卷一六一)		
宋庆历八年，辽重熙十七年，夏天授礼法延祚十一年（1048）	正月，元昊卒，幼子谅祚即位。(《宋史》卷四八五《夏国传上》) 二月丁丑，夏国遣杨守素来告哀。宋命开封府判官、祠部员外郎曹颖叔为祭奠使，六宅使、达州刺史邓保信为吊慰使，赐绢一千匹，布五百匹，羊百口，米面各百石，酒百瓶。及葬，又赐绢一千五百匹，余如初赙之数。(《长编》卷一六三) 四月己巳，以祠部员外郎任颛为册礼使，封元昊子谅祚为夏国主。(《长编》卷一六四)	二月，夏国王李元昊薨，其子谅祚遣使来告，契丹遣右护卫太保耶律兴老、将作少监王全慰奠。(《辽史》卷二〇《兴宗纪三》) 三月丙午，夏国李谅祚遣使上其父元昊遗物。(同上)	

年　代	宋	辽（契丹）	吐蕃、回鹘
宋庆历八年，辽重熙十七年，夏天授礼法延祚十一年（1048）	九月丁酉，夏国遣使来谢祭奠。(《长编》卷一六五) 十二月辛巳，夏国遣使来谢封册。(同上)		
宋皇祐元年，辽重熙十八年，夏延嗣宁国元年（1049）	夏国遣使如宋，进奉贺正马驼。(《西夏纪》卷一二)	正月，夏国遣使契丹贺正，留之不遣。(《辽史》卷二〇《兴宗纪三》) 六月壬戌，举兵伐夏。 辛巳，夏国使来贡，复留之不遣。(同上)	
宋皇祐二年，辽重熙十九年，夏天祐垂圣元年（1050）	三月甲午，保安军言，夏国以战败契丹来献捷，本军以誓诏无汎遣人例，已拒还之。(《长编》卷一六八)	正月辛丑，契丹遣使夏国问罪。(《辽史》卷二〇《兴宗纪三》) 十月辛未，夏国王谅祚母遣使契丹，乞依旧称臣。兴宗诏别遣信臣诣阙，当徐议之。(同上)	

年　代	宋	辽（契丹）	吐蕃、回鹘
宋皇祐二年，辽重熙十九年，夏天祐垂圣元年（1050）		十二月壬子，夏国王李谅祚遣使上表，乞依旧臣属。（同上）	
宋皇祐三年，辽重熙二十年，夏天祐垂圣二年（1051）		二月甲申，契丹前北院都监萧友括等使夏国，索党项叛户。（《辽史》卷二〇《兴宗纪三》） 五月癸丑，萧友括等使夏还，李谅祚母表乞代党项权进马驼牛羊等物。（《辽史》卷一一五《西夏纪》） 己巳，夏国遣使求唐隆镇及乞罢所建城邑，诏答之。（《辽史》卷二〇《兴宗纪三》）	

续表

年　代	宋	辽（契丹）	吐蕃、回鹘
宋皇祐四年，辽重熙二十一年，夏天祐垂圣三年（1052）	二月己丑，诏夏国岁遣首领进奉，其引伴、押伴，自今选练习边事人。（《长编》卷一七二） 　十月，宋遣阁门祗候周永清押时服至宥州，夏人受赐不跪，永清诘之，恐而跪。（《西夏纪》卷一二）	十月，谅祚遣使乞弛边备，兴宗遣萧友括奉诏谕之。（《辽史》卷二〇《兴宗纪三》）	
宋皇祐五年，辽重熙二十二年，夏福圣承道元年（1053）	二月，西夏移牒索古渭州地。（《西夏纪》卷一二）	三月癸亥，夏国李谅祚以赐诏许和，遣使来谢。（《辽史》卷二〇《兴宗纪三》） 　九月壬辰，夏国李谅祚遣使进降表。《辽史·西夏纪》作七月。 　甲午，兴宗遣南面林牙高家奴等奉诏来抚慰。（同上）	
宋至和元年，辽重熙二十三年，夏福圣承道二年（1054）		正月戊子，夏使来贡方物。（《辽史》卷二〇《兴宗纪三》） 　五月己巳，夏国李谅祚乞进马、驼，诏岁贡之。（同上）	

年　代	宋	辽（契丹）	吐蕃、回鹘
宋至和元年，辽重熙二十三年，夏福圣承道二年（1054）		壬辰，夏国遣使来贡。(同上) 七月己巳，夏国李谅祚遣使契丹求婚。(同上) 十月丙辰，夏国李谅祚遣使契丹进誓表。(同上)	
宋至和二年，辽清宁元年，夏福圣承道三年（1055）	四月庚子，宋赐夏国大藏经。(《长编》卷一七九)	二月甲寅，夏国遣使来贺。(《辽史》卷二〇《兴宗纪三》) 八月，兴宗崩于行宫。 癸巳，遣使报哀于夏。(《辽史》卷二一《道宗纪一》) 九月壬午，遣使夏国，赐先帝遗物。(同上) 九月，夏国遣使贺道宗即位。(《辽史》卷一一五《西夏纪》)	

年　代	宋	辽（契丹）	吐蕃、回鹘
宋至和二年，辽清宁元年，夏福圣承道三年（1055）		十一月，夏国遣使契丹，会兴宗葬。（《西夏书事》卷一九）按：《辽史·道宗纪》只载宋、高丽遣使会葬，而无西夏。	
宋嘉祐元年，辽清宁二年，夏福圣承道四年（1056）	七月，西夏移文保安军，乞宋朝抽还修古谓寨军及索叛去张纳芝、临占。 八月壬子，宋仁宗诏秦凤路经略司，古渭寨乃秦川属地，张纳芝、临占世为蕃官，令保安军以此报西夏。（《长编》卷一八三） 十月，西夏国母没藏氏卒。（《长编》卷一八四） 十二月甲子，夏国主谅祚遣祖儒嵬名聿则、青唐徐舜卿等来告哀。（同上） 戊辰，宋遣开封府判官冯浩为祭奠使、文思副使张惟清为吊慰使，如夏吊慰。（同上）		

年　代	宋	辽（契丹）	吐蕃、回鹘
宋嘉祐二年，辽清宁三年，夏辐都元年（1057）	三月癸巳，夏国主遣使以其母遗留马、驼来献。(《长编》卷一八五) 六月戊午，夏国主谅祚遣使如宋谢吊祭。(《长编》卷一八六) 十二月，遣使如宋进奉贺正马、驼。(《西夏纪》卷一二) 十二月，宋赐诏夏国主，所赎《大藏经》的七十四常马，俟来年冬贺嘉祐四年正旦时附进。(《欧阳文忠集》卷八六《赐夏国赎大藏经诏》)	十二月庚戌，契丹太皇太后崩。(《辽史》卷二一《道宗纪一》)	
宋嘉祐三年，辽清宁四年，夏辐都二年（1058）		正月壬申，遣使报哀于夏国。(《辽史》卷二一《道宗纪一》) 五月癸酉，夏国遣使会太皇太后葬。(同上)	
宋嘉祐四年，辽清宁五年，夏辐都三年（1059）	十二月，夏国遣使进奉马、驼贺正旦，宋诏答之。(《欧阳文忠集》卷八八《赐夏国主进奉贺正旦马驼诏》)		

续表

年代	宋	辽（契丹）	吐蕃、回鹘
宋嘉祐五年，辽清宁六年，夏奲都四年（1060）	保安军牒索叛蕃胡守中，还之。（《长编》卷一九二）		
宋嘉祐六年，辽清宁七年，夏奲都五年（1061）	四月，赵抃论纵夏酋入境。初，夏国每年进奉乾元节，差使副各一员，今岁更旧例，罢去副使，独遣酋长二人入境。宋延帅程戡不能止遏，致西人无畏惮，赵抃弹之。（《西夏纪》卷一三） 六月庚辰，宋太原府代州钤辖苏安静上麟州屈野河界图，宋夏两国划定屈野河边界。（《长编》卷一九三） 十一月己巳，夏国主谅祚言，本国窃慕汉衣冠，今国人皆不用蕃礼，明年欲以汉仪迎待朝廷使人。从之。（《长编》卷一九五）		

年　代	宋	辽（契丹）	吐蕃、回鹘
宋嘉祐七年，辽清宁八年，夏奲都六年（1062）	正月，夏使祖儒嵬名聿正、枢铭靳允如宋贺正旦。宋赐诏答之。（《宋大诏令集》卷二三四） 四月己丑，夏国主谅祚上表宋朝，求太宗御制诗草、隶书石本，欲建书阁宝藏之。且进马五十匹，求《九经》《唐史》《册府元龟》及本朝正至朝贺仪。诏赐《九经》，还其马。谅祚又求尚主，诏答以昔尝赐姓，不许。（《长编》卷一九六） 六月癸未，宋遣供备库副使张宗道赐谅祚生辰礼物。（同上）		
宋嘉祐八年，辽清宁九年，夏拱化元年（1063）	正月癸丑，宋仁宗诏夏国主谅祚：所遣进奉人石方称宣徽南院使，非陪臣官号，自今宜遵用誓诏，无得僭拟。（《长编》卷一九八） 三月辛未，宋仁宗崩。（同上）	契丹禁民鬻铜于夏。（《辽史》卷一一五《西夏纪》）	

年　代	宋	辽（契丹）	吐蕃、回鹘
宋嘉祐八年，辽清宁九年，夏拱化元年（1063）	四月癸酉，宋遣左藏库副使任拱之告哀夏国，并赍大行皇帝遗诏及遗留物赐之。（同上） 辛巳，放夏国使人入见。（同上） 丙戌，以国子监所印《九经》及正义、《孟子》、医书赐夏国，从其请也。（同上） 七月丙辰，夏国主谅祚遣使入宋吊慰，见于皇仪门外。夏使固求入对，不许。谅祚所上表辄改姓李，赐诏诘之，令守誓约。（《长编》卷一九九）		
宋治平元年，辽清宁十年，夏拱化二年（1064）	正月乙酉，司门郎中李定等奏：差押伴夏国使人习上寿仪，退就幕次，赐酒食，所供微薄。使人窃笑，初不下箸，甚不称朝廷来远之意。宋英宗诏劾御厨监官及客省吏人。（《长编》卷二〇〇）		

续表

年　代	宋	辽（契丹）	吐蕃、回鹘
宋治平元年，辽清宁十年，夏拱化二年（1064）	治平初，西夏求复榷场，不许。(《宋史》卷四八五《夏国传上》) 九月庚午，宋英宗赐诏夏国主谅祚，戒以自今精择使人，毋使生事，以夏国贺登极进奉人吴宗等欲佩鱼及以仪物自从故也。(《长编》卷二○二) 是秋，宋英宗以夏国主谅祚数出兵寇掠秦凤、泾原路，诏遣文思副使王无忌赍诏诘问。(同上) 宋赐夏国治平二年历日。(《华阳集》卷二三《赐夏国主历日诏》)		
宋治平二年，辽咸雍元年，夏拱化三年（1065）	正月丁卯，诏夏国主谅祚毋于沿边侵扰。上年秋，宋英宗遣王无忌赍诏责谅祚，谅祚迁延弗受诏，而因其贺正使附表自言起兵之由，归罪于宋朝边吏，辞多非实，故复以诏戒谕焉。谅祚终勿听。(《长编》卷二○四)	五月辛巳，夏国遣使贡奉。(《辽史》卷二二《道宗纪二》)	

年　代	宋	辽（契丹）	吐蕃、回鹘
宋治平二年，辽咸雍元年，夏拱化三年（1065）	十二月甲辰，夏国主谅祚使人来贺正旦。（《长编》卷二〇六） 丁未，西夏使人来贺寿圣节。（同上）		
宋治平三年，辽咸雍二年，夏拱化四年（1066）	十月癸未，宋遣西京左藏库副使何次公赍诏赐夏国主谅祚，问所以入寇之故，仍止其岁赐银帛。（《长编》卷二〇八） 十一月，西京左藏库副使何次公使夏归，谅祚附表云："受赐累朝，敢渝先誓"，然尚多游辞，归罪于其边吏。宋廷复赐诏诘之，令专遣别使进誓表，具言今后严戒边上酋长，各守封疆，不得点集人马，辄相侵犯；沿边久系汉界熟户并顺汉西蕃，不得更行劫掳及逼胁归投；所有汉界不逞叛亡之人，亦不得更有招纳，苟渝此约，是为绝好，余皆遵依先降誓诏。朝廷恩礼，自当一切如旧。（同上）	是岁，契丹改国号曰大辽。（《长编》卷二〇七）	

年　代	宋	辽（契丹）	吐蕃、回鹘
宋治平四年，辽咸雍三年，夏拱化五年（1067）	正月丁巳，宋英宗崩。 宋遣供备库副使高遵裕告哀夏国，并以英宗遗留物赐之。 宋内殿崇班魏璪来赐治平三年冬服、银绢。（《宋史》卷四八五《夏国传上》） 闰三月甲申，夏国主谅祚遣使来献方物谢罪。宋廷赐诏答之。仍赐银绢各五百两匹。（《长编》卷二〇九） 秋，夏国遣使如宋奉慰及进助山陵。（《宋史》卷四八五《夏国传上》） 八月戊午，复西夏和市。（《宋史》卷一四《神宗纪一》） 十一月，鄜延经略司言，夏国宥州牒称，蕃部嵬名山等五百户内附，乞以嵬名山等还本国。（《长编拾补》卷二） 丁亥，夏人欲执景珣来献，以易嵬名山，判延州郭逵拒之。（同上）	十一月壬辰，夏国遣使进回鹘僧、金佛、梵觉经。（《辽史》卷二二《道宗纪二》） 是月，夏国王李谅祚薨。（同上）	

年　代	宋	辽（契丹）	吐蕃、回鹘
宋治平四年，辽咸雍三年，夏拱化五年（1067）	癸卯，鄜延路经略司言，西夏以议榷场事为由，诱杀知保安军杨定、都巡检侍其臻、顺宁寨张时庸。（同上） 　　十二月谅祚病死，其子秉常嗣立，乞遣使告哀。（同上）		
宋熙宁元年，辽咸雍四年，夏乾道元年（1068）	三月庚辰，夏国主秉常告哀使薛宗道等十三人至，宋廷命新河北转运使韩缜、陕西经略司勾当公事刘航就都亭驿问伤杨定事，及掳掠熟户、不遣使贺即位、降诏不承等事。宗道言李崇贵等现已禁锢，俟朝旨至即拘送。又陈夏国主母悔过之意。（《长编拾补》卷三上） 　　四月丙戌，延帅郭逵言夏国遣人进誓表，执送杀杨定人伪六宅使李崇贵等至界首。 　　十二月庚戌，宋赐秉常诏，许行封册。（《皇宋十朝纲要》卷九）	二月壬子，夏国遣使如辽报哀。（《辽史》卷二二《道宗纪二》） 　　三月丙子，辽道宗遣使如夏吊祭。（同上） 　　乙未，夏国李秉常遣使献其父谅祚遗物。（同上） 　　十月戊辰，辽朝册李秉常为夏国王。（同上） 　　十二月辛亥，夏国遣使来贡。（同上）	

年　代	宋	辽（契丹）	吐蕃、回鹘
宋熙宁二年，辽咸雍五年，夏天赐礼盛国庆元年（1069）	二月，宋遣河南监牧使刘航等如夏册秉常为夏国主。（《宋史》卷四八六《夏国传下》） 三月戊子，夏国主秉常上誓表，纳塞门、安远二砦，乞绥州，诏许之。（《宋史》卷一四《神宗纪一》） 八月，西夏表请去汉仪，复用蕃礼，从之。（《宋史》卷四八六《夏国传下》） 十月，西夏遣使如宋谢册封。（同上）	七月戊辰，夏国遣使如辽谢册封。（《辽史》卷二二《道宗纪二》） 闰十一月戊申，夏国王李秉常遣使乞赐印绶。（同上）	
宋熙宁三年，辽咸雍六年，夏天赐礼盛国庆二年（1070）	十月辛酉，诏延州毋纳夏使。时判延州郭逵言，"西界将来关报贺正旦使等牒至，未审许与不许收接。"诏以郭逵名义回答，以尝寇庆州，不敢收接引伴。（《长编》卷二一六） 是岁，宋复绝夏岁赐，断和市。（《长编》卷二一五）		

年 代	宋	辽（契丹）	吐蕃、回鹘
宋熙宁四年，辽咸雍七年，夏天赐礼盛国庆三年（1071）	五月丙戌，环庆路经略使王广渊言，"夏国韦州监军司牒环州，欲依旧通和，环州与之回答。"鄜延路赵卨亦奏西人至绥德城，与知城折克隽相见，言国主欲得绥州如旧。（《长编》卷二二三） 己丑，环庆路经略使王广渊言，"西人乞降问罪诏书，方敢进状罪表。"宋神宗批，西人现来顺宁寨求和，环、庆州不须遣人往问。（同上） 六月甲戌，知环州种诊擅回西夏韦州牒，许与夏国通和，坐降一官。（《长编》卷二二四） 九月庚子，夏国主秉常遣使入贡，表乞绥州，愿依旧约。宋神宗诏答之。（《长编》卷二二六） 十二月戊午，诏放麟州蕃部结胜还夏国，量给口券、路费。仍令经略司指挥，牒宥州于界首交割。（《长编》卷二二八）	二月，遣使如辽乞援，宋人探报辽发三十万兵助之。（《长编》卷二二〇） 八月，遣使如辽贺天安节。（《宋史》卷一五《神宗纪二》及卷三三四《沈起传》）	

年　代	宋	辽（契丹）	吐蕃、回鹘
宋熙宁五年，辽咸雍八年，夏天赐礼盛国庆四年（1072）	正月己丑，宋鄜延路牒宥州，令于界首交割降羌。（《长编》卷二二九） 丁酉，鄜延路赵卨乞牒宥州诘责西夏数掠绥德。宋神宗诏卨依庆历七年正月指挥，遇有人马杀逐出界，仍牒报宥州。（同上） 丁未，延州以夏人牒来上，牒称除绥州外，各有自来封堠濠堑更无整定。回牒答之。（同上） 二月辛酉，宋廷令知绥德城折克隽与夏人"折难商量"绥德地界。（《长编》卷三三〇） 辛未，令保安军移牒宥州，将于麟州界上发遣归夏蕃户。（《长编》卷二三〇） 四月丁卯，秘书丞章惇押伴夏使不赴驿宿，特罚铜八斤。（《长编》卷二三二）		四月，夏国主秉常妹与吐蕃董毡子结婚。（《长编》卷二三三）

年　代	宋	辽（契丹）	吐蕃、回鹘
宋熙宁五年，辽咸雍八年，夏天赐礼盛国庆四年（1072）	乙亥，宋廷命秘书丞章惇删修《都亭西驿条制》。夏人久不朝，故《西驿条制》重复杂乱，承用者无所适从，故有是命。（同上） 六月癸亥，环庆路经略司言，夏人送还荔原堡逃去熟户嵬逋等七十八人。先是，夏人未尝以逃户来归，至是，欲请和也。（《长编》卷二三四） 八月壬午，夏国进誓表不依旧式，只谢恩而不设誓，又不言诸路商量地界事。（《长编》卷二三七） 辛卯，诏陕西河东诸路经略司，夏国进誓表，朝廷已降诏依庆元（历）五年正月壬午誓诏施行，沿边各守疆场，无令侵掠。（同上） 己巳，改命田湮押赐夏国生日礼物，代供备库副使任怀政，以其为任福		

年　代	宋	辽（契丹）	吐蕃、回鹘
宋熙宁五年，辽咸雍八年，夏天赐礼盛国庆四年（1072）	侄故也。（同上） 九月丁巳，夏国宥州牒延州言："王韶筑城堡，侵夺旧属夏国蕃部。"宋神宗曰："西人何敢如此?"令作牒报之。（《长编》卷二三八） 十二月，遣使进马赎《大藏经》，宋神宗诏赐之而还其马。（《宋史》卷四八六《夏国传下》）按：《长编》卷二四八系在熙宁六年十二月。		
宋熙宁六年，辽咸雍九年，夏天赐礼盛国庆五年（1073）	四月乙未，诏鄜延路经略司，自今毋得以路分都监以上引伴西人赴阙。（《长编》卷二四四）	十二月壬辰，夏国遣使如辽贡奉。（《辽史》卷二三《道宗纪三》）	
宋熙宁七年，辽咸雍十年，夏太安元年（1074）			

年　代	宋	辽（契丹）	吐蕃、回鹘
宋熙宁八年，辽太康元年，夏太安二年（1075）	三月，西夏遣使进奉山陵后期，宋神宗诏先至永厚陵设祭，后至阙奉慰。（《宋史》卷四八六《夏国传下》）		
宋熙宁九年，辽太康二年，夏太安三年（1076）	五月庚午，鄜延路经略司言，延州怀宁寨、绥德城界西人侵占两不耕生地，乞移文宥州诘问，从之。（《长编》卷二七五） 七月，熙河路经略司言，夏人来牒以索盗偷人畜为由，请高太尉、王团练赴三岔堡会议。牒称大安二年。宋神宗诏鄜延路经略司，令保安军牒宥州，责以夏国久禀正朔，今妄称年号，又移牒非其地分，邀边臣会议，皆违越生事。（《宋史》卷四八六《夏国传下》）此处年号有误，当考。	三月辛酉，辽太后崩。 癸亥，遣使如夏报哀。戊寅，辽遣使赠皇太后遗物。（《辽史》卷二三《道宗纪三》） 六月戊子，夏国遣使如辽吊慰。（同上）	

年　代	宋	辽（契丹）	吐蕃、回鹘
宋熙宁十年，辽太康三年，夏太安四年（1077）	二月丙戌，诏鄜延路经略司，如西界修小堡寨，更不牒问，若违誓诏，修建城池，当牒问即奏候朝旨。自今诸路移牒宥州，除常程事外，准此。（《长编》卷二八〇） 壬寅，环庆路经略司奏，准朝旨分析，已牒鄜延路经略司指挥保安军移牒宥州，问创修城寨因依。（同上） 七月乙亥，诏宥州牒称"凌罗指挥"者，自今并奏听旨。夏人谓枢密院为"凌罗"也。（《长编》卷二八三） 九月乙卯，环庆经略司言，庆州西谷寨有人侵入西界，杀夺人马。止据西人侵入汉界射伤熟户，回牒宥州。从之。（《长编》卷二八四）		

续表

年　代	宋	辽（契丹）	吐蕃、回鹘
宋元丰元年，辽太康四年，夏太安五年（1078）	三月庚寅，熙河路经略司言，西人锁珠旺蕃部兀胜于地牢，五日放回。诏令保安军牒宥州诚约之。（《长编》卷二八八） 四月庚申，夏人于宋熙河路界内掘坑，画十字，立草封，神宗令鄜延路经略司移牒诚约之。（《长编》卷二八九） 七月戊辰，鄜延路经略使吕惠卿言，宥州牒称麟、府二州边人侵耕生地，乞降回宥州牒本。（《长编》卷二九〇） 十月，閤门祗侯赵禼押赐夏国主中冬时服。赵禼辄收接蕃书，次年正月丁酉，令开封府劾罪。（《长编》卷二九六） 十二月丙午，鄜延路经略使吕惠卿言，"宥州牒请遣官与夏国边官将苏御带分立文字，依理识认，并毁废所侵耕生地，及将西界前后逃背捉杀人		

年　代	宋	辽（契丹）	吐蕃、回鹘
宋元丰元年，辽太康四年，夏太安五年（1078）	马界首交会。本司近准朝旨定写，牒送马五匹至宥州，索所掳人马及根治作过头首诚断。"（《长编》卷二九五）		
宋元丰二年，辽太康五年，夏太安六年（1079）	十一月，西夏移牒河东，请交会人户。(《西夏纪》卷一六)	十月戊戌，夏国遣使如辽贡奉。（《辽史》卷二四《道宗纪四》）	
宋元丰三年，辽太康六年，夏太安七年（1080）	九月，宋朝遣使赐夏国生日礼物及仲冬时服。(《长编》卷三〇八)		
宋元丰四年，辽太康七年，夏太安八年（1081）	六月壬午，宋神宗令保安军以经略司之命牒西夏宥州，云：夏国世世称藩，朝廷岁时赐与。比年以来，遵奉誓诏，修谨贡职，恩义甚称。今闻国主为疆臣内制，不能专命国事，亦未可测存亡。非久朝廷将差降赐生日及中冬		

年　代	宋	辽（契丹）	吐蕃、回鹘
宋元丰四年，辽太康七年，夏太安八年（1081）	国信使人入界，未审至时何人承受，及本国见今何人主领，请速具报，以须闻达朝廷，令中书、枢密院审详施行。（《长编》卷三一三） 八月辛酉，夏国二万人于无定河临川堡出战，宋神宗令保安军移牒宥州诘问。（《长编》卷三一五） 乙亥，鄜延路经略司言，保安军遣人赍牒宥州，据顺宁寨申，西界驿路自界首把口人及民户尽发赴近里，公牒无凭交割。宋神宗诏鄜延路经略司更不移牒。（同上） 丁丑，河东路经略司言，丰州弓箭手沈兴等二人被西人所执，已牒理索。宋神宗诏诸路已议进讨，如有掳去人口，更勿行牒。（同上） 九月丙午，宋敕牓招谕夏国。（《长编》卷三一六）	宋朝五路进讨，西夏遣使求救于辽。（《西夏纪》卷一六） 按《宋史·夏国传》，元丰"五年正月，辽使涿州遗书云：夏国来称，宋兵起无名，不测事端"。（《长编》卷三二二与此同）	

年　代	宋	辽（契丹）	吐蕃、回鹘
宋元丰五年，辽太康八年，夏太安九年（1082）	十一月，夏人以书系矢，射之镇戎军境上，刘昌祚以白经略使卢秉，秉命毁弃之。西夏又遣宋俘赍书于卢秉，仍移牒。卢秉闻上。宋神宗诏秉谕夏人依故事于鄜延自通。（《长编》卷三三一）	二月己巳，夏国获宋将张天一，遣使来献。（《辽史》卷二四《道宗纪四》） 六月丙辰，夏国遣使如辽贡奉。（同上）	四月，西夏遣使许董毡研龙以西地求和，又因辽朝说和于董毡。（《长编》卷三二五）
宋元丰六年，辽太康九年，夏太安十年（1083）	正月壬午，知延州赵卨奏，近西人赍到文字，已具闻奏。窃虑再遣人赍文字来界首，坚要赴本司出头，未审许与不许收留。宋神宗诏：如西人再将到文字，仰缴连闻奏，差来人留住听候朝旨。续诏：其留住人止作经略司意度，不得称听候朝旨。（《长编》卷三三二） 四月甲戌，鄜延路经略司奏，西夏宥州牒保安军，欲遣使、副赴阙进奉。（《长编》卷三三四） 闰六月乙亥，夏国主秉常奉表乞修职贡，神宗诏答之。	八月己卯，宋神宗诏：闻契丹遣人使夏国及宗哥，虑是西人干求契丹，欲因和解董毡。（《长编》卷三三八）	十二月丙子，宋神宗对董毡奉人曰：自归属本朝后，常与夏人通好乎？对曰：昨夏国屡来言，若归我，即官爵恩好如所欲。臣等拒之。（《长编》卷三四一）

年　代	宋	辽（契丹）	吐蕃、回鹘
宋元丰六年，辽太康九年，夏太安十年（1083）	戊寅，诏陕西、河东经略司，朝廷已许夏国通贡，诫约边吏，无辄出兵。仍诏押伴夏国使人王震，以此意说谕使、副。（《长编》卷三三六） 　　七月，夏国请睦使还，未逾旬日，复差使、副谢恩。（《长编》卷三三七） 　　十月癸酉，夏国主秉常遣使奉表，复修职贡，仍乞还所侵地，撤被边戍兵。宋神宗诏其地界已令鄜延路指挥保安军移牒宥州施行，岁赐候疆界了日依旧。（《长编》卷三四〇） 　　十一月癸丑，夏国主秉常兄嵬名济使人以书抵诸帅倨嫚，他部或拒不受之，或受而谕以当奏朝廷。赵卨得书，叱去使人。（《长编》卷三四一） 　　十二月己卯，宋神宗诏：来年岁赐夏国银，并赐经略司为招纳之用。（同上）		

年　代	宋	辽（契丹）	吐蕃、回鹘
宋元丰七年，辽太康十年，夏太安十一年（1084）	十一月夏国主秉常遣谟固咩迷乞遇入贡。（《长编》卷三五〇）		八月丙申，宋熙河路奏：西蕃董毡送到蕃字，以夏国遣首领来青唐城，欲同董毡首领入汉议通和事。（《长编》卷三四八）
宋元丰八年，辽大安元年，夏天安礼定元年（1085）	三月戊戌，宋神宗崩。太子即位，是为哲宗。 六月丙戌，宋枢密院言，夏国遣使诣阙陈慰，虑诸路谓西人通贡，遂弛边备。（《长编》卷三五七） 戊子，枢密院又言，旧例，合差官押赐遗留夏国主银器一千五百两，绢一千五百匹。诏如故事，仍令学士院降遗诏。（同上） 七月乙巳，夏国陈慰使丁努嵬名谟铎、副使吕则陈聿精等进慰表于皇仪门外，退赴紫宸殿，赐帛有差。（《长编》卷三五八）	十月戊辰，夏国王李秉常遣使如辽，报母梁氏哀。（《辽史》卷二四《道宗纪四》）	

年 代	宋	辽（契丹）	吐蕃、回鹘
宋元丰八年，辽大安元年，夏天安礼定元年（1085）	十月甲子，夏国遣芭良嵬名济、昂聂张聿正进助山陵马一百匹。（《长编》卷三六〇） 丁丑，宋诏夏国遣使进奉，以新历赐之。（同上） 癸未，夏国使吕则嵬名怀普等见于延和殿，以其母梁氏之丧来告也。（同上） 丁亥，宋诏学士院回诏，依嘉祐元年例，支赐吊赠及安葬物色。遣朝奉郎、刑部郎中杜纮充祭奠使，东头供奉官、閤门祇侯王有言充吊慰使，仍借供备库使。（同上） 十二月乙丑，夏国遣使如宋，进国母遗马、驼。（《长编》卷三六二）		
宋元祐元年，辽大安二年，夏天安礼定二年（1086）	正月辛丑，宋哲宗诏鄜延路经略司，以改元报夏国。（《长编》卷三六四） 二月庚辰，夏国主秉常遣使入贡。诏学士院降诏答之。先是，秉常母死，		

年　代	宋	辽（契丹）	吐蕃、回鹘
宋元祐元年，辽大安二年，夏天安礼定二年（1086）	朝廷遣使赙赠，至是入贡故也。（《长编》卷三六六） 　　闰二月丙申，宋顺宁寨主许明申称，西人叶乌玛等来界首，言兴州衙头差下贺登宝位人使多时，为国信不来，未敢过界。诏鄜延路经略司指挥保安军，"如西人再来计会，即答与'昨来皇帝登宝位，为夏国未修常贡，朝廷难为先遣押赐使命。若夏国差人贺皇帝登宝位，朝廷必须依例差人宣赐。'如西人将到公牒，亦仰此意回牒。"仍令经略司，如牒过使、副姓名，过界日月，即令鄜延经略司依旧差官引伴。（《长编》卷三六八） 　　四月辛卯，枢密院言，夏国遣鼎利罔豫章等诣阙贺皇帝登宝位。诏以西京左藏库副使王克询押赐。（《长编》卷三七四）	十月，夏国王秉常薨，辽朝遣使诏其子乾顺知国事。（《辽史》卷一一五《西夏纪》） 　　十二月，夏国李乾顺遣使上其父秉常遗物。（同上）	

年　代	宋	辽（契丹）	吐蕃、回鹘
宋元祐元年，辽大安二年，夏天安礼定二年（1086）	五月庚申，夏国贺登宝位进贡使鼎里旺裕勒宁等见于延和殿。（《长编》卷三七七） 　六月壬寅，夏国遣间使春约讹罗聿进贡，以刑部郎中杜纮押伴。（《长编》卷三八〇） 　七月癸亥，夏国以疆事遣使春约讹啰聿、副使吕则田怀荣见于延和殿。（《长编》卷三八二） 　乙丑，夏国主秉常卒。（同上） 　庚午，夏国使宋贺坤成节。（同上） 　癸未，宋遣供备库使张懋押赐夏国生日礼物，内殿崇班安愈押赐中冬时服，仍假阁门祗侯。（《长编》卷三八三） 　十月壬辰，夏国主嗣子乾顺以父秉常卒，遣吕则罔聿谟等八人如宋告哀。（《长编》卷三八九）		

年　代	宋	辽（契丹）	吐蕃、回鹘
宋元祐元年，辽大安二年，夏天安礼定二年（1086）	庚子，宋以金部员外郎穆衍充夏国祭奠使。（《长编》卷三九〇） 壬子，宋哲宗诏夏国主嗣子乾顺虽未经封册，缘以曾差使诣阙告哀，所有中冬时服，特差安愈押赐，仍差张懋充吊慰使。（同上） 十一月，枢密院言，夏国近遣进物色，系进奉太皇太后、皇帝两殿。哲宗诏依明道元年例，共差穆衍、张懋再押赐赠莫安葬物各一番，学士院别降祭文、诏录各一。（《长编》卷三九一） 戊寅，宋枢密院言：夏国遣使、副诣阙贺兴龙节，依例赐银绢茶，回日降诏。（《长编》卷三九二） 十二月己丑，夏国遣使贺兴龙节。（《长编》卷三九三）		

年　代	宋	辽（契丹）	吐蕃、回鹘
宋元祐元年，辽大安二年，夏天安礼定二年（1086）	癸巳，夏国进御马五匹，常马二十五匹，骆驼二十头。（同上） 戊申，夏国遣使贺正旦。（同上）		
宋元祐二年，辽大安三年，夏天仪治平元年（1087）	正月，宋遣权枢密院都承旨公事刘奉世为册礼使，崇仪副使崔象先副之，册乾顺为夏国主、节度使、西平王。（《宋史》卷四八六《夏国传下》） 二月丁亥，宋降诏册乾顺为夏国主，按庆历八年封册谅祚，熙宁二年封册秉常更不赐印。（《长编》卷三九五） 三月戊辰，夏国进奉使祝能野乌裕实克等见于延和殿。时，乾顺遣大使祝能野乌裕实克、副使吕宁勒喀玛等进马驼二百七十头匹，诣阙称谢。大使扬乌威明裕默、副使恭罗们色勒裕勒等称谢太皇太后。（《长编》卷三九六）		吐蕃阿里骨与夏国相梁乙逋通，约以熙、河、岷三州还西蕃，兰州、定西城还夏国。鬼章又阴以印信文字结汉界属户，四月遂举兵寇洮州。（《长编》卷四〇〇） 八月，夏国遣大首领鬼名阿乌往青唐计事。（《长编》卷四〇四）

年代	宋	辽（契丹）	吐蕃、回鹘
宋元祐二年，辽大安三年，夏天仪治平元年（1087）	是月，宥州牒送陷蕃人三百一十八口。（《长编》卷三九七） 四月，夏国移文争朱梁川地土。（《长编》卷四〇一） 七月辛酉，宋枢密院言：夏国嗣子乾顺已加封册，而未遣使报谢。其生日，令都亭西驿所下鄜延经路略司，未得牒会，如西人送到生日公牒，勿受。从之。（《长编》卷四〇三） 八月癸巳，宋哲宗诏责夏国权臣梁乙逋。（《长编》卷四〇四） 十月丙甲，宋诏《新历》勿颁夏国，以乾顺谢册封及贺坤成节使未至故也。（《长编》卷四〇六） 十一月丙辰，诏鄜延路经略司，如夏人欲通和，即令疆吏告谕，先具谢表及尽纳陷没人，分画边界毕，乃敢奏达候旨通贡。（《长编》卷四〇七）		十月乙酉，宋翰林学士苏轼上言，今闻吐蕃阿里骨女嫁西夏梁乙逋子。（《长编》卷四〇六）

续表

年　代	宋	辽（契丹）	吐蕃、回鹘
宋元祐三年，辽大安四年，夏天仪治平二年（1088）	五月癸丑，宋枢密院言，去冬西夏累求纳款，朝廷并依赵禼所奏，许令应答，然至今不绝犯边。近梁乙埋再遣人称欲伏罪讲和，今又聚兵犯塞门。（《长编》卷四一〇） 　　八月辛卯，枢密院言，鄜延路七月移牒宥州，踰月方有回文，专请疆土，殊无悔罪谢恩之意，又托名议事，实欲迁延，以款我师。（《长编》卷四一三） 　　九月丁巳，熙河路言夏国若遣人赍文字议和，许与不许收接。诏许收接，仍令鄜延正路计会。（《长编》卷四一四） 　　己未，鄜延路经略司言，宥州遣人来延州陈述事理，已令至日差官引伴赴州。宋诏赵禼除依详前后所降朝旨应答外，虽西人言语倔强，邀乞意坚，	七月丙辰，辽朝遣使册李乾顺为夏国王。（《辽史》卷二五《道宗纪五》）	

年　代	宋	辽（契丹）	吐蕃、回鹘
宋元祐三年，辽大安四年，夏天仪治平二年（1088）	亦节次婉顺以理开谕，即不得一起折难，遽然阻绝，务要迁延，不绝其意，以缓入寇之谋。按此时哲宗尚未亲政。（同上） 　十月戊寅，诏赵禼，夏国遣使诣阙谢恩，即选官引伴赴阙。（《长编》卷四一五） 　十二月丙申，宋枢密院言，宥州报夏人遣使谢封册，继以疆场来议。诏赵禼："谢封册使未过界，遣使议疆场事，即以礼却之；若过界后牒至，即开谕俟谢恩毕徐议。"（《长编》卷四一八）		
宋元祐四年，辽大安五年，夏天仪治平三年（1089）	正月甲申，宋诏夏国遣人诣阙谢封册，将过界，令逐路经略司谕沿边兵将官，不得纵容人马以探事为名，入西界杀掳人口，别致生事。（《长编》卷四二一）		

年代	宋	辽（契丹）	吐蕃、回鹘
宋元祐四年，辽大安五年，夏天仪治平三年（1089）	二月乙卯，夏国遣使谢封册，诏学士院降回诏。(《长编》四二二) 六月丁未，夏国遣使入宋贡奉。(《长编》卷四二九) 辛亥，赵禼言：夏人近遣使诣阙谢恩，续遣使贺坤成节，请严诫边吏，勿侵犯引惹。(同上) 丁巳，宋赐夏国主诏书。(同上) 丁卯，宋遣崇仪使董正叟押赐夏国主生日礼物，如京副使李玩押赐夏国主中冬时服。(同上) 七月庚辰，夏国遣使贺坤成节。(《长编》卷四三〇) 是月，诏令保安军牒宥州，应立界处，恐山斜不等，仰所委官随宜分画。(同上) 宋颁夏国《历日》。(《西夏纪》卷一九)	六月甲寅，夏国遣使来谢册封。(《辽史》卷二五《道宗纪二》)	

年　代	宋	辽（契丹）	吐蕃、回鹘
宋元祐四年，辽大安五年，夏天仪治平三年（1089）	八月，西夏宥州数次牒宋，议送归永乐城陷蕃人口以易四寨。（《长编》卷四三二） 十月，夏宥州牒宋，相度所非赐城寨，依绥例定界。宋廷令保安军回牒，依绥州。（《长编》卷四三四） 十一月壬辰，诏赵卨将夏国送还永乐城陷没人口一百五十五人，差使臣部送至阙。（《长编》卷四三五） 是月，宥州牒称已指挥所委官，临时有可相近取直处，令相照接连取直分画。（同上） 十二月辛丑，夏国遣使贺兴龙节。（《长编》卷四三六） 是月，宥州牒，去城十里作熟地，外十里两不耕作草地。（同上）		

年　代	宋	辽（契丹）	吐蕃、回鹘
宋元祐五年，辽大安六年，夏天祐民安元年（1090）	正月，遣使如宋，贺哲宗及太皇太后正旦，并进马、驼。（《西夏纪》卷一九） 　　甲午，宥州牒宋，除塞门屈曲分画，其余比接诸城取直画定，其间地土虽甚阔远，亦割属汉。（《长编》卷四三七）按：《长编》卷四三九系在三月，备考。 　　三月丁卯，西夏未归永乐城陷蕃宋将景思谊，诏令鄜延因此移牒宥州。（《长编》卷四三九） 　　癸未，鄜延路言，夏人商量分画界至，催索公牒。诏鄜延路经略司令保安军移牒宥州。（同上） 　　四月壬戌，是月，令保安军牒宥州质孤、胜如建置年月。宥州牒兰州所管至第三寨取直。令保安军牒，兰州地界请计会熙州。（《长编》卷四四一） 　　五月丙子，鄜延路经略司言，宥州牒请废兰州		

年　代	宋	辽（契丹）	吐蕃、回鹘
宋元祐五年，辽大安六年，夏天祐民安元年（1090）	胜如等处堡。(《长编》卷四四二) 　　壬辰，西夏宥州牒保安军，兰州地界如前月。令保安军牒，再会熙州。(同上) 　　六月，是月，令保安军牒宥州，熙河地界如前。(《长编》卷四四四) 　　七月乙亥，夏国遣使贺坤成节。(《长编》卷四四五) 　　十月乙未，鄜延路经略司言，西夏宥州牒称，先为定画疆界，有诏汉界留出草地十里，蕃界依数对留。欲于蕃界令存留五里为草地，夏国于所存五里内修立堡铺。宋许蕃汉各留五里为两不耕地，但双方不得于草地内修建堡铺。(《长编》卷四四九) 　　十二月乙未，夏国遣使贺兴龙节。(《长编》卷四五二) 　　乙卯，夏国遣使贺正旦。(《长编》卷四五三)		

年 代	宋	辽（契丹）	吐蕃、回鹘
宋元祐六年，辽大安七年，夏天祐民安二年（1091）	三月乙亥，西夏遣崐名麻胡等至鄜延议疆界。（《长编》卷四五六） 七月己巳，夏国遣使来贺坤成节。（《长编》卷四六一） 同日，鄜延路经略司言，夏国宥州牒称拆毁镇戎军界上封堠八个，请勿再修。（同上） 八月癸丑，诏经略司令保安军移牒宥州。送还作过夏人。（《长编》卷四六四） 九月，因西夏大举寇掠麟府，宋押赐夏国主生日礼物及仲冬时服使安伦等至延安府后称疾不前。（《长编》卷四六六） 十月丁卯，宋勒住夏国岁赐。（《长编》卷四六七）		
宋元祐七年，辽大安八年，夏天祐民安三年（1092）		六月，夏为宋侵，遣使辽朝乞援。（《辽史》卷一一五《西夏纪》）	西蕃阿里骨遣人献邈川于夏。（《长编》卷四七六）

年　代	宋	辽（契丹）	吐蕃、回鹘
宋元祐八年，辽大安九年，夏天祐民安四年（1093）	正月辛卯，枢密院言，西夏假辽朝之命，牒保安军请和。宋哲宗诏夏国如果能悔过，遣使谢罪，可差人引伴赴阙。其辞引北朝非例，令经略司以此谕之。（《长编》卷四八〇） 　　四月丁未，夏国主乾顺遣使谢罪，献兰州，乞赐塞门寨，诏答不许。（《长编》卷四八三）		
宋绍圣元年，辽大安十年，夏天祐民安五年（1094）	正月丙申，西夏入贡于宋。（《宋史》卷一八《哲宗纪二》） 　　二月，西夏进马助太皇太后山陵。复遣使再议易地，诏不允。（《宋史》卷四八六《夏国传下》）		
宋绍圣二年，辽寿隆元年，夏天祐民安六年（1095）	是岁，宋朝罢分画疆界。（《西夏纪》卷二〇）	十一月甲辰，夏国向辽进贡贝多叶佛经。（《辽史》卷二六《道宗纪六》）	

续表

年　代	宋	辽（契丹）	吐蕃、回鹘
宋绍圣三年，辽寿隆二年，夏天祐民安七年（1096）		十二月乙亥，夏国遣使献宋俘。（《辽史》卷二六《道宗纪六》）	
宋绍圣四年，辽寿隆三年，夏天祐民安八年（1097）	八月丙申，诏罢赐夏国《历日》。（《长编》卷四九〇）	六月辛丑，夏国遣使来告宋城要地，请辽说和。（《辽史》卷一一五《西夏纪》）	
宋元符元年，辽寿隆四年，夏永安元年（1098）		六月戊寅，夏国为宋所攻，遣使辽朝求援。（《辽史》卷二六《道宗纪六》） 十一月乙巳，辽遣知右夷离毕事萧药师奴、枢密直学士耶律俨使宋，讽与夏和。（同上） 辛酉，夏国复遣使辽朝求援。（同上）	

年　代	宋	辽（契丹）	吐蕃、回鹘
宋元符二年，辽寿隆五年，夏永安二年（1099）	正月，夏国母梁氏卒。（《宋史》卷四八六《夏国传下》） 二月，西夏宥州牒宋，称正月二十日国母薨，定差使令逊嵬名济、副使谟程田快庸等诣阙讣告，兼附谢罪表状。宋指挥顺宁寨，却之不受。（《长编》卷五〇六） 四月己卯，鄜延路经略使吕惠卿据顺宁寨将李子明等申，有西人创格裕等到，言衙头差大使庆瑭嵬名科逋、副使磋迈花结香等来计会。今国主已恭顺朝廷，告早为收接公牒事。审会昨夏国差到嵬名布哆聿介到来，已降朝旨令进献作过蕃酋珪布默玛、凌吉讹裕等，即许收接告哀谢罪表章，回报去讫。诏吕惠卿指挥说谕。（《长编》卷五〇八） 五月戊申，西夏大使嵬名科逋等只赍公牒来，	正月，辽诏夏国主李乾顺伐拔思母等部。（《辽史》卷一一五《西夏纪》） 三月，辽遣签书枢密院使萧德崇、枢密直学士李俨使宋，劝宋停止进筑。（《长编》卷五〇七） 十一月，夏国以宋人罢兵，遣使来谢。（《辽史》卷一一五《西夏纪》）	

续表

年　代	宋	辽（契丹）	吐蕃、回鹘
宋元符二年，辽寿隆五年，夏永安二年（1099）	宋令顺宁寨将官作本处意度，说与西人，既章表见在衙头，回去说知国主，差使副或使臣送来，候得表状，奏取朝廷指挥。（《长编》卷五一〇） 癸丑，鄜延路经略使吕惠卿言，夏使得谕，于初三日归西界。（同上） 六月庚辰，西夏遣告哀使至顺宁寨。保安军以只赍告哀公牒，却无谢罪表章，不予转呈。（《长编》卷五一一） 七月甲辰，宋鄜延路奏，已收接宥州公牒，令来使赍白札子谕夏国主，令遣使赴阙。诏令回牒谕之。（《长编》卷五一二） 癸丑，夏宥州牒宋，已遣告哀谢罪人使十二人赴延州，七月十日过界。（《长编》卷五一三） 八月己丑，西夏宥州牒称"人使未见赴阙，已是疑阻"。鄜延经略司答		

年　代	宋	辽（契丹）	吐蕃、回鹘
宋元符二年，辽寿隆五年，夏永安二年（1099）	曰，"人使已于二日赴阙，候到朝廷，必有处分。"（《长编》卷五一四） 乙未，西夏宥州牒鄜延欲以国母亡，遣使遗进。宋廷诏令受宥州牒，谕以候奏得朝旨，再牒报。（同上） 九月庚子，夏国谢罪使至阙，见于崇政殿。（《长编》卷五一五） 丁未，宋赐夏国主乾顺诏。（同上） 辛酉，宋诏夏国梁氏是有罪之人，难议收受遗进及行吊祭之礼，以国主能悔过谢罪，已降诏候遣使进纳誓表，特与收接。（同上） 十月庚戌，鄜延奏西夏宥州牒遣使进誓表。（《长编》卷五一七） 丁巳，西夏宥州回牒已再约束首领不得犯汉界。（同上）		

年　代	宋	辽（契丹）	吐蕃、回鹘
宋元符二年，辽寿隆五年，夏永安二年（1099）	甲子，宋诏保安军移牒宥州，无得犯青唐界。（同上） 　　十一月己卯，宋诏差工部员外郎韩跋押伴夏使。（《长编》卷五一八） 　　十二月庚子，夏遣使副令能鬼名济等诣阙，进上誓表谢恩，及进贡御马。诏依例回赐银器、衣著各五百两匹。（《长编》卷五一九） 　　壬寅，宋答夏国誓诏。又诏夏国主誓表内"诚国人而"字下一字犯真宗皇帝庙讳，令保安军移牒宥州，闻知本国，应失点检经历干系人，并重行诚断。（同上）		
宋元符三年，辽寿隆六年，夏永安三年（1100）	正月，宋哲宗崩，徽宗即位。 　　九月，西夏遣使来奠慰及贺即位。（《宋史》卷四八五《夏国传上》）		

年　代	宋	辽（契丹）	吐蕃、回鹘
宋元符三年，辽寿隆六年，夏永安三年（1100）	十月，西夏复遣使来贺天宁节。（同上） 宋赐夏国《历日》。（《宋大诏令集》卷宗二三六） 十二月，宋赐夏国主诏。（同上）	十一月，夏国王李乾顺遣使请尚公主。（《辽史》卷二六《道宗纪六》）	
宋建中靖国元年，辽乾统元年，夏贞观元年（1101）		正月，辽道宗崩，天祚帝即位。 二月乙未，辽遣使西夏告哀。（《辽史》卷二七《天祚皇帝纪一》） 六月，夏国遣使如辽慰莫。（同上） 十二月，夏国遣使贺辽天祚帝即位。（同上）	
宋崇宁元年，辽乾统二年，夏贞观二年（1102）		六月丙午，夏国王李乾顺复遣使请尚公主。（《辽史》卷二七《天祚皇帝纪一》） 壬子，夏国王李乾顺为宋所攻，遣李造福、田若水至辽求授。（同上）	夏国主乾顺复以女妻西蕃首领赵怀德。（《西夏纪》卷二二）

年　代	宋	辽（契丹）	吐蕃、回鹘
宋崇宁二年，辽乾统三年，夏贞观三年（1103）	十二月，西夏遣使入宋贺正旦。（《西夏书事》卷三一）	六月辛酉，夏国王李乾顺再遣使请尚公主。（《辽史》卷二七《天祚皇帝纪一》） 十月庚申，夏国复遣使辽朝求援。（同上）	
宋崇宁三年，辽乾统四年，夏贞观四年（1104）	七月，西夏遣使至阙密奏事宜。（《皇宋十朝纲要》卷一六） 九月辛未，宋诏赐夏国主冬服。（同上）	六月甲寅，夏国遣李造福、田若水求援。（《辽史》卷二七《天祚皇帝纪一》）	
宋崇宁四年，辽乾统五年，夏贞观五年（1105）		正月乙亥，夏国遣李造福等来求援，且乞伐宋。（《辽史》卷二七《天祚皇帝纪一》） 丁酉，辽遣枢密直学士高端礼等讽宋罢伐夏兵。（同上） 三月壬申，辽以族女南仙封成安公主，下嫁夏国王李乾顺。（同上）	

年　代	宋	辽（契丹）	吐蕃、回鹘
宋崇宁四年，辽乾统五年，夏贞观五年（1105）		六月甲戌，夏国遣使如辽谢，并贡方物。（同上） 十二月己巳，夏国复遣李造福，因若水求援。（同上）	
宋崇宁五年，辽乾统六年，夏贞观六年（1106）	四月，宋允于西夏讲和。（《西夏纪》卷二二） 七月，西夏遣使赴阙上表谢罪。（《皇宋十朝纲要》卷一六）	六月辛巳，夏国遣李造福等来谢。（《辽史》卷二七《天祚皇帝纪一》） 十月乙亥，西夏遣刘正符、曹穆如辽告宋夏通好。（同上）	
宋大观元年，辽乾统七年，夏贞观七年（1107）	是岁西夏遣使入贡于宋。（《宋史》卷四八六《夏国传下》）		
宋大观二年，辽乾统八年，夏贞观八年（1108）	是岁，西夏遣使入贡于宋。（《宋史》卷二〇《徽宗纪二》）	夏国王李乾顺以成安公主生子，遣使如辽告。（《辽史》卷一一五《西夏纪》）	

续表

年 代	宋	辽（契丹）	吐蕃、回鹘
宋大观三年，辽乾统九年，夏贞观九年（1109）	二月，西夏遣使至宋泾原定疆界，不果。(《西夏纪》卷三二) 是岁，西夏遣使入贡于宋。(《宋史》卷二〇《徽宗纪二》)	三月戊午，夏国以宋不归侵地，遣使如辽告。(《辽史》卷二七《天祚皇帝纪一》)	
宋大观四年，辽乾统十年，夏贞观十年（1110）	正月丁卯，夏国遣使入贡于宋。(《宋史》卷二〇《徽宗纪二》)	六月癸未，夏国遣李造福等入贡于辽。(《辽史》卷二七《天祚皇帝纪一》)	
宋政和元年，辽天庆元年，夏贞观十一年（1111）	是岁，西夏遣使入贡于宋。(《宋史》卷二〇《徽宗纪二》)		
宋政和二年，辽天庆二年，夏贞观十二年（1112）	十月，遣使宋朝贺天宁节。(《西夏书事》卷二二)	六月戊戌，夏国李乾顺妻成安公主来朝。(《辽史》卷二七《天祚皇帝纪一》)	

年　代	宋	辽（契丹）	吐蕃、回鹘
宋政和三年，辽天庆三年，夏贞观十三年（1113）	三月西夏，遣使入贡于宋。（《西夏书事》卷三二）	六月丙辰，夏国遣使入辽进贡。（《辽史》卷二七《天祚皇帝纪一》）	
宋政和四年，辽天庆四年，夏雍宁元年（1114）	十月，夏人因辽使附上宋朝誓表。（《皇宋十朝纲要》卷一七）		
宋政和五年，辽天庆五年，夏雍宁二年（1115）	十月戊午，夏国遣使入贡于宋。（《宋史》卷二一《徽宗纪三》）		
宋政和六年，辽天庆六年，夏雍宁三年（1116）	是岁，夏国遣使入贡于宋。（《宋史》卷二一《徽宗纪三》）		

年　代	宋	辽（契丹）	吐蕃、回鹘
宋政和七年，辽天庆七年，夏雍宁四年，金天辅元年（1117）			
宋重和元年，辽天庆八年，夏雍宁五年，金天辅二年（1118）			
宋宣和元年，辽天庆九年，夏元德元年，金天辅三年（1119）	六月己亥，夏国遣使宋朝纳款谢罪，宋诏六路罢兵。（《宋史》卷二二《徽宗纪四》） 十月，夏国遣使宋朝贺天宁节，投以誓诏，不取，童贯不能屈，但迫馆伴强之，使持还，及边，遂弃之而去。（《宋史》卷四八六《夏国传下》）		

年　代	宋	辽（契丹）	吐蕃、回鹘
宋宣和二年，辽天庆十年，夏元德二年，金天辅四年（1120）	是岁，夏国遣使入贡于宋。(《宋史》卷二二《徽宗纪四》)		
宋宣和三年，辽保大元年，夏元德三年，金天辅五年（1121）		宣和中，夏人知宋朝有事北边，遂与辽国书，约夹攻宋朝，天祚帝不听。(《东都事略》卷一二八《西夏传》)按：《西夏纪》将此系在西夏元德二年。	
宋宣和四年，辽保大二年，夏元德四年，金天辅六年（1122）		辽天祚帝播迁，夏国王乾顺遣兵来援，被金师所败。(《辽史》卷一一五《西夏纪》) 　七月辛未，夏国遣使问辽天祚帝起居。(《辽史》卷二九《天祚皇帝纪三》)	

年　代	宋	辽（契丹）	吐蕃、回鹘
宋宣和五年，辽保大三年，夏元德五年，金天会元年（1123）		五月乙卯，夏国王李乾顺遣使请辽天祚帝临其国。（《辽史》卷二九《天祚皇帝纪三》） 六月，辽天祚帝遣使册李乾顺为夏国皇帝。（同上）	

年　代	宋（南宋）	金	蒙古
宋宣和五年，辽保大三年，夏元德五年，金天会元年（1123）		金朝宗望至阴山，以便宜与夏国议和，许以割地。（《金史》卷一三四《西夏传》）	
宋宣和六年，辽保大四年，夏元德六年，金天会二年（1124）	是岁，夏国遣使入宋贡奉。（《宋史》卷二二《徽宗纪四》）	正月，夏人始奉誓表，请以事辽之礼事金。辽割下寨以北、阴山以南、乙室耶刮部吐禄泺以西地赐之。（《金史》卷一三四《西夏传》）	

年　代	宋（南宋）	金	蒙古
宋宣和六年，辽保大四年，夏元德六年，金天会二年（1124）		三月，夏使把里公亮等入金上誓表。（《金史·交聘表上》） 闰三月，金遣王阿海、杨天吉赐誓诏于夏。（同上） 十月，夏使谢赐誓诏。（同上） 戊午，夏使贺天清节。（同上）	
宋宣和七年，辽保大五年，夏元德七年，金天会三年（1125）	钦宗即位，西夏遣使如宋贺正旦。（《宋史》卷四八六《夏国传下》）	正月癸酉，夏使贺正旦。 乙未，夏使奉表致奠于和陵。 十月壬子，夏使贺天清节。（均见《金史·交聘表上》）	
宋靖康元年，夏元德八年，金天会四年（1126）	宋赐夏国主诏书。时金人攻宋，夏亦起兵，鄜延路缴进夏檄书。宋帝命草诏赐夏国主，以解其意。（《西夏纪》卷二三）	正月丁卯，夏使贺正旦。（《金史·交聘表上》） 十月丁未，夏使贺天清节。（同上） 是岁，金复取许割夏人的河东八馆之地，夏人请和，金执其使。（《宋史》卷四八六《夏国传下》）	

续表

年　代	宋（南宋）	金	蒙古
宋靖康二年（建炎元年），夏正德元年，金天会五年（1127）		正月辛卯，夏使贺正旦。(《金史·交聘表上》) 九月，金帅兀术遣保静军节度使杨天吉约侵宋，夏国主乾顺许之。(《宋史》卷四八六《夏国传下》) 十月辛未，夏使贺天清节。(《金史·交聘表上》)	
宋建炎二年，夏正德二年，金天会六年（1128）	正月，宋以主客员外郎谢亮为陕西抚谕使兼宣谕使，从事郎何洋为太学博士，持诏书赐夏国主李乾顺。亮至，乾顺倨然见之，留居几月，无果而还。(《宋史》卷四八六《夏国传下》)	正月丙戌，夏使贺正旦。 十月丙寅，夏使贺天清节。(见《金史·交聘表上》)	
宋建炎三年，夏正德三年，金天会七年（1129）	二月，西夏移檄宋延安府，索鄜延。(《宋史》卷四八六《夏国传下》)	正月庚辰，夏使贺正旦。	

年　代	宋（南宋）	金	蒙古
宋建炎三年，夏正德三年，金天会七年（1129）	七月，宋复以主客员外郎谢亮假太常卿，再使夏国。（同上）	十月庚寅，夏使贺天清节。（见《金史·交聘表上》）	
宋建炎四年，夏正德四年，金天会八年（1130）	正月，宋使谢亮至夏国，夏国主乾顺已称制，遂还。（《宋史》卷二六《高宗纪三》）	正月甲辰，夏使贺正旦。 十月甲申，夏使贺天清节。（见《金史·交聘表上》）	
宋绍兴元年，夏正德五年，金天会九年（1131）	八月，宋诏以夏本敌国，毋复颁《历日》。（《宋史》卷四八六《夏国传下》） 十一月，宋川陕宣抚副使吴玠遣使通夏国书。（同上）	正月己亥，夏使贺正旦。 十月戊寅，夏使贺天清节。（见《金史·交聘表上》）	
宋绍兴二年，夏正德六年，金天会十年（1132）	九月，宋吕颐浩言："闻金夏交恶，夏国屡遣人来吴玠、关师古军中。"（《宋史》卷四八六《夏国传下》）	正月癸巳，夏使贺正旦。十月壬寅，夏使贺天清节。（见《金史·交聘表上》）	

续表

年　代	宋（南宋）	金	蒙古
宋绍兴三年，夏正德七年，金天会十一年（1133）		正月丁巳，夏使贺正旦。 　十月丙申，夏使贺天清节。（见《金史·交聘表上》）	
宋绍兴四年，夏正德八年，金天会十二年（1134）	七月壬子，宋命吴玠通信夏国。（《宋史》卷二七《高宗纪四》） 　十二月，宋将吴玠奏，夏国数通书，有不忘本朝意。（《宋史》卷四八六《夏国传下》）	正月辛亥，夏使贺正旦。 　十月庚寅，夏使贺天清节。（见《金史·交聘表上》）	
宋绍兴五年，夏大德元年，金天会十三年（1135）		正月金太宗崩，熙宗即位。遣使如夏报即位。（《金史》卷四《熙宗纪》） 　十二月癸亥，金定夏国朝贺、赐宴、朝辞仪。（同上）	
宋绍兴六年，夏大德二年，金天会十四年（1136）		正月己巳，夏使贺正旦。 　乙酉，夏使贺万寿节。（见《金史·交聘表上》） 　六月，金以主名报夏国。（《西夏书事》卷三四）	

年　代	宋（南宋）	金	蒙古
宋绍兴七年，夏大德三年，金天会十五年（1137）		正月癸亥，夏使贺正旦。 己卯，夏使贺万寿节。（见《金史·交聘表上》） 九月，西夏遣使乞地于金，金主以积石、乐、廓三州与之。（《西夏纪》卷二三）	
宋绍兴八年，夏大德四年，金天眷元年（1138）		正月戊子，夏使贺正旦。 甲辰，夏使贺万寿节。（见《金史·交聘表上》）	
宋绍兴九年，夏大德五年，金天眷二年（1139）	十月，宋还招抚使王枢等一百九十名夏国俘虏。（《宋史》卷二九《高宗纪六》）	正月壬午，夏使贺正旦。 戊戌，夏使贺万寿节。 十月癸酉，夏国王李乾顺薨，子仁孝嗣位，遣使如金告丧。（见《金史·交聘表上》）	
宋绍兴十年，夏大庆元年，金天眷三年（1140）		正月丁丑，夏使贺正旦。 癸巳，夏使贺万寿节。（见《金史·交聘表上》）	

年　代	宋（南宋）	金	蒙古
宋绍兴十年，夏大庆元年，金天眷三年（1140）	三月，宋命川陕宣抚副使胡世将与夏人议入贡，夏人不报。(《宋史》卷二九《高宗纪六》)	五月，金遣使封仁孝为夏国王，加开府仪同三司、上柱国。(《金史》卷一三四《西夏传》) 九月庚申，夏国遣使谢赙赠。(《金史》卷四《熙宗纪》) 戊辰，夏国遣使如金谢封册。(同上)	
宋绍兴十一年，夏大庆二年，金皇统元年（1141）		正月辛丑，夏使贺正旦。(《金史·交聘表上》) 壬寅，夏使请上尊号。(同上) 丁巳，夏使贺万寿节。(同上) 己未，夏国请置榷场，许之。(《金史》卷四《熙宗纪》) 十二月癸巳，夏国贺受尊号。(同上) 是年，金朝始遣贺生日使。(《金史》卷一三四《西夏传》) 金以西夏诛慕洧，诏诘之。(同上)	

年　代	宋（南宋）	金	蒙古
宋绍兴十二年，夏大庆三年，金皇统二年（1142）		正月乙未，夏使贺正旦。（《金史·交聘表上》） 辛亥，夏使贺万寿节。（同上）	
宋绍兴十三年，夏大庆四年，金皇统三年（1143）		正月己丑，夏使贺正旦。（《金史·交聘表上》） 乙巳，夏使贺万寿节。（同上）	
宋绍兴十四年，夏人庆元年，金皇统四年（1144）	五月，遣使如宋，贺天中节。（《西夏纪》卷二四引《大金国志》） 十二月，遣使如宋贺正旦。（《西夏纪》卷二四）	正月癸丑，夏使贺正旦。（《金史·交聘表上》） 己巳，夏使贺万寿节。（同上）	
宋绍兴十五年，夏人庆二年，金皇统五年（1145）		正月丁未，夏使贺正旦。（《金史·交聘表上》） 癸亥，夏使贺万寿节。（同上） 四月庚辰，金遣右卫将军撒海、兵部郎中耶律福为横赐夏国使。（同上）	

年　代	宋（南宋）	金	蒙古
宋绍兴十六年，夏人庆三年，金皇统六年（1146）		正月辛未，夏使贺正旦。（《金史·交聘表上》） 丁亥，夏使贺万寿节。（同上） 庚寅，金以边地赐夏国。（《金史》卷四《熙宗纪》）	
宋绍兴十七年，夏人庆四年，金皇统七年（1147）		正月乙丑，夏使贺正旦。（《金史·交聘表上》） 辛巳，夏使贺万寿节。（同上）	
宋绍兴十八年，夏人庆五年，金皇统八年（1148）		正月庚申，夏使贺正旦。（《金史·交聘表上》） 丙子，夏使贺万寿节。（同上） 二月壬子，金遣哥鲁葛波古等为横赐夏国使。（《金史》卷四《熙宗纪》）	
宋绍兴十九年，夏天盛元年，金天德元年（1149）		正月甲申，夏使贺正旦。（《金史·交聘表上》） 庚子、夏使贺万寿节。（同上）	

年　代	宋（南宋）	金	蒙古
宋绍兴十九年，夏天盛元年，金天德元年（1149）		十二月金海陵王弑熙宗，遣人报夏，夏人问"圣德皇帝何为见废?"不肯纳。金朝乃使有司以废立之故移文报之。(《金史》卷一三四《西夏传》) 同月，夏贺正旦使至广宁，遣人谕以废立之事，于中路遣还。(《金史·交聘表上》)	
宋绍兴二十年，夏天盛二年，金天德二年（1150）		正月辛巳，金遣使以废立事报谕夏国。(《金史》卷五《海陵王纪》) 七月戊戌，西夏遣御史中丞杂辣公济、中书舍人李崇德贺登宝位。再遣开封尹苏执义、秘书监王举贺受尊号。(《金史·交聘表上》)	
宋绍兴二十一年，夏天盛三年，金天德三年（1151）		正月，夏使贺正旦。又遣使贺金主生日。(《金史》卷五《海陵王纪》) 九月甲子，夏使上表，请不去尊号。(《金史·交聘表上》)	

续表

年　代	宋（南宋）	金	蒙古
宋绍兴二十一年，夏天盛三年，金天德三年（1151）		庚戌，金以修起居注萧彭哥为夏国生日使。（《金史》卷五《海陵王纪》）	
宋绍兴二十二年，夏天盛四年，金天德四年（1152）		正月丁酉，夏使贺正旦。（《金史》卷五《海陵王纪》） 壬子，夏国遣使贺金主生日。（同上） 九月丙午，金遣吏部郎中萧中立为夏国生日使。（同上）	
宋绍兴二十三年，夏天盛五年，金贞元元年（1153）		正月辛卯，夏使来贡。（《金史》卷五《海陵王纪》） 丙午，夏国遣使贺金主生日。（同上） 九月丁亥，金以翰林待制谋良虎为夏国生日使。（同上）	

年　代	宋（南宋）	金	蒙古
宋绍兴二十四年，夏天盛六年，金贞元二年（1154）		正月甲寅，金主以疾不视朝，赐夏正旦使就馆燕。（《金史·交聘表上》） 己巳，夏使贺金主生日。（同上） 三月戊辰，夏使王公佐贺金朝迁都。（同上） 九月辛亥，夏使如金谢恩，且市儒释书。（同上） 十二月丁未，夏使如金贡方物。（同上）	
宋绍兴二十五年，夏天盛七年，金贞元三年（1155）		正月己酉，夏使贺正旦。（《金史》卷五《海陵王纪》） 甲子，夏国遣使贺金主生日。（同上）	
宋绍兴二十六年，夏天盛八年，金正隆元年（1156）		正月癸卯，夏使贺正旦。（《金史·交聘表上》） 戊午，夏使贺生日。（同上）	

年　代	宋（南宋）	金	蒙古
宋绍兴二十七年，夏天盛九年，金正隆二年（1157）		正月戊辰，夏使贺正旦。（《金史·交聘表上》） 癸未，夏使贺生日。（同上） 四月，金遣宿直将军温敦斡喝为横赐夏国使。（同上） 九月，遣宿直将军仆散乌里黑贺夏国主生日。（同上）	
宋绍兴二十八年，夏天盛十年，金正隆三年（1158）		正月壬戌，夏使贺正旦。（《金史·交聘表上》） 丙寅，夏奏告使还，命左宣徽使敬嗣晖谕之。（同上） 丁丑，夏使贺金主生辰。（同上） 九月庚午，金遣宿直将军阿鲁保贺夏国主生日。（同上）	

年　代	宋（南宋）	金	蒙古
宋绍兴二十九年，夏天盛十一年，金正隆四年（1159）		正月丙辰，夏使贺正旦。（《金史·交聘表上》） 辛未，夏使贺金主生日。（同上） 三月丙辰，金遣兵部尚书萧恭经画夏国边界。（同上） 九月，金遣昭毅大将军、宿直将军加古挞懒贺夏国主生日。（同上）	
宋绍兴三十年，夏天盛十二年，金正隆五年（1160）		正月庚辰，夏使贺正旦。（《金史·交聘表上》） 乙未，夏使贺金主生日。（同上）	
宋绍兴三十一年，夏天盛十三年，金大定元年（1161）	金主完颜亮南侵，宋宣抚使吴璘檄西夏，俾合兵共讨之。（《宋史》卷四八六《夏国传下》）	正月甲戌，夏使贺正旦。（《金史》卷五《海陵王纪》） 己丑，夏使贺金主生日。（同上） 八月，金遣萧谊忠贺夏国主生日。（同上）	

续表

年　代	宋（南宋）	金	蒙古
宋绍兴三十二年，夏天盛十四年，金大定二年（1162）		四月，夏遣左金吾卫上将军梁元辅、翰林学士焦景颜、押进枢密副都承旨任纯忠贺登宝位。再遣武功大夫贺义忠、宣德郎高慎言贺万春节。（《金史·交聘表中》） 辛巳，宴夏使于贞元殿，金世宗察其食不精腆，杖掌食官六十。（《金史》卷六《世宗纪上》） 癸未，夏使朝辞，乞互市，从之。（同上） 八月癸酉，夏国左金吾卫上将军苏执礼、瓯匦使王琪、押进御史中丞赵良贺金主尊号。（《金史·交聘表中》） 九月庚子，金遣尚书左司员外郎完颜正臣为夏国主生日使。（同上） 十二月辛未，以夏国乞兵复宋侵地，金国遣尚书吏部郎中完颜达吉体究陕西利害。（同上） 西夏武力大夫芭里昌祖、宣德郎扬彦敬等贺正旦。（同上）	

年　代	宋（南宋）	金	蒙古
宋隆兴元年，夏天盛十五年，金大定三年（1163）	宋孝宗令宰相陈伯康致书西夏。欲重结为友帮，不果。(陆游《渭南集》卷一三)	三月壬辰，夏遣武功大夫诋留元智、宣德郎程公济贺万春节。(《金史·交聘表中》) 五月，金以宿直将军阿勒根和衍为横赐夏国使。(同上) 七月甲寅，诏市马于夏国。(同上) 九月癸巳，以宿直将军仆散习尼列为夏国生日使。(同上) 十月己巳，夏遣金吾卫上将军苏执礼、瓯匣使李子美谢横赐。(同上)	
宋隆兴二年，夏天盛十六年，金大定四年（1164）		正月丁亥，夏遣武功大夫嵬嵝执信、宣德郎李师白贺正旦。(《金史·交聘表中》) 三月丙戌，夏国武功大夫纽卧文忠、宣德郎陈师古贺万春节。(同上) 九月，金遣宿直将军宗室乌里雅为夏国主生日使。(同上)	

年　代	宋（南宋）	金	蒙古
宋隆兴二年，夏天盛十六年，金大定四年（1164）		十二月，夏国殿前太尉梁惟忠、翰林学士、枢密都承旨焦景颜使金，乞免征索正隆末年所虏人口。（同上）	
宋乾道元年，夏天盛十七年，金大定五年（1165）		正月辛亥，夏武功大夫讹罗世、宣德郎高岳使金贺正旦。（《金史·交聘表中》） 三月庚戌，夏使贺万春节。（同上） 八月癸巳，夏使贺金主受尊号。（《金史》卷六《世宗纪上》） 九月，金遣宿直将军术虎蒲查为夏国主生日使。（《金史·交聘表中》）	
宋乾道二年，夏天盛十八年，金大定六年（1166）		正月丙午，夏武功大夫高遵义、宣德郎安世等贺正旦。（《金史·交聘表中》） 三月甲辰，夏武功大夫曹公达、宣德郎孟伯达、押进知中兴府赵衍贺万春节。（同上）	

年　代	宋（南宋）	金	蒙古
宋乾道二年，夏天盛十八年，金大定六年（1166）		戊申，夏御史中丞李克勤、翰林学士焦景颜复奏告。乞免索正隆末年所虏人口，金主许之。（同上） 四月戊戌，金遣使横赐夏国。（同上） 九月辛亥，金遣使贺夏国主生日。（同上） 十二月戊戌，夏御史中丞贺义忠、翰林学士杨颜敬使金谢横赐。（同上）	
宋乾道三年，夏天盛十九年，金大定七年（1167）	五月，夏国相任得敬遣间使至四川宣抚司，约共攻西蕃，宣抚使虞允文报以蜡书。 七月，任得敬间使甫至四川宣抚司。（《宋史》卷四八六《夏国传下》） 按：《金史·交聘表》记乾道六年七月任得敬再使宣抚司，当考。	正月庚子，夏武功大夫刘志真、宣德郎李师白等贺正旦。（《金史·交聘表中》） 三月己亥，夏武功大夫任得仁、宣德郎李澄等贺万春节。（同上） 九月乙亥，金遣宿直将军唐括鹊鲁为夏国王生日使。（同上） 十二月，夏国遣殿前太尉芭里昌祖、枢密都承旨赵衍奏告，以其臣任得敬有疾，乞遣良医诊治。金主诏赐之医。（同上）	

年　代	宋（南宋）	金	蒙古
宋乾道四年，夏天盛二十年，金大定八年（1168）		正月甲子，夏武功大夫利守信、宣德郎李穆贺正旦。（《金史·交聘表中》） 二月，金世宗诏保全郎王师道佩银牌使夏医疾。（《金史》卷一三四《西夏传》） 三月癸亥，夏武功大夫咩布师道、宣德郎严立本等贺万春节。（《金史·交聘表中》） 四月，任得敬疾有瘳，夏遣任得聪来谢。任得敬附表及礼物，金世宗却之不受。（《金史》卷一三四《西夏传》） 九月，金遣引进使高希甫为夏国生日使。（《金史》卷六《世宗纪上》）	
宋乾道五年，夏天盛二十一年，金大定九年（1169）		正月戊午，夏武功大夫庄浪义显、宣德郎刘裕等贺正旦。（《金史·交聘表中》） 三月丁巳，夏武功大夫浑进忠、宣德郎王德昌等贺万春节。（同上）	

年　代	宋（南宋）	金	蒙古
宋乾道五年，夏天盛二十一年，金大定九年（1169）		五月丙辰，金遣宿直将军完颜赛也为横赐夏国使。（同上） 九月，金遣宿直将军仆散守忠为夏国生日使。（同上）	
宋乾道六年，夏乾祐元年，金大定十年（1170）	宋四川宣抚司再以蜡书遗任德敬，约以夹攻，会德敬伏诛，夏国将宋使及蜡书一并献给金朝。 （《建炎以来朝野杂记·乙集》卷一九）	正月壬子，夏武功大夫刘志直，宣德郎韩德等金贺正旦。（《金史·交聘表中》） 三月壬子，夏武功大夫张兼善、宣德郎李师白等贺万春节。丁丑，诏以夏奏告使于闰五月十六就行在。（同上） 闰五月乙未，夏权臣任得敬中分其国，胁国主李仁孝遣左枢密使浪讹进忠、参知政事杨彦敬、押进翰林学士焦景颜等上表为得敬求封。金世宗不许，并遣使详问。（同上） 七月庚子，宋以蜡书遗任得敬，夏执其人并书报金。（同上）	

年　代	宋（南宋）	金	蒙古
宋乾道六年，夏乾祐元年，金大定十年（1170）		九月庚寅，金遣尚书户部郎中夹古阿里补为夏国生日使。（同上） 十一月癸巳，夏以诛任得敬，遣殿前太尉芭里昌祖、枢密直学士高岳等上表陈谢。（同上）	
宋乾道七年，夏乾祐二年，金大定十一年（1171）		正月丙子，夏遣武功大夫煞执直、宣德郎马子才贺正旦。（《金史·交聘表中》） 三月乙亥，夏使贺万春节。（同上） 八月丁卯，金遣使贺夏国生日。（同上）	
宋乾道八年，夏乾祐三年，金大定十二年（1172）		正月庚午，夏使如金贺正旦。（《金史·交聘表中》） 三月己巳，夏遣武功大夫党得敬、宣德郎田公懿贺万春节。又遣殿前马步军太尉讹罗绍甫、枢密直学士吕子温、押进瓯匣使芭里直信等贺加金主尊号。（同上）	

年　代	宋（南宋）	金	蒙古
宋乾道八年，夏乾祐三年，金大定十二年（1172）		四月癸亥，金遣宿直将军唐括阿忽里为横赐夏国使。（同上） 九月辛巳，金遣殿前右卫将军粘割斡特剌为夏国生日使。（同上） 十二月癸亥，夏国殿前太尉罔荣忠、枢密直学士严立本等使金谢横赐。（同上）	
宋乾道九年，夏乾祐四年，金大定十三年（1173）		正月乙丑，夏武功大夫卧落绍昌、宣德郎张希道等贺正旦。（《金史·交聘表中》） 三月癸巳，夏武功大夫芭里安仁、宣德郎焦蹈等贺万春节。（同上） 九月辛卯，金以宿直将军胡什贲为夏国生日使。（同上）	
宋淳熙元年，夏乾祐五年，金大定十四年（1174）		正月己丑，夏武功大夫煞进德、宣德郎李师旦等贺正旦。（《金史·交聘表中》）	

续表

年　代	宋（南宋）	金	蒙古
宋淳熙元年，夏乾祐五年，金大定十四年（1174）		三月戊子，夏武功大夫芭里安仁、宣德郎焦蹈等等贺万春节。（同上） 九月乙未，金遣宿直将军宗室崇肃为夏国生日使。（同上）	
宋淳熙二年，夏乾祐六年，金大定十五年（1175）		正月，夏武功大夫李嗣卿、宣德郎白庆嗣等等贺正旦。（《金史·交聘表中》） 四月，金遣横赐使来。（《西夏纪》卷二五） 闰九月己未，金遣符宝郎斜卯和尚贺夏国生日。（《金史·交聘表中》） 十二月丙午，夏国遣中兴尹讹罗绍甫、翰林学士王师信等如金谢横赐。（同上）	
宋淳熙三年，夏乾祐七年，金大定十六年（1176）		正月戊申，夏武功大夫嵬宰师宪、宣德郎宋弘等贺正旦。（《金史·交聘表中》） 三月丙午，夏武功大夫骨勒文昌、宣德郎王禹珪贺万春节。（同上） 九月癸丑，金遣使贺夏国生日。（同上）	

年 代	宋（南宋）	金	蒙古
宋淳熙四年，夏乾祐八年，金大定十七年（1177）		正月壬寅，夏武功大夫讹哆德昌、宣德郎杨彦和等贺正旦。(《金史·交聘表中》) 三月辛丑，夏武功大夫芭里庆祖、宣德郎梁宇等贺万春节。(同上) 九月丁酉，金遣尚书兵部郎中石抹忽土为夏国生日使。(同上) 十月，夏国进献百头帐，金世宗诏不受。(同上) 十一月，夏国王李仁孝再以表上，金世宗诏许与正旦使同来。(同上) 十二月甲午，夏国东经略使苏执礼如金横进。(同上)	
宋淳熙五年，夏乾祐九年，金大定十八年（1178）		正月丙申，夏使贺正旦。(《金史·交聘表中》) 三月乙未，夏武功大夫嵬名仁显、宣德郎赵崇道等贺万春节。(同上) 四月己丑，金以太子左赞善阿不罕德甫为横赐夏国使。(同上)	

年　代	宋（南宋）	金	蒙古
宋淳熙五年，夏乾祐九年，金大定十八年（1178）		九月辛未，金遣侍御史完颜蒲鲁虎为夏国生日使。（同上） 十二月戊午，夏遣殿前太尉浪讹元智、翰林学士刘昭谢横赐。（同上）	
宋淳熙六年，夏乾祐十年，金大定十九年（1179）		正月庚申，夏武功大夫张兼善、宣德郎张希圣等贺正旦。（《金史·交聘表中》） 三月己未，夏遣武功大夫来子敬、宣德郎梁介等贺万春节。（同上） 九月戊午，金遣太子左卫率府率裴满胡剌为夏国生日使。（同上）	
宋淳熙七年，夏乾祐十一年，金大定二十年（1180）		正月甲寅，夏武功大夫安德信、宣德郎吴日休等贺正旦。（《金史·交聘表中》） 三月癸丑，夏武功大夫閟进忠、宣德郎王禹玉贺万春节。（同上）	

年　代	宋（南宋）	金	蒙古
宋淳熙七年，夏乾祐十一年，金大定二十年（1180）		九月壬戌，金遣少府少监宗室赛补为夏国生日使。（同上） 十二月丙午，夏国奏告使御史中丞罔永德、枢密直学士刘昭等入见金主。（同上）	
宋淳熙八年，夏乾祐十二年，金大定二十一年（1181）		正月戊申，夏遣武功大夫谋宁好德、宣德郎郝处俊贺正旦。（《金史·交聘表中》） 三月丁未，夏武功大夫苏志纯、宣德郎康忠义等贺万春节。（同上） 四月戊辰，金遣滕王府长史把德固为横赐夏国使。（同上） 八月乙丑，金遣尚书吏部郎中奚胡失海为夏国生日使。（同上）	
宋淳熙九年，夏乾祐十三年，金大定二十二年（1182）		三月辛未，夏使贺万春节。（《金史·交聘表中》） 九月乙酉，金遣尚辇局使仆散曷速罕为夏国生日使。（同上）	

年　代	宋（南宋）	金	蒙古
宋淳熙十年，夏乾祐十四年，金大定二十三年（1183）		正月丁卯，夏武功大夫刘进忠、宣德郎李国安等贺正旦。（《金史·交聘表中》） 三月丙寅，夏武功大夫吴德昌、宣德郎刘思忠等贺万春节。（同上） 九月己巳，金遣宿直将军完颜斜里虎为夏国生日使。（同上）	
宋淳熙十一年，夏乾祐十五年，金大定二十四年（1184）		正月辛卯，夏武功大夫刘执中、宣德郎李昌辅等贺正旦。（《金史·交聘表中》） 二月丙戌，金遣横赐夏国使。（同上） 三月庚寅，夏武功大夫晁直信、宣德郎王庭彦等贺万春节。（同上） 五月，夏国王以金世宗幸上京，愿遣使入贺。以道路遥远，不允。（同上） 八月癸亥，金遣侍御史遥里特末哥为夏国生日使。（同上）	

年　代	宋（南宋）	金	蒙古
宋淳熙十一年，夏乾祐十五年，金大定二十四年（1184）		十月丙辰，金世宗诏上京地远天寒，行人跋涉艰苦，来岁贺正旦、生日、谢横赐使，权止一年。（同上）	
宋淳熙十二年，夏乾祐十六年，金大定二十五年（1185）		十一月丙申，夏国以车驾还京，遣御史大夫李崇懿、中兴尹米崇吉、押进匦匣使李嗣卿等如金贺尊安。（《金史·交聘表中》）	二月，西辽大石牙林假道西夏伐金，不果。（《宋史》卷四八六《夏国传下》）
宋淳熙十三年，夏乾祐十七年，金大定二十六年（1186）	四月，宋诏吴挺结夏国，当时论议可否及夏人从违，史皆失书。（《宋史》卷四八六《夏国传下》）	正月庚辰，夏武功大夫麻骨进德、宣德郎刘光国等贺正旦。（《金史·交聘表中》） 三月己卯，夏武功大夫麻骨德懋、宣德郎王庆崇等贺万春节。（同上） 八月己丑，金遣宿直将军李达可为夏国生日使。（同上）	

年　代	宋（南宋）	金	蒙古
宋淳熙十四年，夏乾祐十八年，金大定二十七年（1187）		正月癸卯，夏使贺正旦。（《金史·交聘表中》） 三月癸卯，夏武功大夫遇忠辅、宣德郎吕昌龄等贺万春节。（同上） 九月己酉，金遣武器署令斜卯阿土为夏国生日使。（同上） 十二月，夏殿前太尉讹罗绍先、枢密直学士严立本谢横赐。（同上）	
宋淳熙十五年，夏乾祐十九年，金大定二十八年（1188）		正月丁酉，夏武功大夫麻奴绍文、宣德郎安惟敬贺正旦。（《金史·交聘表中》） 三月丁酉，夏武功大夫浑进忠、宣德郎邓昌祖等贺万春节。（同上） 九月甲午，金遣鹰坊使崇夔为夏国生日使。（同上）	
宋淳熙十六年，夏乾祐二十年，金大定二十九年（1189）	二月，宋孝宗传位于太子，是为光宗。（《宋史》卷三五《孝宗纪三》）	正月壬辰，夏武功大夫纽尚德昌、宣德郎字得贤贺正旦。金主大疾，不能视朝，遣还夏使。（《金史·交聘表中》）	

年　代	宋（南宋）	金	蒙古
宋淳熙十六年，夏乾祐二十年，金大定二十九年（1189）		癸巳，金世宗崩，皇太孙即位，是为金章宗。（《金史》卷八《世宗纪下》） 甲辰，金朝遣使夏国报哀。（《金史》卷九《章宗纪一》） 三月，夏国殿前太尉李元贞、翰林学士余良如金吊慰。（《金史·交聘表中》） 四月，夏国御史中丞邹显忠、枢密直学士李国安如金祭奠。（同上） 五月，夏国知兴中府事莏令思敬、秘书少监梁介如金贺登位，知中兴府事田周臣押进使。（同上） 六月，金朝移报夏国，天寿节于九月一日来贺。（《金史》卷九《章宗纪一》） 八月丙辰，夏使贺天寿节。（同上） 九月戊辰，金朝遣宫卫尉把思忠为夏国生日使。（同上）	

年 代	宋（南宋）	金	蒙古
宋绍熙元年，夏乾祐二十一年，金明昌元年（1190）		正月丙辰，夏武节大夫唐彦超、宣德郎扬彦直贺正旦。（《金史·交聘表下》） 五月，金遣鹰坊使移剌宁为横赐夏国使。（《金史》卷九《章宗纪一》） 八月己酉，夏武节大夫拽税守节、宣德郎张仲文贺天寿节。知中兴府罔进忠谢横赐。（《金史·交聘表下》） 九月己未，金遣使贺夏国主生日。（《金史》卷九《章宗纪一》）	
宋绍熙二年，夏乾祐二十二年，金明昌二年（1191）		正月庚戌，夏武节大夫王全忠、宣德郎张思义贺正旦。金朝许夏使贸易三日。（《金史·交聘表下》） 辛酉，金太后崩，丙寅，遣使报哀于夏国。（《金史》卷九《章宗纪一》）	

年　代	宋（南宋）	金	蒙古
宋绍熙二年，夏乾祐二十二年，金明昌二年（1191）		三月丁巳，夏左金吾卫正将军李元膺、御史中丞高俊英如金吊慰。（《金史·交聘表下》） 丁卯，夏国遣知中兴府李嗣卿、枢密直学士永昌奉奠金太后。（同上） 八月乙巳，夏武节大夫赪崑英、宣德郎焦元昌贺天寿节。（同上） 九月丁巳，金遣西上閤门使白琬为夏国生日使。（《金史》卷九《章宗纪一》）	
宋绍熙三年，夏乾祐二十三年，金明昌三年（1192）		正月乙巳，夏武节大夫赵好、宣德郎史从礼贺正旦。（《金史·交聘表下》） 八月丁卯，夏武节大夫闵敦信、宣德郎韩伯容贺天寿节。（同上） 九月甲戌，金遣郊社署令唐括合达为夏国生日使。（《金史》卷九《章宗纪一》）	

年　代	宋（南宋）	金	蒙古
宋绍熙四年，夏乾祐二十四年，金明昌四年（1193）		正月己巳，夏武节大夫吴喽遂良、宣德郎高崇德贺正旦。（《金史·交聘表下》） 五月丙寅，金遣尚厩局使石抹贞为横赐夏国使。（《金史》卷一〇《章宗纪二》） 八月辛酉，夏遣武节大夫庞静师德、宣德郎张崇师贺天寿节。同时遣御史中丞硾令思聪谢横赐。（《金史·交聘表下》） 九月戊辰，金遣使贺夏国生日。（《金史》卷一〇《章宗纪二》） 是月，夏仁宗李仁孝薨，子纯祐立，是为夏桓宗。 十一月壬申，夏遣御史大夫李元吉、翰林学士李国安如金报哀。（《金史·交聘表下》） 十二月甲午，夏殿前太尉咩铭友直、枢密直学士李昌辅如金奉遗进礼物。（同上）	

年　代	宋（南宋）	金	蒙古
宋绍熙四年，夏乾祐二十四年，金明昌四年（1193）		甲辰，金主遣使敕祭慰问夏国。（《金史》卷一〇《章宗纪二》）	
宋绍熙五年，夏天庆元年，金明昌五年（1194）	七月，宋光宗有疾，皇太子即位，是为宁宗。（《宋史》卷三七《宁宗纪一》）	正月癸亥，夏使贺正旦。（《金史·交聘表下》） 辛巳，金遣中宪大夫、国子祭酒刘玑，尚书右司郎中乌古论庆裔等充夏国王李纯祐封册起复使，以左司都事李仲略为读册官，册纯祐为夏国王。（《金史·交聘表下》、《金史》卷九六《李仲略传》） 四月壬寅，夏大使御史中丞浪讹文广、副使枢密直学士刘俊才、押进知中兴府野遇克忠来报谢。（《金史·交聘表下》） 八月，夏武节大夫野遇思文、宣德郎张公辅贺天寿节。（同上） 闰十月，金遣引进使完颜衷为夏国生日使。（《金史》卷一〇《章宗纪二》）	

年　代	宋（南宋）	金	蒙古
宋庆元元年，夏天庆二年，金明昌六年（1195）		正月丁亥，夏武节大夫王彦才、宣德郎高大节贺正旦。（《金史·交聘表下》） 三月丙申，夏御史大夫李彦崇、知中兴府事郝庭俊谢赐生日。（同上） 八月己卯，夏武节大夫宋克忠、宣德郎吴子正贺天寿节。（同上） 九月辛卯，金遣尚书左司郎中粘割胡上为夏国生日使。（《金史》卷一〇《章宗纪二》）	
宋庆元二年，夏天庆三年，金承安元年（1196）		正月辛巳，夏武节大夫员元亨、宣德郎元叔等贺正旦。（《金史·交聘表下》） 五月壬辰，金遣尚药局副使粘割忠为横赐夏国使。（《金史》卷一〇《章宗纪二》） 八月甲戌，夏武节大夫同崇义、宣德郎吕昌邦	

年　代	宋（南宋）	金	蒙古
宋庆元二年，夏天庆三年，金承安元年（1196）		贺天寿节。(《金史·交聘表下》) 九月乙巳，金遣国子监丞乌古论达吉不为夏国生日使。(《金史》卷一〇《章宗纪二》)	
宋庆元三年，夏天庆四年，金承安二年（1197）		正月乙亥，夏武节大夫嵬名世安、宣德郎李师广贺正旦。(《金史·交聘表下》) 八月戊戌，夏武节大夫啰啰守忠，宣德郎王彦国贺天寿节。同时遣知中兴府事李德冲、枢密直学士刘思问等如金请复榷场。(同上) 九月乙巳，夏使朝辞，金主诏答许复保安、兰州榷场。(《金史》卷一〇《章宗纪二》) 十二月丁酉，夏殿前太尉李嗣卿、知中兴府事高德崇如金谢复榷场。(《金史·交聘表下》)	

年　代	宋（南宋）	金	蒙古
宋庆元四年，夏天庆五年，金承安三年（1198）		正月己亥，夏武功大夫隗敏修、宣德郎钟伯达贺正旦。(《金史·交聘表下》) 五月戊申，金遣客省使移剌郁为夏国生日使。(《金史》卷一一《章宗纪三》) 八月甲午，夏使贺天寿节。(《金史·交聘表下》)	
宋庆元五年，夏天庆六年，金承安四年（1199）		正月癸巳，夏武节大夫李庆源，宣德郎邓昌祖等贺正旦。(《金史·交聘表下》) 五月壬寅，金遣兵部郎中完颜撒里合为夏国生日使。(《金史》卷一一《章宗纪三》) 庚申，金遣宿直将军徒单仲华为横赐夏国使。(同上) 八月己丑，夏武节大夫纽尚德昌、宣德郎李公达贺天寿节。殿前太尉殛令思聪、枢密直学士杨德先谢横赐。(《金史·交聘表下》)	

年　代	宋（南宋）	金	蒙古
宋庆元六年，夏天庆七年，金承安五年（1200）		正月戊子，夏武节大夫连都敦信、宣德郎丁师周贺正旦。夏主附奏为母疾求医，金主诏遣太医时德元、王利贞往夏诊治，仍以御剂药赐之。（《金史·交聘表下》） 八月壬子，夏武节大夫连都敦信，宣德郎丁师周贺天寿节。又遣南院宣徽使刘忠亮、知中兴府高永昌如金谢恩。（同上） 十月丁未，金遣宿直将军完颜观音奴为夏国生日使。（《金史》卷一一《章宗纪三》）	
宋嘉泰元年，夏天庆八年，金泰和元年（1201）		正月壬子，夏武节大夫卧德忠、宣德郎刘筠国贺正旦。（《金史·交聘表下》） 三月乙丑，夏左金吾卫上将军野遇思文、知中兴府田文徽等来谢恩。（同上）	

年　代	宋（南宋）	金	蒙古
宋嘉泰元年，夏天庆八年，金泰和元年（1201）		八月戊寅，夏武节大夫柔思义、宣德郎焦思元等贺天寿节。(同上) 十月甲辰，金遣刑部员外郎完颜纲为夏国生日使。(《金史》卷一一《章宗纪三》) 十一月，金人浚濠入界，夏国诘之，不报。(《西夏书事》卷三九)	
宋嘉泰二年，夏天庆九年，金泰和二年（1202）		正月丁未，夏武节大夫白克忠等贺正旦。(《金史·交聘表下》) 八月庚子，夏武节大夫天籍辣忠毅、宣德郎王安道等贺天寿节。又遣殿前太尉李建德、知中兴府事杨绍直等谢横赐。(同上) 十月，金遣宿直将军纥石烈毅为夏国生日使，瀛王府司马独吉温为横赐夏国使。(《金史》卷一一《章宗纪三》)	

年　代	宋（南宋）	金	蒙古
宋嘉泰三年，夏天庆十年，金泰和三年（1203）		正月辛未，夏武节大夫崔元佐，宣德郎刘彦辅等贺正旦。（《金史·交聘表下》） 八月甲子，夏使贺天寿节。（同上） 十月壬戌，金遣蓟州刺史完颜太平为夏国生日使。（《金史》卷一一《章宗纪三》）	
宋嘉泰四年，夏天庆十一年，金泰和四年（1204）		正月乙丑，夏武节大夫梅讹宇文、宣德郎韩师正等贺正旦。（《金史·交聘表下》） 八月癸丑，夏武节大夫李德广、宣德郎韩承庆等贺天寿节。（同上） 十月甲寅，金遣提点尚衣局完颜燮为夏国生日使。（《金史》卷一二《章宗纪四》）	
宋开禧元年，夏天庆十二年，金泰和五年（1205）		正月己未，夏武功大夫遇惟德、宣德郎高大伦等贺正旦。（《金史·交聘表下》）	

续表

年　代	宋（南宋）	金	蒙古
宋开禧元年，夏天庆十二年，金泰和五年（1205）		闰八月辛巳，夏遣武节大夫赵公良、宣德郎米元懿等贺天寿节。又遣殿前太尉莜来思聪、知中兴府通判刘俊德等谢横赐。（同上）	
宋开禧二年，夏应天元年，金泰和六年，蒙古太祖元年（1206）		正月癸未，夏武节大夫纽尚德，宣德郎郑勖等贺正旦。（《金史·交聘表下》） 乙丑，夏国李安全废其主纯祐自立，以纯祐母罗氏名义，遣使金朝求封册。（同上） 七月，金主诏宣问罗氏所以废立之故，安全复以罗氏来表。（同上） 九月辛丑，金遣朝议大夫、尚书左司郎中温迪罕思敬、朝请大夫太常少卿黄震为夏国王李安全封册使。（同上） 十二月乙丑，夏御史大夫谋宁光祖、翰林学士张公甫等谢封册，押进使知中兴府梁德枢等入见。（同上）	

年　代	宋（南宋）	金	蒙古
宋开禧三年，夏应天二年，金泰和七年，蒙古太祖二年（1207）		正月丁丑，夏武节大夫隈敏修、宣德郎邓昌福等贺正旦。（《金史·交聘表下》） 七月，金主诏赎放还夏国人口，敢有藏匿者以违制论。（《金史》卷一二《章宗纪四》） 八月甲辰，夏武节大夫啰嗦思忠、宣德郎安礼等贺天寿节。（《金史·交聘表下》） 十二月，金遣符宝郎乌古论福龄为夏国生日使。（《金史》卷一二《章宗纪四》）	
宋嘉定元年，夏应天三年，金泰和八年，蒙古太祖三年（1208）		正月辛未，夏武节大夫浑光中、宣德郎梁德懿等贺正旦。（《金史·交聘表下》） 三月甲申，夏枢密使李元吉、观文殿大学士罗世昌等如金奏告。（同上） 五月辛亥，夏殿前太尉习勒遵义、枢密都承旨苏寅孙如金谢赐生日。（同上）	

年　代	宋（南宋）	金	蒙古
宋嘉定元年，夏应天三年，金泰和八年，蒙古太祖三年（1208）		十月己卯，夏武节大夫李世昌、宣德郎米元杰等贺天寿节，御史大夫权鼎雄、枢密直学士李文政等谢横赐，参知政事浪讹德光、光禄大夫田文徽等如金奏告。(同上) 十一月，金主崩，卫绍王嗣位。(《金史》卷一三《卫绍王纪》)	
宋嘉定二年，夏应天四年，金大安元年，蒙古太祖四年（1209）		十月，蒙古兵围中兴府，夏国遣使乞援于金，金人不应。(《西夏书事》卷四〇)	蒙古兵围中兴，遣太傅讹答入中兴，招谕夏王，夏主纳女请和。(《元史》卷一《太祖纪》)
宋嘉定三年，夏皇建元年，金大安二年，蒙古太祖五年（1210）			

年　代	宋（南宋）	金	蒙古
宋嘉定四年，夏光定元年，金大安三年，蒙古太祖六年（1211）		正月乙酉，夏使贺正旦。(《金史·交聘表下》) 七月，夏国主安全废，李遵顼嗣位，是为夏神宗。(《金史》卷一三四《西夏传》)	
宋嘉定五年，夏光定二年，金崇庆元年，蒙古太祖七年（1212）		正月，夏使贺正旦。(《金史·交聘表下》) 三月，金遣使册李遵顼为夏国王。(同上) 十二月，夏国王李遵顼遣使谢封册。(同上)	
宋嘉定六年，夏光定三年，金至宁元年（贞祐元年），蒙古太祖八年（1213）			

续表

年　代	宋（南宋）	金	蒙古
宋嘉定七年，夏光定四年，金贞祐二年，蒙古太祖九年（1214）	七月，西夏左枢密使万庆义勇遣二僧赍蜡书入宋，议夹攻金人，不报。（《宋史》卷四八六《夏国传下》）	八月，夏国致书金国，大概言金边吏侵略，乞禁戢。不答。未几，夏人攻庆、原、延安、积石等州，乃诏有司移文责问。（《金史》卷一三四《西夏传》） 十一月，金诏有司答夏国牒。（《金史》卷一四《宣宗纪上》）	
宋嘉定八年，夏光定五年，金贞祐三年，蒙古太祖十年（1215）			
宋嘉定九年，夏光定六年，金贞祐四年，蒙古太祖十一年（1216）		六月，金鄜延路奏，夏人牒报用彼光定年号。诏封还其牒。（《金史》卷一三四《西夏传》）	

年　代	宋（南宋）	金	蒙古
宋嘉定十年，夏光定七年，金兴定元年，蒙古太祖十二年（1217）		五月，金宣宗欲与夏国议和。夏神宗李遵顼闻之，戒谕将士无犯西鄙。（《金史》卷一三四《西夏传》）	
宋嘉定十一年，夏光定八年，金兴定二年，蒙古太祖十三年（1218）		三月，夏人移文保安、绥德、葭州，乞复互市，以寻旧盟，不许。（《金史》卷一三四《西夏传》）	
宋嘉定十二年，夏光定九年，金兴定三年，蒙古太祖十四年（1219）	三月，西夏枢密使、都招讨甯子甯与四川制置司议伐金，宋利州路回书答之。（《宋史》卷四八六《夏国传下》）	二月，西夏统军司移文边境，欲与金人讲和。（《金史》卷一五《宣宗纪中》）　十二月，金主诏有司移文夏国。（《金史》卷一三四《西夏传》）	

续表

年　代	宋（南宋）	金	蒙古
宋嘉定十二年，夏光定九年，金兴定三年，蒙古太祖十四年（1219）	六月，宋利州路复以书约夏国夹攻金人。（《宋史》卷四〇《宁宗纪四》） 十二月，甯子宁遣使复申前说，且责以宋人失期。四川宣抚抚使安丙应之。（《宋史》卷四八六《夏国传下》）		
宋嘉定十三年，夏光定十年，金兴定四年，蒙古太祖十五年（1220）	正月，夏人复以书来四川，议夹攻金人。（《宋史》卷四〇《宁宗纪四》） 八月，壬申四川宣抚使安丙遗书夏人，定议夹攻金人。癸未，四川宣抚司命利州统制王仕信引兵赴熙、巩州会夏人。（同上） 九月辛卯，夏人引兵围巩州，并至宋趣师。（同上）		

年　代	宋（南宋）	金	蒙古
宋嘉定十三年，夏光定十年，金兴定四年，蒙古太祖十五年（1220）	乙巳，程信、王仕信引兵与夏人会于巩州城下。既而攻巩州不克，宋夏各引兵退。（同上） 十月丁巳，宋利州副都统约夏人共攻秦州，夏人不从。（同上）	二月，金以夏人公移语不逊，诏词臣草牒折之。（《金史》卷一三四《西夏传》）	
宋嘉定十四年，夏光定十一年，金兴定五年，蒙古太祖十六年（1221）	十月丙寅，夏人复以书来四川趣会兵。（《宋史》卷四〇《宁宗纪四》）		十月，西夏遣兵从蒙古太师木华黎攻金葭州、绥德。（《西夏纪》卷二七）
宋嘉定十五年，夏光定十二年，金元光元年，蒙古太祖十七年（1222）	西夏遣百余骑入凤州，邀宋共攻金人，宋都统李冲正告曰：通问当遣使持书，夏人不言而返。（《宋史》卷四〇六《崔与之传》）		六月，蒙古来约伐金，许之。（《元史》卷一四九《石天应传》）

年　代	宋（南宋）	金	蒙古
宋嘉定十六年，夏乾定元年，金元光二年，蒙古太祖十八年（1223）		十二月，金主崩，太子即位，是为哀宗，夏神宗自称太上皇，传位于太子德旺，是为献宗。	
宋嘉定十七年，夏乾定二年，金正大元年，蒙古太祖十九年（1224）		十一月，西夏遣使如金修好。（《金史·交聘表下》）金朝自天会（1123—1137）议和，八十年间与夏人未尝有兵革之事，及贞祐（1213—1216）之初，小有侵略，以致构难，十年不解，一胜一负，精锐皆尽，而两国俱弊。（《金史》卷一三四《西夏传》）	十一月，西夏遣使蒙古请降。（《西夏书事》卷四二）
宋宝庆元年，夏乾定三年，金正大二年，蒙古太祖二十年（1225）		九月，夏金达成和议，夏称弟，各用本国年号。夏遣光禄大夫吏部尚书李仲谔、南院宣徽使罗世昌、中书省左司郎李绍膺如金报聘。（《金史·交聘表下》）	

年　代	宋（南宋）	金	蒙古
宋宝庆元年，夏乾定三年，金正大二年，蒙古太祖二十年（1225）		十月，金遣聂天骥、张天纲使夏讲和事。（同上） 十二月，金遣使夏国报成，国书称"兄大金皇帝致书于弟大夏皇帝阙下"。（同上） 西夏遣徽猷阁学士李弇如金议互市，往返不能决，金朝遣杨云翼往议，乃定。（《金史》卷一一〇《杨云翼传》）	三月，蒙古使至夏国责以质子，不遣。（《西夏书事》卷四二）
宋宝庆二年，夏乾定四年，夏宝义元年，金正大三年，蒙古太祖二十一年（1226）		正月丁巳，夏遣精鼎瓯匦使武绍德、副仪增御史中丞咩元礼等贺正旦。（《金史·交聘表下》） 七月，夏国主德旺薨，南平王李睍即位。 十月，夏使如金报哀。（《金史》卷一七《哀宗纪上》） 十一月甲戌，金国遣使西夏贺正旦。（《金史·交聘表下》）	

续表

年 代	宋（南宋）	金	蒙 古
宋宝庆二年，夏乾定四年，夏宝义元年，金正大三年，蒙古太祖二十一年（1226）		丙子，夏以兵事方殷，来报各停使。（同上） 是月，金使如夏吊祭。（同上）	
宋宝庆三年，夏宝义二年，金正大四年，蒙古太祖二十二年（1227）		夏遣精方瓯匦使王立之使金，未复命，夏国亡。（《金史·交聘表下》）	

（五）西夏大事年表

年 代	大事记
唐贞观八年（634）	党项拓跋部大首领拓跋赤辞归唐，唐在其地设三十二个羁縻州，授赤辞为西戎州都督，赐皇姓李

年代	大事记
唐天宝十五年（756）	拓跋守寂助唐平定"安史之乱"有功，授容州刺史，领天柱军使
唐中和元年（881）	党项大首领拓跋思恭因镇压黄巢起义有功，授夏绥银节度使，赐军号定难，故名定难军节度使
唐中和二年（882）	拓跋思恭晋爵夏国公，复赐皇姓李
唐乾宁二年（895）	定难军节度使拓跋思恭卒，弟李思谏袭位。自此拓跋李氏世袭定难军节度使
后梁开平二年（908）	定难军节度使李思谏卒，拓跋思恭孙李彝昌为留后
后梁开平三年（909）	定难军节度留后李彝昌被部将高宗益杀害，众将诛高宗益，推彝昌族父李仁福袭位，后梁授其为检校司空、定难军节度使
后梁乾化三年（913）	后梁封李仁福为陇西郡王，按此为夏州拓跋李氏封王之始
后唐同光二年（924）	后唐晋封李仁福朔方王
后唐长兴四年（933）	李仁福卒，子李彝超袭位。后唐采取调虎离山，下令驻守夏州的定难节度使李彝超与驻守延州的鄜延节度使安从进对调，遭到李彝超的拒绝。后唐明宗乃发兵夏州，不克而还。自此夏州拓跋部傲视中原
后唐清泰二年（935）	定难军节度使李彝超卒，兄李彝殷袭位
后晋天福八年（943）	绥州刺史李彝敏助夏州衙内指挥使拓跋崇斌作乱，事败投延州，遭延州守将拒绝，送还后被处斩

续表

年代	大事记
后汉乾祐二年（949）	后汉以静州隶定难军。从此，定难军统辖银、夏、绥、宥、静五州之地
后周广顺元年（951）	后周封李彝殷陇西郡王。刘崇称帝建立北汉，彝殷遣使归附北汉
后周显德元年（954）	后周封定难军节度使李彝殷为西平王
宋建隆元年（960）	赵匡胤代周建宋，定难军节度使李彝殷立即遣使投附，并改名彝兴，以避宋太祖赵匡胤名讳
宋建隆四年（963）	银州防御使李光俨子李继迁出生
宋乾德五年（967）	定难军节度使李彝兴卒，宋朝追封夏王，授其子李光睿为定难军节度使。后改名克睿，以避宋太宗赵光义名讳
宋开宝七年（974）	定难军节度使李光睿以李继迁为管内都知蕃落使
宋太平兴国三年（978）	定难军节度使李克睿卒，子李继筠袭位
宋太平兴国四年、辽保宁十一年（979）	宋太宗亲征北汉，李继筠出兵助阵
宋太平兴国五年（980）	定难军留后李继筠卒，弟李继捧袭位
宋太平兴国六年（981）	夏州拓跋李氏内讧，银州刺史李克远与其弟李克顺率部攻夏州，不克
宋太平兴国七年、辽乾亨四年（982）	李继捧入朝，献银、夏、绥、宥、静五州，其弟定难军都知蕃落使李继迁率部奔夏州东北三百里的地斤泽，起兵抗宋

年代	大事记
宋太平兴国八年、辽统和元年（983）	李继迁与宋将袁继忠、田钦祚战于三岔口，败之
宋雍熙元年、辽统和二年（984）	宋将尹宪、曹光实夜发兵掩袭地斤泽，斩首五百级，焚四百余帐，获李继迁母、妻及羊马器械万计，继迁仅以身免
宋雍熙二年、辽统和三年（985）	李继迁诱杀宋将曹光实，占据银州
宋雍熙三年、辽统和四年（986）	二月，李继迁投附辽朝。辽授李继迁定难军节度使、夏绥银宥静等州观察使、特进检校太师、都督夏州诸军事。十二月，辽以宗女封义成公主，许嫁李继迁
宋雍熙五年、辽统和六年（988）	宋授李继迁银州刺史，继迁不接受。复以李继捧为定难军节度使，赐姓名赵保忠，使讨李继迁
宋端拱二年、辽统和七年（989）	李继迁在橐驼路劫掠西蕃贡使。辽以义成公主嫁李继迁，赐马三千匹
宋淳化元年、辽统和八年（990）	李继迁向辽朝进贡驼、马、沙狐皮等物，辽封继迁夏国王
宋淳化二年、辽统和九年（991）	七月，李继迁闻翟守素将兵援夏州，恐不敌，诈降之。宋朝授李继迁银州观察使，赐姓名赵保吉。其子赵德明授管内蕃落使。旋又附辽。八月，赵保忠破李继迁于王庭镇，李继迁出逃地斤泽

年代	大事记
宋淳化三年、辽统和十年（992）	辽圣宗疑李继迁怀有二心，命耶律德威率兵持诏诘之。继迁托西征不出。德威至灵州俘掠而还
宋淳化四年、辽统和十一年（993）	宋朝采取盐禁以困夏人政策，行之数月，犯者益众。戎人乏食，相率寇边，屠小康堡，内属万余帐亦叛
宋淳化五年、辽统和十二年（994）	正月，李继迁徙绥州民于平夏，宋将高文岯等击走之，遂弃绥州。七月，李继迁遣牙校以良马来献，犹称所赐姓名，答诏因称之。八月，李继迁遣其将佐赵光祚、张浦诣绥州见黄门押班张崇贵，求纳款。崇贵会浦等于石堡寨，椎牛酾酒犒谕，仍给锦袍、银带。又遣弟廷信献马、橐驼，奉表谢罪，太宗抚慰甚厚。十一月，宋太宗遣张崇贵持诏谕李继迁，赐以器币、茶药、衣物等
宋至道元年、辽统和十三年（995）	李继迁遣张浦入宋贡奉，宋留张浦不遣
宋至道二年、辽统和十四年（996）	正月，李继迁于浦洛河截获宋军粮饷，进围灵州。宋太宗大怒，亲自部署诸将，李继隆出环州，丁罕出庆州，范廷召出延州，王超出夏州，张守恩出麟州，五路伐夏
宋至道三年、辽统和十五年（997）	辽朝封李继迁为西平王。宋真宗授李继迁夏州刺史、定难军节度使，银夏绥宥静五州又回到了夏州拓跋李氏的手中。宋遣返李继迁谋士张浦

年代	大事记
宋咸平三年、辽统和十八年（1000）	九月，李继迁截击宋朝灵州粮运，袭杀转运使陈纬
宋咸平四年、辽统和十九年（1001）	九月，李继迁攻破定州、怀远县、保静、永州、清远军等城
宋咸平五年、辽统和二十年（1002）	李继迁大集蕃部，陷灵州，改灵州为西平府。并于赤沙川、橐驼口设置贸易市场
宋咸平六年、辽统和二十一年（1003）	正月，李继迁迁都灵州西平府。五月，德明子元昊出生。十一月，李继迁出兵西蕃，攻陷西凉府，知凉州丁惟清战死。西凉吐蕃大首领潘罗支伪降李继迁，阴结吐蕃诸部发起突袭。李继迁中流矢，奔回灵州三十井
宋景德元年、辽统和二十二年（1004）	正月，李继迁因伤重而死，其子李德明袭位。六月，复攻西凉，取之。十二月，邠州部署言李继迁子阿移孔目官何宪来归，诏令乘传赴阙
宋景德二年、辽统和二十三年（1005）	李德明袭位后，按照李继迁遗嘱与宋朝议和。宋朝向德明提出，纳灵州疆土、遣子弟入宿卫、送还掠去官吏、解散蕃汉军队、沿边有纷争禀朝廷裁决等，凡七事，则授其定难军节度使、赐金帛钱茶六万贯匹两斤、给内地节度使俸、允许贸易往来、放青盐之禁，凡五事。辽朝封李德明为西平王

续表

年代	大事记
宋景德三年、辽统和二十四年（1006）	宋与李德明达成和约，德明向宋朝进誓表，宋授德明定难军节度使，封西平王。岁赐德明绢万匹、钱三万贯、茶二万斤、银万两
宋景德四年、辽统和二十五年（1007）	宋夏于保安军置榷场，宋以缯帛、罗绮易驼马、牛羊、玉、毡毯、甘草，以香药、瓷漆器、姜桂等物易蜜蜡、麝脐、毛褐、羱羚角、硇砂、柴胡、苁蓉、红花、翎毛。非官市者，"听与民交易"。按此为两国官府间大规模贸易之始
宋大中祥符元年、辽统和二十六年（1008）	正月，李德明令张浦率数千骑攻回鹘。三月，李德明又遣万子等四军主领族兵攻西凉府，既至，见六谷蕃部强盛，惧而趋回鹘。回鹘设伏要路，示弱不与斗，俟其过，奋起击之，剿戮殆尽
宋大中祥符二年、辽统和二十七年（1009）	六月，环庆路捕获蕃部谍者卢蒐，法当处死。诏械送夏州，令德明裁遣
宋大中祥符三年、辽统和二十八年（1010）	西夏大旱，境内荒歉，李德明出兵攻宗哥族及缘边熟户。八月，李德明所部万子太保于天都山劫吐蕃贡使。辽朝封李德明为夏国王
宋大中祥符四年、辽统和二十九年（1011）	八月，李德明屡掠甘州贡使。九月，李德明遣兵攻西凉乞当族，其首领厮铎督会诸族御之，大败其众
宋大中祥符五年、辽开泰元年（1012）	宋朝禁止使人打造兵器携回夏州

续表

年代	大事记
宋大中祥符九年、辽开泰五年（1016）	凉州守将苏守信死。十一月，甘州回鹘攻破凉州
宋天禧二年、辽开泰七年（1018）	李德明掠夺甘州回鹘供奉宋朝使人。吐蕃请求假道西夏供奉辽朝，德明不许
宋天禧四年、辽开泰九年（1020）	辽主率兵攻凉甸，李德明帅众逆拒，败之。李德明升河外怀远镇为兴州，都而居之
宋天禧五年、辽太平元年（1021）	辽与西夏和好如旧，封李德明为大夏国王
宋乾兴元年、辽太平二年（1022）	李德明上表，请求宋朝令大食进贡使取道西夏，宋不许
宋天圣四年、辽太平六年（1026）	李德明请求于并、代二州置和市场，宋仁宗许之
宋天圣六年、辽太平八年（1028）	李德明遣子元昊攻甘州，拔之。乃立元昊为太子，立卫慕氏为王后
宋天圣八年、辽太平十年（1030）	回鹘瓜州王以千骑降夏，自此西夏占据河西全境。十二月，李德明献马于宋，请赐《大藏经》
宋天圣九年、辽景福元年（1031）	十二月，辽兴平公主与元昊成婚，并封元昊为夏国公
宋明道元年、辽重熙元年（1032）	五月，宋封李德明夏王。九月，元昊攻取凉州。十月，李德明卒，子李元昊袭位。十一月，宋授元昊为定难军节度使，封西平王。十二月，辽封元昊为夏国王

年代	大事记
宋明道二年、辽重熙二年（1033）	李元昊下秃发令，升兴州为兴庆府，遂立官制。十二月，辽朝禁止西夏使人沿途私市金铁
夏开运元年、宋景祐元年、辽重熙三年（1034）	西夏于宋境筑白豹城及后桥堡。李元昊借口谋反，鸩杀母卫慕氏，沉河溺杀舅卫慕山喜及家人。献马宋朝，求取佛经一藏
夏广运元年、宋景祐二年、辽重熙四年（1035）	李元昊率众攻牦牛城，一月不下，既而诈约和，城开，乃大纵杀戮。旋即又攻下青唐、安二、宗哥、带星岭诸城
夏大庆元年、宋景祐三年、辽重熙五年（1036）	李元昊设官制、更军制，设十二监军司。举兵攻回鹘，陷瓜、沙、肃三州，随后举兵攻兰州诸羌，南侵至马衔山，筑城凡川，以绝吐蕃与宋交通
夏大庆二年、宋景祐四年、辽重熙六年（1037）	宋朝落第文人张元、吴昊投西夏。李元昊改革礼乐制度，创制文字，设置学校，翻译汉籍
夏天授礼法延祚元年、宋宝元元年、辽重熙七年（1038）	正月，李元昊遣人赴五台山供佛。四月。辽以兴平公主薨，遣使诘之。九月，元昊于贺兰山悉会诸族酋豪，歃血为盟，约发兵鄜延。元昊从父山遇劝谏无果，遂携家眷投宋，至延州被执，送还元昊，杀之
夏天授礼法延祚元年、宋宝元元年、辽重熙七年（1038）	十月，李元昊称帝建国，筑坛受册，国号大夏。自号大夏始文英武兴法建礼仁孝皇帝，是为景宗，改元天授礼法延祚。上表宋朝，请求"许以西郊之地，册为南面之君"。十二月，宋朝关闭互市，削夺元昊官爵、姓名，悬赏捕杀

年代	大事记
夏天授礼法延祚二年、宋宝元二年、辽重熙八年（1039）	景宗元昊行离间计，将书信及锦袍、银带，投郦延境上，被宋人识破。元昊又使人赍嫚书至边，指责宋朝先违誓约，又别降制命，诱导边情，潜谋害主
夏天授礼法延祚三年、宋康定元年、辽重熙九年（1040）	正月，景宗元昊遣供备库使毛迎啜己等至境上，欲议通和，麻痹宋人。接着聚集重兵，自土门路入，破金明寨，诱杀宋朝属户首领李士彬，遂乘胜抵延州城下。刘平、石元孙等率部驰援，行至三川口，遭元昊埋伏，全军覆没
夏天授礼法延祚四年、宋庆历元年、辽重熙十年（1041）	正月，景宗元昊遣高延德与范仲淹约和，范仲淹手书《答赵元昊书》。元昊又命亲信野利旺荣回信范仲淹，范仲淹当着夏使的面焚其书，而潜录副本以闻，书凡二十六纸，其不可以闻者二十纸，仲淹悉焚之，余又略加删改。书既达，大臣皆谓仲淹不当辄与元昊通书，又不当辄焚其报 二月，景宗元昊直趋渭州，韩琦命任福出击。任福轻敌冒进，在好水川陷入元昊埋伏，全军覆没
夏天授礼法延祚五年、宋庆历二年、辽重熙十一年（1042）	宋将种世衡以蜡书离间景宗元昊与野利旺荣。闰九月，元昊发兵南下，于镇戎军定川寨大败宋军，主帅葛怀敏战死。元昊乘胜进抵渭州，焚荡庐舍，屠掠居民而去

年代	大事记
夏天授礼法延祚六年、宋庆历三年、辽重熙十二年（1043）	正月，贺从勖携景宗元昊书至保安军议和。元昊自称"男邦泥定国兀卒曩霄上书父大宋皇帝"，宋朝认为元昊书名体不正，不予接收。四月，宋朝遣邵良佐与夏使贺从勖至夏州，提出议和条件：朝廷册元昊夏国主，赐诏不名，许自置官属。其燕使人，坐朵殿之上，或遣使往彼，一如接见契丹使人礼。置榷场于保安军，岁赐绢十万匹、茶三万斤，生日与十月一日赐之。许进奉乾元节及贺正旦。七月，元昊复遣使人与邵良佐俱来，所要请凡十一事。其欲称男而不为臣，犹执前议也 八月，契丹呆尔族不顺命，元昊发兵协助辽军讨伐。十月，辽朝以夏人侵党项，遣延昌宫使高家奴责之
夏天授礼法延祚七年、宋庆历四年、辽重熙十三年（1044）	辽夹山部落呆儿族八百户叛归元昊，辽兴宗责还，景宗元昊不遣。兴宗乃兵分三路，入夏境四百里。西夏佯败诱敌，大败辽军。元昊战胜后遣使请和，愿归俘获 十二月，宋册景宗元昊为夏国主，更名曩霄。以张子奭为使，约称臣，奉正朔，改所赐敕书为诏而不名，许自置官属。使至京，就驿贸卖，宴坐朵殿。朝廷遣使至其国，相见以宾客礼。岁赐银绢茶二十五点五万置榷场于保安军及镇戎军高平寨，第不通青盐
夏天授礼法延祚八年、宋庆历五年、辽重熙十四年（1045）	西夏遣使人贺宋正旦与生辰，自是为常。宋向夏国颁历日

年代	大事记
夏天授礼法延祚九年、宋庆历六年、辽重熙十五年（1046）	景宗元昊诛杀大臣野利旺荣、野利遇乞。辽兴宗遣萧蒲奴征夏国，蒲奴以兵二千据河桥，聚之巨舰数十艘，战不利
夏天授礼法延祚十年、宋庆历七年、辽重熙十六年（1047）	景宗元昊与没藏氏生子谅祚，封谅祚母舅没藏讹庞为国相
夏天授礼法延祚十一年、宋庆历八年、辽重熙十七年（1048）	太子宁令哥弑杀景宗元昊，没藏讹庞诛杀太子，立元昊幼子谅祚，是为夏毅宗。尊谅祚母没藏氏为太后，没藏讹庞以国舅身份专政。宋朝册谅祚为夏国主
夏延嗣宁国元年、宋皇祐元年、辽重熙十八年（1049）	辽兴宗再次亲征西夏，耶律敌鲁古率阻卜诸军至贺兰山，获景宗元昊妻及其官僚家属
夏天祐垂圣元年、宋皇祐二年、辽重熙十九年（1050）	六月，辽军破摊粮城，释放被西夏囚禁的宋朝使臣王沿，送还宋朝。十月，夏毅宗李谅祚母遣使辽朝，乞依旧称臣。十二月，夏毅宗谅祚上表如母训
夏福圣承道元年、宋皇祐五年、辽重熙二十二年（1053）	辽夏讲和，西夏进誓表
夏福圣承道二年、宋至和元年、辽重熙二十三年（1054）	太后没藏氏遣使辽朝，为子谅祚求婚，不许

续表

年代	大事记
夏福圣承道三年、宋至和二年、辽清宁元年（1055）	专权外戚没藏讹庞侵耕宋朝麟州屈野河西地。四月，夏遣使入贡，宋赐大藏经，十月，没藏太后筑承天寺
夏福圣承道四年、宋至嘉祐元年、辽清宁二年（1056）	宋禁河东路银星和市。十月，没藏太后遇刺身亡。讹庞立女小没藏氏为后，没藏家族一门二后
夏奲都元年、宋嘉祐二年、辽清宁三年（1057）	没藏讹庞肆无忌惮地侵耕屈野河西地，为此宋禁陕西、河东互市交换
夏奲都二年、宋嘉祐三年、辽清宁四年（1058）	宋朝允许西夏请购大藏经。辽朝公主嫁唃厮啰子董毡。夏毅宗谅祚发兵青唐唃厮啰，大败而还
夏奲都五年、宋嘉祐六年、辽清宁七年（1061）	四月，夏毅宗谅祚诛杀没藏讹庞父子，始亲政。立梁氏为后，以梁氏弟梁乙埋为家相。十月，夏毅宗谅祚废止蕃礼，改用汉礼
夏奲都六年、宋嘉祐七年、辽清宁八年（1062）	夏毅宗谅祚上表宋朝，请赐九经、唐史、大藏经等。又完善官制，更改军名。举兵击董毡，筑堡于古渭州之侧而还
夏拱化元年、宋嘉祐八年、辽清宁九年（1063）	宋赐西夏《九经正义》《孟子》及医书。吐蕃首领禹藏花麻以西市城及兰州一带土地投夏，毅宗谅祚以族女嫁禹藏花麻，封为驸马
夏拱化三年、宋治平二年、辽咸雍元年（1065）	夏毅宗谅祚任用汉人谋士景询，参与军国政事。西夏出万余骑随邈奔、溪心往取陇、珠、阿诺三城，不克，但取邈川归丁家五百余帐而还

年代	大事记
夏拱化四年、宋治平三年、辽咸雍二年（1066）	宋朝遣使诘毅宗谅祚祚寇掠边郡，谅祚上表归罪于其边吏。宋复诏诘之，令专遣使别贡誓表，具言沿边酋长，各守封疆，不得点集人马，辄相侵犯；其鄜延、环庆、泾原、秦凤等路一带，久系汉界熟户并顺汉西蕃，不得更行劫掳及逼胁归投；所有汉界不逞叛亡之人，亦不得更有招纳，苟逾此约，是为绝好，余则遵依先降誓诏。朝廷恩礼，自当一切如旧。西夏升西市城为保泰军。吐蕃大首领董毡子木征以河州投西夏
夏拱化五年、宋治平四年、辽咸雍三年（1067）	夏毅宗谅祚遣使入宋供奉，夏宋和好，宋朝恢复和市。西夏绥州嵬名山部叛降种谔，毅宗谅祚发兵相夺。种谔使偏将燕达、刘甫为两翼，身为中军，击退夏军，追击二十里，俘馘甚众，遂城绥州。十二月，毅宗谅祚卒，子秉常继位，是为惠宗，太后梁氏摄政
夏乾道元年、宋熙宁元年、辽咸雍四年（1068）	梁太后以弟梁乙埋为国相。十月，辽册秉常为夏国王。宋恢复对西夏岁赐
夏乾道二年、宋熙宁二年、辽咸雍五年（1069）	二月，宋封秉常为夏国主。八月，梁太后恢复蕃礼。十月，宋城绥州，改名绥德城。是岁，夏境饥荒

年代	大事记
夏天赐礼盛国庆元年、宋熙宁三年、辽咸雍六年（1070）	五月，夏人号十万，筑闹讹堡，知庆州李复圭合蕃汉兵三千，遣偏将李信、刘甫等出战，大败。宋朝复出兵邛州堡，夜入栏浪和市，掠老幼数百，由此边怨大起。八月，夏人遂大举入环庆，攻大顺城、柔远寨、荔原堡、淮安镇、东谷西谷二寨、业乐镇，兵多者号二十万，少者不下一二万，屯榆林，距庆州四十里，游骑至城下，九日乃退
夏天赐礼盛国庆二年、宋熙宁四年、辽咸雍七年（1071）	夏帅都啰马尾聚兵啰兀城北面马户川，谋袭种谔所部。种谔谍知之，以轻兵三千潜出击破之，遂城啰兀，凡二十九日而毕。大小四战，斩首一千二百，降口一千四百
夏天赐礼盛国庆三年、宋熙宁五年、辽咸雍八年（1072）	梁太后笼络河湟吐蕃，以女嫁董毡子蔺逋比。夏宋议定绥德界至，各立封堠
夏天赐礼盛国庆四年、宋熙宁六年、辽咸雍九年（1073）	西夏使宋，进马赎《大藏经》，诏赐之而还其马
夏天赐礼盛国庆五年、宋熙宁七年、辽咸雍十年（1074）	西夏境内大旱
夏大安二年、宋熙宁九年、辽大康二年（1076）	夏惠宗秉常亲政。梁乙埋遣人耕种绥德城生地

续表

年代	大事记
夏大安六年、宋元丰三年、辽大康六年（1080）	夏惠宗秉常令国中悉去蕃仪，复行汉礼
夏大安七年、宋元丰四年、辽大康七年（1081）	梁太后囚秉常，国内纷乱。宋朝五路来伐，梁太后采取坚壁清野战略，宋军找不见西夏主力决战。诸路大军粮饷不给，不战而溃
夏大安八年、宋元丰五年、辽大康八年（1082）	宋于银、夏、宥三州交界处筑永乐城，扼守横山要害。西夏起兵号三十万，一举攻陷永乐城，大败宋军
夏大安九年、宋元丰六年、辽大康九年（1083）	西夏攻打兰州，破西关，杀宋朝管勾韦定，掳略运粮于阗人并橐驼。夏惠宗秉常复位，上表宋朝讲和，请求归还被攻占的疆土。十二月，西夏攻打吐蕃邈川城失利，吐蕃兵入境大掠
夏大安十一年、宋元丰八年、辽大安元年（1085）	西夏国相梁乙埋卒，子梁乞逋自立为相。随后宋神宗薨，子赵煦即位，是为哲宗，接着西夏梁太后卒。西夏银、夏诸州大旱，惠宗秉常令运甘、凉诸州粟接济
夏天安礼定元年、宋元祐元年、辽大安二年（1086）	夏惠宗秉常卒，子乾顺即位，是为夏崇宗
夏天仪治平元年、宋元祐二年、辽大安三年（1087）	宋册崇宗李乾顺为夏国主。五月，夏人数万众攻定西城，大败宋军，杀都监吴猛而去

年代	大事记
夏天仪治平二年、宋元祐三年、辽大安四年（1088）	辽册乾顺为夏国王
夏天仪治平三年、宋元祐四年、辽大安五年（1089）	二月，西夏遣使宋朝请和。十月，西夏归还一百四十九名宋俘，宋归还西夏米脂、浮图、安疆、葭芦四砦
夏天祐民安元年、宋元祐五年、辽大安六年（1090）	梁乙逋遣使青唐吐蕃，为其子请婚于阿里骨
夏天祐民安二年、宋元祐六年、辽大安七年（1091）	西夏大肆用兵沿边州城堡寨，焚荡庐舍，驱虏畜产。宋环庆路都监张存、第二将张诚、第三将折可适等统兵出界，斩获甚众。宋勒住岁赐，禁止和市。鞑靼来攻，入啰博监军司，大掠而去
夏天祐民安三年、宋元祐七年、辽大安八年（1092）	正月，梁乙逋以宋朝进筑不已，遣使辽朝乞援，辽人仅在沿边虚张声势。三月，梁乙逋集兵三万以窥环庆，折可适统兵八千余奇袭韦州，夏军大败
夏天祐民安五年、宋绍圣元年、辽大安十年（1094）	皇族嵬名阿吴联合仁多保忠等诛杀梁乙逋。夏崇宗乾顺重修凉州护国寺塔，立碑铭以记其事
夏天祐民安七年、宋绍圣三年、辽寿昌二年（1096）	九月，梁太后并国主乾顺率五十万大军入鄜延，二百里间相继不绝。太后亲督桴鼓，纵骑四掠

年代	大事记
夏天祐民安八年、宋绍圣四年、辽寿昌三年（1097）	宋朝进筑平夏城，至此沿边共进筑五十余所。辽朝应西夏请求，遣使入宋，请停止进筑并归还西夏疆土
夏永安元年、宋元符元年、辽寿昌四年（1098）	梁太后携崇宗乾顺，领兵号四十万攻平夏城。适逢大风，吹断攻城高车，夏军大败，梁太后悲愤交加，劙面而去。是岁，西夏御史中丞仁多楚清降宋，西寿统军嵬名阿埋和监军妹勒都逋被宋俘获
夏永安二年、宋元符二年、辽寿昌五年（1099）	正月，梁太后卒，崇宗乾顺亲政。三月，辽遣萧德崇使宋，请宋停止对西夏用兵。宋进占西夏南牟会，建为西安州，并筑天都、临羌等砦。十二月，宋夏讲和，西夏上誓表，宋许岁赐如旧
夏贞观元年、宋建中靖国元年、辽乾统元年（1101）	崇宗乾顺接受大臣建议，设立国学，招收生员三百，立养贤务供给
夏贞观二年、宋崇宁元年、辽乾统二年（1102）	崇宗乾顺以宗女妻河湟吐蕃赵怀德。西夏仿照宋朝在沿边大筑堡寨
夏贞观三年、宋崇宁二年、辽乾统三年（1103）	二月，建卧佛寺于甘州。崇宗乾顺封弟嵬名察哥为晋王，使掌兵权
夏贞观四年、宋崇宁三年、辽乾统四年（1104）	崇宗乾顺削夺卓啰右厢监军仁多保忠兵权。

年代	大事记
夏贞观五年、宋崇宁四年、辽乾统五年（1105）	辽以宗女为成安公主，嫁崇宗李乾顺。辽遣使宋朝，请归还所占夏地并停止对西夏用兵
夏贞观十年、宋大观四年、辽乾统十年（1110）	瓜、沙、肃三州大旱，崇宗乾顺命发灵、夏诸州粟赈济
夏贞观十二年、宋政和二年、辽天庆二年（1112）	御史大夫谋宁克任上书反对汉礼，主张整饬武备，重用蕃礼。崇宗乾顺不予采纳
夏雍宁元年、宋政和四年、辽天庆四年（1114）	西夏以环州定远城大首领李讹哆为内应，发兵围定远
夏雍宁二年、宋政和五年、辽天庆五年（1115）	宋朝伐夏，熙河经略刘法将步骑十五万出湟州，秦凤经略刘仲武将兵五万出会州，童贯以中军驻兰州，为两路声援。刘仲武至清水河，筑城屯守而还。刘法与夏人右厢军战于古骨龙，大败之，斩首三千级
夏雍宁三年、宋政和六年、辽天庆六年（1116）	刘法、刘仲武合熙、秦之师十万攻夏仁多泉城。城中请降，法受其降而屠之，获首三千级。种师道以十万众复攻臧底河城，克之。十一月，夏人大举攻泾原靖夏城。时久旱无雪，夏先使数万骑绕城，践尘漫天，遮挡视野。乃潜掘地道入城中，城遂陷，屠之而去

年代	大事记
夏元德元年、宋宣和元年、辽天庆九年（1119）	四月庚寅，童贯以鄜延、环庆兵大破夏人，平其三城，横山之地悉为宋有。六月，夏人入宋纳款谢罪
夏元德二年、宋宣和二年、辽天庆十年（1120）	封宗室李仁忠为濮王、李仁礼为舒王
夏元德四年、宋宣和四年、辽保大二年、金天辅六年（1122）	金破辽兵，辽天祚帝败走阴山，夏将李良辅领兵三万来救，次天德境野谷，被金兵大败
夏元德五年、宋宣和五年、辽保大三年、金天会元年（1123）	五月，辽天祚帝逃往云内，乾顺遣使请其至西夏避难。六月，辽天祚帝册崇宗乾顺为夏国皇帝
夏元德六年、宋宣和六年、金天会二年（1124）	西夏向金奉表称藩，金以下寨以北、阴山以南、乙室耶剌部吐禄泺西之地与之
夏元德七年、宋宣和七年、金天会三年（1125）	西夏致书金帅娄室，责金弃盟，军入其境，多掠取者。
夏元德八年、宋靖康元年、金天会四年（1126）	先是，夏人由金肃、河清渡河取天德、云内、武州、河东八馆之地，金帅粘罕复夺割给西夏的天德、云内、河东八馆、武州之地。西夏乘宋金战争，先后攻取宋西安州、怀德军等地，宋绍圣开边地尽失

年代	大事记
夏正德元年、宋建炎元年、金天会五年（1127）	金主命划陕西分界，夏复分陕西北鄙以偿天德、云内，抵河为界。五月，夏取威戎军。九月，金兀术遣保静军节度使杨天吉约攻宋，崇宗乾顺许之
夏正德二年、宋建炎二年、金天会六年（1128）	夏人谍知关陕无备，遂檄延安府，称大金割鄜延以隶夏国，须当理索，敢违拒者，发兵诛讨之。九月，夏人攻取定边军
夏正德三年、宋建炎三年、金天会七年（1129）	宋知枢密院事张浚使川陕，谋北伐，欲通夏国为援，奏请国书，诏从之。七月，浚西行，复以主客员外郎谢亮假太常卿、权宣抚处置司参议官，再使夏国
夏正德五年、宋绍兴元年、金天会九年（1131）	宋川陕宣抚使吴玠遣使约夏抗金，夏崇宗乾顺不应。宋以西夏为敌国，停颁历日
夏正德八年、宋绍兴四年、金天会十二年（1134）	夏崇宗乾顺请金通陕西互市，金人不许
夏大德二年、宋绍兴六年、金天会十四年（1136）	夏崇宗乾顺遣兵袭取乐州、西宁等地
夏大德三年、宋绍兴七年、金天会十五年（1137）	应西夏请求，金以河外积石、乐、廓三州赐之，至此，西夏疆域扩大到河湟流域

年代	大事记
夏大德五年、宋绍兴九年、金天眷二年（1139）	三月，夏人攻陷府州。五月，李世辅及其众三千人归宋，赐名显忠。六月，夏崇宗乾顺卒，子仁孝即位，是为夏仁宗
夏大庆元年、宋绍兴十年、金天眷三年（1140）	夏州统军萧合达据州城叛，围西平府，破盐州。任得敬平定叛乱，以功升翔庆军都统，封西平公。金册封仁孝为夏国王
夏大庆二年、宋绍兴十一年、金皇统元年（1141）	金夏开辟榷场互市
夏大庆三年、宋绍兴十二年、金皇统二年（1142）	十月，金使来归侵地
夏大庆四年、宋绍兴十三年、金皇统三年（1143）	三月，西夏发生强烈地震，都城兴庆府余震一月不止。夏州地裂，涌出黑沙，陷没居民数千。境内大饥，官府赈济。蕃部饥民起义，任得敬统兵镇压
夏大庆五年、宋绍兴十四年、金皇统四年（1144）	仁孝命州县各立学校，复立小学于禁中
夏人庆二年、宋绍兴十五年、金皇统五年（1145）	设立太学，仁宗仁孝亲临释奠

续表

年代	大事记
夏人庆三年、宋绍兴十六年、金皇统六年（1146）	尊孔子为文宣帝，令州县立庙祭祀。金将德威城、西安州、定边军等沿边地赐夏国，从其请也
夏人庆四年、宋绍兴十七年、金皇统七年（1147）	任得敬表请入朝，御史大夫恐其干政，力谏阻之。施行科举考试，立唱名法
夏人庆五年、宋绍兴十八年、金皇统八年（1148）	复建内学，仁宗亲选名儒主持。李元儒修撰乐书成，赐名《新律》
夏天盛元年、宋绍兴十九年、金天德元年（1149）	任得敬应召入京，授尚书令，次年任中书令
夏天盛三年、宋绍兴二十一年、金天德三年（1151）	夏仁宗以斡道冲为蕃汉教授。斡氏灵州人，世掌西夏国史
夏天盛六年、宋绍兴二十四年、金贞元二年（1154）	遣使赴金，购买儒释书籍
夏天盛八年、宋绍兴二十六年、金正隆元年（1156）	晋王崿名察哥卒，从此朝中无人能制衡任得敬，任得敬升任国相。金国在夏国边界设立烽候，以防侵轶
夏天盛九年、宋绍兴二十七年、金正隆二年（1157）	任得敬以弟任得聪为殿前太尉，任得恭为兴庆府尹

年代	大事记
夏天盛十年、宋绍兴二十八年、金正隆三年（1158）	置通济监以铸钱币
夏天盛十一年、宋绍兴二十九年、金正隆四年（1159）	吐蕃佛教大师都松钦巴派弟子藏琐布携经像至西夏，藏传佛教在西夏迅速传播
夏天盛十二年、宋绍兴三十年、金正隆五年（1160）	夏仁宗封国相任得敬为楚王。任得敬请废学校，仁宗不许。金谋伐宋，命西夏响应备战
夏天盛十三年、宋绍兴三十一年、金正隆六年（1161）	立翰林学士院。以任得敬弟任得仁为南院宣徽使、侄任纯忠为枢密副都承旨。金主完颜亮犯四川，宣抚使吴璘檄西夏，俾合兵讨之
夏天盛十四年、宋绍兴三十二年、金大定二年（1162）	金人攻宋，夏亦乘隙攻取荡羌、通峡、九羊、会川等城寨。十二月，归金侵地。金遣吏部郎中完颜达吉体究陕西利害。西夏移中书、枢密于内门外。追封西夏文创始人野利旺荣为广惠王
夏天盛十七年、宋乾道元年、金大定五年（1165）	任得敬役民夫大筑灵州城，准备另立为国
夏天盛十八年、宋乾道二年、金大定六年（1166）	西夏以吐蕃庄浪族吹折、密臧二门叛服无常，出兵剿灭

年代	大事记
夏天盛十九年、宋乾道三年、金大定七年（1167）	夏仁宗仁孝立罗氏为皇后。遣使金朝为国相任得敬求医
夏天盛二十一年、宋乾道五年、金大定九年（1169）	御史中丞热辣公济因弹劾任得敬罢官
夏乾祐元年、宋乾道六年、金大定十年（1170）	五月，夏仁宗被迫分西南路及灵州啰庞岭地给任得敬，另立楚国。并遣使赴金为任得敬求封，金世宗不许。八月，在金世宗的支持下，仁孝得以诛灭任得敬。宗室嵬名仁友以诛任得敬功封越王
夏乾祐二年、宋乾道七年、金大定十一年（1171）	以斡道冲为中书令，旋任国相
夏乾祐三年、宋乾道八年、金大定十二年（1172）	金罢保安、兰州榷场
夏乾祐七年、宋淳熙三年、金大定十六年（1176）	河西诸州大旱，蝗虫食稼殆尽
夏乾祐八年、宋淳熙四年、金大定十七年（1177）	金禁绥德榷场。夏仁宗仁孝向金世宗进献百头帐，以感谢世宗支持其平定权相任得敬分国活动

年代	大事记
夏乾祐十二年、宋淳熙八年、金大定二十一年（1181）	金夏复置绥德榷场
夏乾祐十四年、宋淳熙十年、金大定二十三年（1183）	八月，西夏国相斡道冲卒
夏乾祐十七年、宋淳熙十三年、金大定二十六年（1186）	宋都统制吴挺遣使来结好
夏乾祐二十年、宋淳熙十六年、金大定二十九年（1189）	金朝停止夏使馆舍贸易。夏仁宗延请法师作盛大法会，散施番汉佛经二十五万卷
夏乾祐二十一年、宋绍熙元年、金明昌元年（1190）	骨勒茂才编印《番汉合时掌中珠》
夏乾祐二十二年、宋绍熙二年、金明昌二年（1191）	金朝恢复夏金使馆贸易。西夏陷鄜、坊州
夏乾祐二十四年、宋绍熙四年、金明昌四年（1193）	夏仁宗仁孝卒，子纯祐继位，是为桓宗。次年金册纯祐夏国王
夏天庆三年、宋庆元二年、金承安元年（1196）	越王李仁友卒，降封其子安全镇夷郡王

年代	大事记
夏天庆四年、宋庆元三年、金承安二年（1197）	金夏开设兰州、保安榷场
夏天庆八年、宋嘉泰元年、金泰和元年（1201）	金浚界壕，侵入夏境，桓宗纯祐遣使诘之
夏天庆十年、宋嘉泰三年、金泰和三年（1203）	赐宗室李遵顼进士及第
夏天庆十二年、宋开禧元年、金泰和五年（1205）	成吉思汗征西夏，拔力吉里寨，经落思城，大掠人民及其橐驼而去。桓宗纯祐将兴庆府更名中兴府，大赦境内
夏应天元年、宋开禧二年、金泰和六年、成吉思汗元年（1206）	正月，镇夷郡王李安全废桓宗纯祐自立，是为襄宗。七月，西夏以纯祐母罗太后的名义上表金朝，为安全请封。九月，金册安全为夏国王
夏应天二年、宋开禧三年、金泰和七年、成吉思汗二年（1207）	秋，成吉思汗再征西夏，克斡罗孩城，旋以粮尽退兵
夏应天四年、宋嘉定二年、金大安元年、成吉思汗四年（1209）	三月，蒙古兵入河西，打败西夏世子李承祯，俘副帅高令公。四月，克兀剌海城，俘太傅西壁讹答。七月，破克夷门，俘嵬名令公。九月，进围中兴府，引河水灌城。襄宗李安全遣使金朝求援，金主不应，夏金关系破裂。蒙古放还太傅讹答招谕夏主，襄宗安全纳女请和

年代	大事记
夏光定元年、宋嘉定四年、金大安三年、成吉思汗六年（1211）	七月，齐王子大都督府主李遵顼废襄宗安全自立，是为神宗
夏光定二年、宋嘉定五年、金崇庆元年、成吉思汗七年（1212）	西夏附蒙攻金，同时遣使金朝，金册遵顼夏国王
夏光定三年、宋嘉定六年、金至宁元年贞祐元年、成吉思汗八年（1213）	六月，夏人犯保安州，杀刺史。犯庆阳府，杀同知府事。十一月，夏人掠镇戎，陷泾、邠，遂围平凉。十二月，夏人陷巩州，泾州节度使夹谷守中死之
夏光定四年、宋嘉定七年、金贞祐二年、成吉思汗九年（1214）	西夏左枢密使万庆义勇遣二僧赍蜡书入川，欲与宋朝共图金人，以复失地
夏光定六年、宋嘉定九年、金贞祐四年、成吉思汗十一年（1216）	九月，西夏连蒙古兵攻延安府及代州，遂破潼关
夏光定七年、宋嘉定十年、金兴定元年、成吉思汗十二年（1217）	十二月，成吉思汗再次来攻，进围中兴府。夏神宗李遵顼命太子德任留守，自己出走西凉府避难。既而西夏遣使请降，蒙古兵退

年代	大事记
夏光定八年、宋嘉定十一年、金兴定二年、成吉思汗十三年（1218）	西夏遣使金朝，请复互市，金不许。蒙古征兵西夏，不应
夏光定九年、宋嘉定十二年、金兴定三年、成吉思汗十四年（1219）	金议迁都长安，神宗遵顼畏其逼近夏国，遣使四川，欲联宋攻金。宋利州安抚使回书，答应联合伐金。然夏宋各有所图，步调不一
夏光定十年、宋嘉定十三年、金兴定四年、成吉思汗十五年（1220）	正月，夏使至四川，再次约宋攻金。八月，夏宋议定攻金。九月，夏宋合兵攻巩州，不克而退
夏光定十一年、宋嘉定十四年、金兴定五年、成吉思汗十六年（1221）	八月，夏神宗遵顼遣塔哥甘普统兵五万，随蒙古木华黎攻金，取金葭州与绥德州。十月，西夏再次遣使至四川，约宋合兵伐金
夏光定十三年、宋嘉定十六年、金元光二年、成吉思汗十八年（1223）	二月，木华黎等与夏人合兵数十万围凤翔，金赤盏合喜力战不殆。夏人攻城失利，不告蒙古统帅，先行退还。四月，夏神宗李遵顼囚太子德任，立次子德旺为太子。十二月，夏神宗自称太上皇，禅位太子德旺，是为献宗

年代	大事记
夏乾定元年、宋嘉定十七年、金正大元年、成吉思汗十九年（1224）	二月，献宗李德旺结漠北诸部援，以抗蒙古，成吉思汗密诏孛鲁讨之。九月，蒙古克银州，斩首数万级，获生口及马驼牛羊数十万，俘监府塔海。献宗德旺许遣质子，蒙古才退兵
夏乾定二年、宋宝庆元年、金正大二年、成吉思汗二十年（1225）	九月，夏金和议，双方相约为兄弟之国，各用本国年号。夏以兄事金，遣使来聘，奉国书称弟。十月，金以两国修好，诏中外
夏乾定三年、宋宝庆二年、金正大三年、成吉思汗二十一年（1226）	春正月，成吉思汗以西夏纳仇人及不遣质子，亲将大军讨伐。二月，取黑水城。四月，取沙、肃等州。七月，破甘、凉等州。献宗李德旺惊悸而死，众立南平王李睍继位，是为末帝。八月，至黄河九渡，取应里县。十月，破夏州。十一月，攻灵州，大败嵬名令公，既而进围都城中兴府
夏乾定四年、宋宝庆三年、金正大四年、成吉思汗二十二年（1227）	成吉思汗留兵攻中兴府，自率师渡河攻积石州。西夏右丞相高良惠坚守中兴府，积劳而卒。城中粮尽援绝，末帝李睍力屈而降。会成吉思汗病故，蒙古诸将迁怒西夏，杀死前来投降的李睍。复议屠中兴，察罕力谏，乃免

（六）西夏学年表

编者按： 本编年力求从纵横两个方面，呈现百年西夏学发展历程。20 世纪初到 70 年代末，西夏学处于起步和曲折发展阶段，总体成果较少，无论是国外还是国内，尽量多收；20 世纪 80 年代以来，特别是新世纪以来，随着俄、中、英、法、日藏西夏文献的整理出版，西夏学迎来了科学的春天，我国每年的西夏学论著五六十种，有时甚至达到上百种，因此，只收著作和少量论文。国外成果则尽量多收，以显示西夏学是一门国际性学问的特点。

总体来看，20 世纪 90 年代以前，苏联学者资料上的近水楼台，在国际西夏学特别是西夏文献整理研究中具有最为重要的地位。20 世纪 90 年代后期，特别是进入 21 世纪，随着俄、中、英、法、日等国藏西夏文献的整理出版，在文献解读的同时，党项民族和西夏政治、经济、军事、地理、宗教、考古、文献、文物、语言、文字、文化、艺术、社会、风俗等全面推进，国家出版基金资助出版《西夏学文库》《西夏文物》《西夏通志》等大型著作，中国西夏学走向国际西夏学的中心，这是几代学人不懈努力的结果。本编年编纂过程中，限于资料和认识水平，难免顾此失彼乃至错误，容日后进一步修订补充。

纪年	中国	俄罗斯	日本	欧美
1804年（清嘉庆九年）	周春撰成《西夏书》15 卷，仅有 9 卷抄本传世			
1810年（清嘉庆十五年）	西北史地学家张澍从家乡武威大云寺发现封藏多年的"西夏凉州感通塔碑"，使世人见到湮没已久的西夏文			

纪年	中国	俄罗斯	日本	欧美
1825年（清道光五年）	小岘山房初刻吴广成《西夏书事》；张鉴《西夏纪事本末》也初刊于此年，今多见光绪十年（1884）江苏书局刻本与光绪十一年金陵刻本。该书末尾附有《西夏地形图》			
19世纪中叶	张澍撰成《凉州府志备考·西夏纪念》2卷			
19世纪末	《西夏地图》约绘制于乾隆三十三年至道光三十年（1768—1850）之间。内含地图13册，12册有图题，是清人著述的反映西夏政区地理的重要资料		东洋史学代表人物白鸟库吉在《史学杂志》发表《契丹、女真、西夏文字考》	英、法学者花费了近二十年的时间，考证了北京居庸关过街塔门洞壁上六体文字石刻中的一种文字为西夏文

纪年	中国	俄罗斯	日本	欧美
1875年		普尔热瓦尔斯基在圣彼得堡出版《蒙古与唐古特人之国——在亚洲东部高原的三年旅行》		
1893年		圣彼得堡俄国地理学会出版社出版波塔宁《中国唐古特—西藏交界地带和中部的蒙古——1884至1886年波塔宁游记》（第1—2卷）		
1898年				［法］戴维理亚在《亚细亚学报》发表《凉州西夏碑考》
1904年	王仁俊撰成《西夏文缀》2卷			法国人毛利瑟发表《西夏语言文字初探》

续表

纪年	中国	俄罗斯	日本	欧美
1908—1909 年	1909 年张澍著成《西夏姓氏录》，共录西夏姓氏 162 条，系西夏姓氏研究第一专书	以科兹洛夫为首的俄国探险队在我国黑水城（今内蒙古额济纳旗境）掘走大批西夏文献和艺术品，其中西夏文文献现藏于俄罗斯科学院东方文献研究所，艺术品现藏于爱尔米塔什博物馆（冬宫博物馆）； 科兹洛夫在《英国地理学杂志》发表《俄国皇家地理学会蒙古四川探险队纪略》； 圣彼得堡大学副教授伊凤阁据《番汉合时掌中珠》撰写了《西夏语简介》和《西		法国人毛利瑟在北京购得 3 卷西夏文《妙法莲华经》，据此撰成《西夏语言文字研究之初步成果》

纪年	中国	俄罗斯	日本	欧美
1908—1909年		夏历史上的一页》等文章； 奥登堡在《帝俄地理学会会报》发表《哈拉浩特出土的佛像》； 伊凤阁在《帝俄地理学会会报》第发表《哈拉浩特出土的唐古特手稿》； 伊凤阁、奥登堡、考特维奇在《俄国民族学资料》发表《科兹洛夫哈拉浩特所获文物》； 科兹洛夫在《帝俄地理学会论丛》发表《科兹洛夫率领的蒙古——四川探险队消息》；		

纪年	中国	俄罗斯	日本	欧美
1911年		科兹洛夫在圣彼得堡出版《在中亚的俄罗斯旅行者和死城哈拉浩特》； 伊凤阁在《帝俄科学院院报》发表《西夏史上的一页》		法国汉学家沙畹发表《伊凤阁西夏史评述》
1913—1918年		伊凤阁陆续考定了一批西夏佛教文献和世俗文献，发表了一系列成果，有《黑城出土文书(14世纪的中国私人书信)》《观弥勒菩萨上生兜率天经》《西夏文文献》等		

续表

纪年	中国	俄罗斯	日本	欧美
1914年	罗福苌著《西夏国书略说》	奥登堡与考特维奇合作撰写了《科兹洛夫黑水城所获文物》；奥登堡在《俄国民族学资料》发表《哈拉浩特佛教肖像资料——吐蕃风格画像》；沃尔科夫在《俄国民族学资料》发表《哈拉浩特塔墓中的人类遗骸》		英国人斯坦因步科兹洛夫后尘，也到我国黑水城寻找发掘，得到不少西夏遗物，现藏于大英博物馆；法国汉学家伯希和撰《科兹洛夫探察队在黑城所得汉文文书》
1915年	罗福成著《西夏国书类编》		石滨纯太郎在《东亚研究》发表《科兹洛夫蒐集》	
1916年		伊凤阁发表《观弥勒菩萨上生兜率天经》（夏汉对译）		美国人劳弗尔据俄国人伊凤阁提供的资料撰写了《西夏语言：印度支那语言学研究》

续表

纪年	中国	俄罗斯	日本	欧美
1917年	灵武县（今宁夏灵武市）出土两大箱西夏文佛经，现大部分藏于中国国家图书馆，一部分藏于甘肃、宁夏，一部分流失到日本			
1918年	罗振玉刊印夏汉文对照双解小字典《番汉合时掌中珠》	伊凤阁在《俄罗斯科学院院报》发表《唐古特语文献》		德国学者斯图布发表《西夏碑文小记》
1919年				德国学者本汉底夫人、查哈合著《关于西夏语文的几个附注》
1920年		伊凤阁在《亚洲杂志》发表《西夏文碑》；阿列克谢耶夫发表《1818—1919年俄国科学院亚洲博物馆馆藏西夏文物简介》	石滨纯太郎首次提出"西夏学"一词，发表《西夏学小记》，后接连发表《西夏学小记续》《西夏语译大藏经考》《西夏文般若经的断片》等论文	

纪年	中国	俄罗斯	日本	欧美
1922年			石滨纯太郎发表《西夏学小记续》，指出罗福苌《西夏国书略说》传入欧美学界后，本哈第和查赫发表《西夏语文评注》，对毛利瑟的论文《西夏语言文字初探》进行订正增补。	
1923年		彼得格勒国家出版社出版科兹洛夫著《蒙古、安多和死城哈拉浩特：俄国地理学会1907—1909年在亚洲高原的探险》； 伊凤阁在《北京大学国学季刊》发表《西夏国书说》		

纪年	中国	俄罗斯	日本	欧美
1924年	罗福成刊印夏汉文对照双解小字典《番汉合时掌中珠》； 戴锡章撰成《西夏纪》28卷，由北京京华印书馆铅印			
1926—1933年		聂历山发表《介绍西夏字典》《西藏文字对照西夏文字抄览》《西夏文般若经片断》《西夏语译大方广佛华严经入不可思议解说》，并开始编著《亚细亚博物馆西夏书籍目录》	石滨纯太郎撰《西夏遗文杂录学小记续》，为聂历山《西藏文字对照西夏文字抄览》一书代序	
1927年	罗振玉集印《西夏官印集存》，收西夏官印33方，首次对西夏官印进行考释	日本京都《艺文》发表聂历山著、石滨纯太郎译《西夏文般若经片断》	石滨纯太郎发表《西夏文地藏菩萨本愿经残纸》	德国学者查哈发表《关于在历来西夏文研究中的一个有害的错误》，对利用北京方言来转写《掌中珠》汉语译音的做法提出批评

纪年	中国	俄罗斯	日本	欧美
1928年		聂历山在日本京都发表《唐古特语字典小记》		斯坦因在《亚洲腹部考古记》第4卷中介绍了他所获得的西夏文献文物，以雕版画和佛经残页居多
1929年		龙果夫发表《夏—汉字典中的"尼卒"双音节词》； 科兹洛夫在列宁格勒出版《伟大的探险家普尔热瓦尔斯基》； 聂历山发表《唐古特（西夏）语言和文字研究概述》； 科兹洛夫在《帝俄地理学会论丛》发表《对普尔热瓦尔斯基的个人回忆》		

纪年	中国	俄罗斯	日本	欧美
1930年	王静如发表《西夏文汉藏译音释略》	聂历山在《史学论丛：内藤博士颂寿纪念》发表《西夏助词考略》；《龙谷大学论丛》发表聂历山著、石滨纯太郎译《西夏语译〈大藏经〉考》	石滨纯太郎发表《番汉合时掌中珠》，介绍了《番汉合时掌中珠》和其中的5页残片	
1931年		聂历山在《苏联科学院院报》发表《西夏研究小史》		美国学者伍尔芬敦发表《关于西夏字藏文译音》
1932年	北京图书馆出版《国立北平图书馆馆刊》西夏研究专号，收录中、俄、日三国西夏学者有关西夏历史、语言文字、佛经、文物考古、文献目录等方面的论文资料近40种，包	聂历山在列宁格勒出版《"把彩虹想象成天蛇"：谢尔盖·奥多诺维奇·奥登堡科学和社会活动五十周年（1882—1932年）论文集》；		

纪年	中国	俄罗斯	日本	欧美
1932年	括龙果夫编、王静如汉译《苏俄研究院亚洲博物馆所藏西夏文书目译释》； 聂历山著、石滨纯太郎译《西夏文八千颂般若经合璧考释》	弗鲁格在《东方书目》发表《汉文书籍的西夏刻本》（关于西夏刻印的汉文佛经）； 聂历山发表《苏俄研究院亚洲博物馆藏西夏书籍目录二则》《〈类林〉释文》《西夏国书残经释文》； 弗鲁格在《东方书目》发表《西夏历史新论》		
1932—1933年	王静如先后发表三辑《西夏研究》，涉及西夏语言、文字、文献。该书获法国茹莲奖	聂历山在《苏联科学院东方学研究所论丛》发表《唐古特国名考》； 《龙谷大学论丛》发表聂历山著、石滨纯	长部和雄发表《西夏纪年考》（上、下）； 石滨纯太郎在《龙谷大学论丛》发表《西夏国名考补正》；	

纪年	中国	俄罗斯	日本	欧美
1932—1933年		太郎译《西夏国名考补正》； 杰列宁《奥登堡院士五十年科研工作》； 克尼亚杰夫发表《奥登堡早期在科学院的工作》； 马尔发表《科学院院士奥登堡及其文化遗产问题》	石滨纯太郎与聂历山合著《西夏语译大藏经考》	
1934年		聂历山发表《唐古特学研究新进展——评〈国立北平图书馆馆刊〉第四卷第三号（西夏文专号)》		
1934—1940年			中岛敏利用汉文资料发表了一系列关于西夏历史的研究成果，有《西羌族与宋夏的抗争》	美国伍尔芬敦在《皇家亚细亚学会会刊》发表《汉藏文注音中的西夏语前缀和辅音韵尾》

纪年	中国	俄罗斯	日本	欧美
1934—1940年			《关于西夏的铸钱》《西夏政权的推移和文化》《邦泥定国考》等； 　　宫崎市定发表《西夏的兴起和青白盐问题》《宋和辽、西夏的关系》； 　　小林照道发表《关于西夏佛教的诸问题》	
1935年	罗振玉抄写刊印西夏文辞书《音同》； 　　罗福颐编著《西夏文存》，开西夏史籍书目编纂先例		石滨纯太郎在《德云》发表《西夏语研究小史》	
1936年		聂历山发表《唐古特文献及其典藏》； 　　弗鲁格发表《苏联科学院东	中岛敏在《东方学报》发表《关于西夏铜铁钱的铸造》	

纪年	中国	俄罗斯	日本	欧美
1936年		方学研究所藏汉文古代佛教写本简明目录》； 卡扎科维奇发表《科兹洛夫成果目录》		
1940年		卡津在国家东方文化博物馆中国艺术史会议上发表《哈拉浩特废墟的考古价值》； 祖伯尔（卡切托娃）在《国立艾尔米塔什博物馆东方艺术和文化部学刊》发表《哈拉浩特佛像画中的乐器》； 弗鲁格在《苏联东方学》发表《10至13世纪中国印刷术简史》		

纪年	中国	俄罗斯	日本	欧美
1947年		科兹洛夫著《普尔热瓦尔斯基：在亚洲广袤的天地》； 卡切托娃在《国立艾尔米塔什博物馆东方部丛刊》发表《哈拉浩特艺术中的天界神灵》		
1947—1954年	1954年内蒙古文物工作者对伊克昭盟达拉特旗城塔村古城遗址进行调查，是新中国成立后首次展开的西夏考古调查		冈崎精郎发表《关于唐代党项的发展》《关于西夏的法典》《西夏建国过程的研究》《关于西夏的原始信仰》等西夏历史方面的系列文章	

纪年	中国	俄罗斯	日本	欧美
1950年			松田政一发表《关于西夏故城赫拉浩特的调查概要》； 藤枝晃在《羽田博士颂寿纪念东洋史论丛》上发表《李继迁的兴起与东西交通》	法国学者史泰安发表《弥药与西夏：历史地理与祖先传说》
1954年		戈尔芭切娃在《东方学研究所学者论丛》发表《苏联科学院东方学研究所藏唐古特写本和刻本前言》	冈崎精郎在《东方学》上发表《五代时期夏州政权的展开》	
1955年		戈尔芭切娃、德米特里在《苏联东方学》（唐古特特藏资料）发表《俄罗斯中国学研究的历史》		

纪年	中国	俄罗斯	日本	欧美
1956年	陕西省文管会和博物馆组成的陕北文物调查征集组在靖边县对统万城进行考古调查，首次测量城址形制并收集文物标本，形成《统万城遗址调查》，发表于《文物参考资料》（1957年第10期）。后关于统万城的考古报告陆续发表，有戴应新《统万城城址勘测记》（《考古》1981年第3期）、《大夏统万城址考古记》（《故宫学术季刊》1999年第12期）等	戈尔芭切娃做了俄罗斯西夏学学术史的研究，发表《苏联科学院东方学研究所东方学家档案中有关西夏学的资料·聂历山档案》	仁井田陞在《大安月报》发表《敦煌发现的西夏文书残片》	

纪年	中国	俄罗斯	日本	欧美
1957—1958年		戈尔芭切娃在《苏联科学院东方学研究所学术丛刊》发表《收藏于苏联科学院东方学研究所的中国木刻和早期印刷书籍（综述）》	西田龙雄发表《西夏语音再构成的问题》《天理图书馆所藏关于西夏语文书》；　　藤枝晃《关于西夏经——石与木与泥——现存最古老的木活字本》，是日本最早研究西夏活字版的文章	
1959年		弗鲁格撰《10至13世纪中国宋代书籍印刷史》，收录大量黑水城汉文文献资料；　　戈尔芭切娃发表《唐古特学发展的新阶段——聂历山有关西夏学著作的出版》；	前田正名发表《西夏时期避开河西的交通线》；　　冈崎精郎发表《唐古特、回鹘交涉过程的研究——西夏建国史研究的一节》《关于西夏史籍的研究——特别关于〈西	

续表

纪年	中国	俄罗斯	日本	欧美
1959年		戈尔芭切娃、彼得罗夫发表《东方学研究所收藏的汉文文献》； 克恰诺夫发表《苏联国立列宁图书馆藏汉文唐古特西夏地图册手稿》《汉文史料中关于唐古特人的民族学资料》《西夏的国家机构》等	夏志略〉》《西夏李元昊的秃发令》	
1960年		苏联东方文学出版社出版聂历山遗著《西夏语文学》，书后附西夏文字典。1962年该书获列宁奖； 戈尔芭切娃在《苏联科学院东方学研究		

纪年	中国	俄罗斯	日本	欧美
1960年		所学术丛刊》发表《列宁格勒的西夏学史》； 戈尔芭切娃、孟列夫、彼得罗夫在《苏联科学院东方学研究所学术丛刊》发表《列宁格勒汉学40年》； 克恰诺夫完成列宁格勒国立大学历史学副博士学位论文《西夏国（982—1227年）》； 克恰诺夫在《苏联科学院人类学研究所简报》发表《保存在唐古特佛教礼仪中的一种苯教仪式》		

纪年	中国	俄罗斯	日本	欧美
1961年		康拉特发表《关于唐古特语言与唐古特文字》； 戈尔芭切娃发表《苏联科学院亚洲民族研究所列宁格勒分所所藏的中国医学文献》； 克恰诺夫发表《苏联科学院亚洲民族研究所列宁格勒分所藏唐古特文献中新发现的词典》《唐古特国的起源问题——根据中国史料》《西夏文化及其在中亚文化中的地位》《西夏佛教史略》《聂历山〈唐古特语文学——研究论文和词典〉评述》；	前田正名发表《关于崇宁以降河湟的形成和西夏势力的南限》； 西田龙雄在石滨纯太郎主编的《西域文化研究》第4册中撰写《西夏语和西夏文字》； 桥本万太郎在《中国语学》发表《〈掌中珠〉中夏汉对音研究的方法》	在大英博物馆工作的新西兰学者格林斯坦德撰《英国博物馆藏西夏文残卷》

纪年	中国	俄罗斯	日本	欧美
1961年		孟列夫发表《哈拉浩特发现的早期出版物》（苏联科学院亚洲民族研究所科兹洛夫藏品汉文部分）； 卡津在《国立艾尔米塔什博物馆丛刊》发表《哈拉浩特历史简述》； 列里赫在《亚洲民族研究所简报》发表《克列部的唐古特封号"札阿绀字"》		
1962年		克恰诺夫发表《11世纪前半期唐古特-回鹘战争史》； 格拉姆科夫斯卡娅、克恰诺夫发表《聂历山诞辰70周年》		捷克人施立策在《中亚学刊》发表《西夏虚字考源》

纪年	中国	俄罗斯	日本	欧美
1963年		苏联东方文学出版社出版戈尔芭切娃、克恰诺夫《西夏文写本与刊本目录》，第一次使世人了解到俄藏黑水城出土的文献有四百余种； 莫斯科东方文学出版社出版索夫罗诺夫、克恰诺夫合著《唐古特语语音研究（初步成果)》； 克恰诺夫在《亚洲国家历史学和历史资料研究》发表《作为历史资料的哈拉浩特文献》	长泽和俊发表《西夏的河西进出和东西交通》； 桥本万太郎发表《西夏国书字典〈同音〉中的同居韵》《有关党项语（西夏语）中"韵"的组织》等西夏语言研究论文	

纪年	中国	俄罗斯	日本	欧美
1964年	中国社会科学院民族研究所和敦煌文物研究所共同组成敦煌西夏洞窟调查研究小组，对敦煌莫高窟和安西榆林窟西夏洞窟重新进行系统考察。由常书鸿、王静如教授主持，宿白教授任顾问，成员有民族研究所的史金波、白滨，敦煌文物研究所的万庚育、刘玉权、李桢柏，甘肃博物馆的陈炳应	苏联科学出版社出版索夫洛诺夫、克恰诺夫《西夏语语音研究》；克恰诺夫发表《唐古特文字结构研究》《唐古特人的民族起源问题（拓跋—嵬名—瓦莫）》《有关西夏政权机构的唐古特语史料》（"官阶封号表"）；格列克等发表《对艾尔米塔什博物馆馆藏哈拉浩特唐古特文书的研究》	西田龙雄出版《西夏语研究》第一卷。这是较早地利用西夏文音韵书籍，全面构拟西夏语音的著作；前田正名出版专著《河西的历史地理学研究》，其中第五、六两章专门研究西夏占领下的河西地理情况	英国学者杰拉德·克劳森发表《西夏研究展望》；捷克人施立策在《德国东方学会杂志》发表《西夏唐古特人名义新考》
1965年		苏联科学出版社出版索夫罗洛夫《西夏语文法》（2册）；		

纪年	中国	俄罗斯	日本	欧美
1965年		索夫罗诺夫在《匈牙利东方学报》发表《唐古特语语音研究》； 苏联科学出版社出版克恰诺夫《唐古特语-俄语词典》（三卷本）； 克恰诺夫发表《论成吉思汗入侵后唐古特人的历史命运》《唐古特谚语：翻译和研究问题》； 卡坦斯基在《东方民族文献和文化历史问题》上发表《唐古特文书中的一种未知符号》		

纪年	中国	俄罗斯	日本	欧美
1966年		苏联科学出版社出版克罗科洛夫、克恰诺夫《西夏译汉文经典》； 库兹涅佐夫在《国外亚非语文学与历史》发表《关于唐古特文字的语音特征》； 克恰诺夫在《东方民族文献和文化历史问题》发表《唐古特语中构成名词的几种形式》； 卡坦斯基在《东方民族文献和文化历史问题》发表《哈拉浩特发现的纸张》； 索夫罗诺夫发表《评西田龙雄〈西夏语研究〉第一卷》	西田龙雄出版《西夏语研究》第二卷，书后附3000余字的西夏文小字典	法国语言学家史泰安发表《关于弥药与西夏的最新资料》，认为木雅语非常接近西夏语

续表

纪年	中国	俄罗斯	日本	欧美
1967年		克平发表《唐古特语中的动词前缀》《汉文兵书〈孙子〉的唐古特译本》； 卡坦斯基发表《唐古特书籍的类型》； 鲁多娃发表《哈拉浩特出土的两幅版画》	西田龙雄出版《西夏文字——其解读的过程》是一部面向大众的读本。1980年玉川大学出版部出版了增补本。1994年纪伊国屋书店又再版	
1968年		苏联科学出版社出版克恰诺夫《西夏史纲》、克拉乌松《未来的西夏研究》、鲁勃-列斯尼钦科、萨弗拉诺夫斯卡娅合著《死城哈拉浩特》、索夫罗诺夫《唐古特语语法》（两卷）；	藤枝晃发表《李继迁的兴起和东西交通》《关于西夏经——石和木和泥——现存最古的木活字》； 冈崎精郎发表《党项习惯法与西夏法典》，是较早介绍和研究西夏法典的学者；	

纪年	中国	俄罗斯	日本	欧美
1968年		卡坦斯基发表《黑城发现的纸》； 克平发表《唐古特语的体范畴》（唐古特语中动词体的种类）《唐古特语的及物性》； 索夫罗诺夫完成语文学博士学位论文《唐古特语语法》； 克恰诺夫完成历史学博士学位论文《西夏国史纲》； 克恰诺夫发表《12世纪中叶唐古特法典中关于谋反罪的规定》； 鲁勃-列斯尼钦科发表《哈拉浩特的历史及其考古研究》	西田龙雄发表《关于西夏语译〈论语〉》，对西夏文《论语》做了语言学上的考察	

纪年	中国	俄罗斯	日本	欧美
1969—1970年		克平、克恰诺夫、克罗科洛夫、卡坦斯基等人联合对一批西夏文文献展开研究，于苏联科学出版社出版《西夏文译中国古典作品〈论语〉〈孟子〉〈孝经〉》，并将《文海》进行俄译，同时首次公布了西夏文影印件； 克恰诺夫发表《〈掌中珠〉——研究唐古特文字的工具书》《唐古特语字典〈文海〉和〈文海杂类〉及其在西夏辞书中的地位》《唐古特西夏经济史(982—1227年)》	西田龙雄发表《有关西夏的佛教》《西夏王国的性格和文化》	美国人保罗·弗里德兰以《早期党项史》为题完成博士论文

纪年	中国	俄罗斯	日本	欧美
1969—1970年		《夏圣根赞歌》《关于若干周边民族的唐古特语名称》； 克平发表《唐古特语中的主格名词——形成具有名词性句法结构的助词》； 克平完成语文学副博士学位论文《唐古特译本〈孙子兵法三家注〉的版本考订和语法研究》； 卡切托娃发表《哈拉浩特的"中国"画》； 马克西莫娃发表《哈拉浩特出土的12至13世纪纸画的修复》； 克平发表《唐古特语后置		

纪年	中国	俄罗斯	日本	欧美
1969—1970年		词及其分类》； 　　索夫罗诺夫发表《居庸关六体石刻中的唐古特文字》； 　　卡坦斯基等发表《西夏圣祖赞咏》； 　　格拉姆科夫斯卡娅发表《聂历山手稿遗产概观：苏联科学院东方学研究所东方学家档案》		
1971年		索夫罗诺夫发表《唐古特语文学的几个问题》； 　　克平发表《唐古特语复数意义的表达》《唐古特语译已亡佚的汉文类书》《唐古特语译中国兵书〈孙子兵法〉》；		格林斯坦德出版9卷本《西夏文大藏经》，刊登了很多重要的西夏文佛经

纪年	中国	俄罗斯	日本	欧美
1971年		克恰诺夫发表《新集金碎掌置文》《哈拉浩特所出1224年的唐古特文书》（乾定二年黑水守将告近稟帖）《论北宋与西夏之战》《唐古特谚语》《唐古特国与西方邻国》； 克恰诺夫、鲁勃－列斯尼钦科发表《哈拉浩特的钱币流通——根据出土资料》；		
1972年	中国甘肃省武威出土一批西夏文物，包括欠款单、会款单、占卜辞、药方、布告、请假条等社会文书	索夫罗诺夫发表《唐古特象形字的藏文注音和藏语的历史语音问题》； 克恰诺夫发表《西夏术语"гвон"》《唐	京都大学文学部出版冈崎精郎《党项古代史研究》	格林斯坦德出版《西夏文字分析》，首次对西夏文草书《孝经》进行楷书转写

纪年	中国	俄罗斯	日本	欧美
1972年		古特国的军事法典——1101至1113年的〈贞观玉镜统〉》《什么是新法?》《关于唐古特人和文化的一些问题》《杰出的东方学家——纪念聂历山诞辰80周年》; 卡坦斯基发表《苏联科学院东方学研究所列宁格勒分所全部唐古特收藏品中与书籍业有关的人名》		
1972—1976年	宁夏回族自治区博物馆有计划、有步骤地对西夏陵进行调查发掘,出土了鎏金铜牛、人像石碑座等珍贵文物			

纪年	中国	俄罗斯	日本	欧美
1973年		克平发表《唐古特语中的祈使结构》《唐代和宋代的〈类林〉》； 卡坦斯基完成副博士学位论文《哈拉浩特发现的11至13世纪唐古特古文献书籍》； 克恰诺夫发表《在词典〈掌中珠〉（1190年）中叙述的唐古特国诉讼程序》《唐古特国西夏与女真金帝国关系史》《游牧民族在中亚文明中的作用》； 萨玛秀克完成语文学副博士学位论文《11世纪的〈图画见闻志〉的译释与研究》		

纪年	中国	俄罗斯	日本	欧美
1974年		苏联科学出版社出版克恰诺夫《新集锦合辞》； 索夫罗诺夫发表《唐古特语的解译和研究》《唐古特语的历史语音问题》《〈文海〉中语音单位的分配研究——第一批反切符号》； 卡坦斯基发表《哈拉浩特出土的唐古特书籍及手抄本的时期判断》《唐古特书籍的装帧艺术——根据苏联科学院东方学研究所列宁格勒分所手抄藏本的资料》《唐古特人的外貌、服饰和用具》；	野村博（后更名松泽博）陆续发表西夏文佛经方面的考证文章，有《西夏语译〈白伞盖陀罗尼经〉断片考》、《关于元代刊行西夏大藏经的考察》等	

纪年	中国	俄罗斯	日本	欧美
1974年		聂历山著、普京采娃注释《哈拉浩特出土的唐古特文献出版草案》； 克平发表《〈十二国〉——保存在唐古特译本中的汉文著作》； 克恰诺夫发表《1170年的唐古特卖地文书》《从唐古特语翻译的正文和注释——搜集到的两种珍贵的格言木刻本重新出版》《唐古特词典〈圣立义海〉中关于"奴隶"和"仆人"的论述》《唐古特法律史略——12世纪唐古特法典中有关中国中世纪的十恶罪》《唐古特的令牌》		

纪年	中国	俄罗斯	日本	欧美
1975年	林旅芝在香港出版40万字《西夏史》； 宁夏盐池县八道梁发现大量西夏窖藏钱币，至90年代相继在贺兰山大风沟、榆树沟、滚钟口、小水沟、小耶和沟、灵武崇兴乡、盐池萌城乡、中宁石空镇、内蒙古鄂克托旗二道川、包头沙尔沁、林西县三道菅子、乌审旗陶利、陕西定边县堆子梁、甘肃武威大坝场等地发掘西夏钱币近40万枚	克恰诺夫发表《唐古特国旧城旧地考》《远东法律的判例和律令——以唐古特法律为例》《唐古特人论中原——根据唐古特原始资料》； 克平发表《唐古特语的动词词组和主宾语一致关系》； 奥格涅娃发表《哈拉浩特的"护身符"》	1975—1977年日本京都大学文学部出版西田龙雄《西夏文华严经》（一、二、三册），书中首次披露了瑞典斯德哥尔摩民族学博物馆藏西夏文献	英国学者格林斯坦德在《西夏文字分析》基础上，编辑了西夏文字索引。
1976年		克恰诺夫发表《唐古特语》《西夏社会结构的新史料》；		

纪年	中国	俄罗斯	日本	欧美
1976年		索夫罗诺夫发表《解译唐古特文书》； 鲁勃-列斯尼钦科发表《哈拉浩特出土的瓷器》； 鲁多娃发表《官员及其侍从图 —— 一幅来自哈拉浩特的绘画》		
1977年	甘肃武威西郊林场发现两座西夏单室砖墓，出土木条桌、木缘塔、木板画、木宝瓶、木笔架等文物数十件	克平发表《关于唐古特语建构的基本特征问题》《唐古特语动词的一致关系》《〈孙子兵法〉手抄残片的唐古特译本》； 索夫罗诺夫发表《唐古特字的语义结构》； 卡坦斯基发表《唐古特手抄书的历史》；	冈崎精郎发表《西夏的游牧与农耕——以西夏崩溃时期的问题为起点》	美国学者宽登对劳弗尔的观点提出异议，先后撰写《西夏语研究的新思路》《西夏文字的创立者》

纪年	中国	俄罗斯	日本	欧美
1977年		克恰诺夫发表《哈拉浩特出土的唐古特债券》《蒙古－唐古特战争与西夏的灭亡》		
1978年	黄振华发表《评苏联近三十年的西夏学研究》，介绍了前苏联主要的西夏学者及其代表作，并就相关问题进行评价和商榷； 宁夏博物馆在《文物》发表《西夏八号陵发掘简报》《西夏陵区108号墓发掘简报》等系列文章； 内蒙古伊克昭盟准格尔旗黑岱沟乡发现5座唐末党项壁画墓，	苏联科学出版社出版格拉姆科夫斯卡娅、克恰诺夫合著《尼古拉·亚历山大洛维奇·聂历山》； 克恰诺夫发表《唐古特国的青年社群》《唐古特国西夏（982—1227年）的藏族和藏族文化》		美国学者宽登发表《党项在中原与亚洲内陆关系中的作用》

纪年	中国	俄罗斯	日本	欧美
1978年	墓室形制和壁画内容为研究早期党项历史提供重要资料			
1979年	宁夏人民出版社出版钟侃、吴峰云、李范文《西夏简史》 人民出版社出版蔡美彪《中国通史》，该通史第六册专列西夏史，与辽金史并列，首次在中国通史中确立了西夏史的地位	克恰诺夫撰《西夏军事法典——1101到1113年的〈贞观玉镜统〉》； 苏联科学出版社出版克平《西夏译〈孙子〉》，在俄译的同时，公布了西夏文影印件； 克平发表《唐古特语中词法和句法的主动性》《唐古特语的唯被动结构》《唐古特语的主动格和主语成分》	野村博发表《西夏文土地买卖文书的书式》《西夏文谷物借贷文书》等西夏社会文书研究系列论文	美国学者宽登出版专著《6—15世纪中亚游牧帝国史》，其中第5章是对西夏专题的叙述

纪年	中国	俄罗斯	日本	欧美
1980年	四川人民出版社出版吴天墀《西夏史稿》,《西夏史稿》与《西夏简史》的出版,是新时期中国西夏史研究走向繁荣的开端	索夫罗诺夫发表《唐古特语文学中的等和韵》; 克平发表《唐古特语及物动词和不及物动词》; 克恰诺夫发表《西夏人对自己文字的解释》《从法律视角看西夏的佛教与国家》《十二世纪唐古特法典中关于异族人和外国人的规定》; 卡坦斯基发表《科学院东方学研究所列宁格勒分所收藏的两幅唐古特版画》	日本放送出版协会出版西田龙雄《幻的楼兰黑水城》	美国学者宽登与海希合作编成《西夏学论文目录》

纪年	中国	俄罗斯	日本	欧美
1981年	宁夏召开首届西夏学学术讨论会，来自全国西夏学、藏学、民族语言学、考古学、历史地理学等领域的专家40余人参加了大会。大会收到论文40余篇，涉及党项民族、西夏语言、文献、社会形态、文物考古、遗民等诸多方面	卡坦斯基出版《西夏国的书籍事业》一书。2000年宁夏人民出版社出版汉译本； 克平发表《唐古特语中的形容词》《唐古特词典学文献》； 克恰诺夫发表《论唐古特国西夏的兵役招募制度》《从法律方面看西夏国的水利灌溉》《唐古特法典中反映的12—13世纪的社会组织》《唐古特与蒙古的文化交流问题》		

续表

纪年	中国	俄罗斯	日本	欧美
1981—1983年	王静如发表《西夏语音系导言》《新见西夏文石刻和敦煌安西洞窟夏汉文字题记考释》等论文，并于1984年开始招收西夏学博士研究生，培养后继人才		西田龙雄在京都大学发表《西夏语韵图〈五音切韵〉的研究》上、中、下。该书由史金波翻译成中文，刊在中国社会科学院民族研究所语言室编《民族语文研究情报资料集》第五、六集（1985年）	
1982年	宁夏人民出版社出版罗福颐《西夏官印汇考》；刘玉权在《敦煌研究文集》中发表《敦煌莫高窟、安西榆林窟西夏洞窟分期》，首次对敦煌西夏石窟进行历史分期；	克平《唐古特语》《唐古特语的趋向动词》《唐古特语的数词》《唐古特刊本的刻工》；克恰诺夫发表《唐古特国的仓储管理》《12世纪唐古特西夏的土地税法》		

纪年	中国	俄罗斯	日本	欧美
1982年	史金波、白滨在《考古学报》发表《莫高窟榆林窟西夏文题记研究》	《唐古特神话》《唐古特国佛教团体的法律地位》《12世纪唐古特西夏的家庭与婚姻法》; 卡坦斯基发表《远东和中亚国家的书籍和书籍印刷史》		
1982—1989年	台湾著名学者龚煌城发表《西夏文字的结构》《西夏文的意符与声符及其衍生过程》等系列论文,提出了很有影响的学术观点			
1983年	宁夏人民出版社出版韩荫晟《党项与西夏资料汇编》(上卷第一、二册);	苏联科学出版社出版克平《西夏译遗失的汉文类书〈类林〉》		美国学者邓如萍以《党项人和党项大夏国》为题完成博士论文,以此

续表

纪年	中国	俄罗斯	日本	欧美
1983年	中国社会科学出版社出版史金波、白滨、黄振华《文海研究》，将《文海》全部译成汉文，并依据《文海》资料，对西夏文字构造、语音体系和西夏社会生活作了研究； 宁夏人民出版社出版李范文《西夏研究论集》； 宁夏博物馆发表《西夏陵区101号墓发掘简报》	克平发表《唐古特语动词前缀》《唐古特语中动词词缀的顺序和层次结构》《唐古特语辅助语素的分类》； 克恰诺夫发表《何谓"使军"与"奴仆"？——西夏两类人身自由受到限制的人》《十二世纪的唐古特法典》《唐古特法律中关于借贷契约的规定》		为基础于1998年出版专著《白高大夏国——11世纪夏国的佛教和政体》； （美）陆宽田英译克平《再论唐古特语动词的一致关系》
1983—1991年	内蒙古文物考古研究所于1983年和1984年对黑水城进行两次考古发掘，厘清了黑水城的始			

纪年	中国	俄罗斯	日本	欧美
1983—1991年	建年代和建筑特点，纠正了黑水城文书断代之误，是研究黑水城考古的基础性资料； 　中国社会科学院考古研究所自1983年至1986年在宁夏灵武磁窑堡西夏窑址进行考古发掘，出土大量生活用品类瓷器，为研究西夏陶瓷业提供丰富实物材料； 　1985年至1991年，宁夏文物管理委员会先后清理、修缮了同心县康济寺塔、贺兰山拜寺口双塔、青铜峡一百零八塔、贺兰县宏佛塔，出土绢织彩绘佛画、彩塑泥佛像、北宋			

纪年	中国	俄罗斯	日本	欧美
1983—1991 年	钱币等文物数十件，另有西夏文木雕版 2000 余残块； 　1986 年银川新华百货大楼建筑工地发现西夏窖藏遗址，出土 10 件精美青铜器； 　1986 年至 1987 年宁夏考古工作者对西夏陵区北部城址进行考古发掘，出土大批建筑构件和瓷器文物； 　1990 年宁夏文物考古研究所对贺兰山拜寺沟方塔进行发掘清理，断代为西夏时期，出土约 12 万字、36 种的西夏文与汉文文献，其中西夏文《吉祥遍至口合本续》			

纪年	中国	俄罗斯	日本	欧美
1983—1991年	共9册，约10万字，为罕见的木活字印本。另有泥塑等文物6000余件			
1984年	宁夏博物馆发掘整理、李范文编释的《西夏陵墓出土残碑粹编》出版； 宁夏人民出版社出版白滨编《西夏史论文集》	苏联科学出版社出版孟列夫《哈拉浩特特藏中汉文部分叙录》，王克孝汉译为《黑水城出土汉文遗书叙录》，宁夏人民出版社1994年版； 克平发表《唐古特语表示动作方向的范畴》《唐古特语中表示颜色的词》； 克恰诺夫发表《唐古特的官奴婢（属于国家的人）——以〈天盛改旧新定律令（1149—		美国邓如萍在《亚洲历史杂志》发表《唐古特是什么民族？——论唐古特的族源和族名》

纪年	中国	俄罗斯	日本	欧美
1984年		1169 年）》为材料》《十二世纪唐古特国西夏的土地关系和土地税》《唐古特译经史》		
1985年	宁夏人民出版社出版陈炳应《西夏文物研究》，对西夏的遗址、辞书、文书、医方、历书、器皿等作了详细研究	苏联科学出版社出版克平《西夏语词法》；克平发表《唐古特语的时间范畴》；索夫罗诺夫发表《唐古特语音词典〈文海〉和中国语文学传统》；克恰诺夫发表《唐古特人关于世界和人类起源的认识》		美国鲁光东发表《西夏历史和语言学的关系》
1986年	吉林教育出版社出版史金波《西夏文化》，首次对西夏文化进	克恰诺夫出版《中世纪中国法律的基础（7—13 世纪）》；	岩崎力一直致力于西夏建国前史，隋唐五代时期党项史研究，	

纪年	中国	俄罗斯	日本	欧美
1986年	行了系统探讨	克恰诺夫发表《12世纪西夏使馆的组织与控制——根据唐古特法典》《唐古特西夏（982—1227年）的所有权制度》； 克平发表《唐古特语中的复合句》《唐古特人的血缘关系术语》《唐古特亲属称谓系统》《〈新集慈孝记〉——唐古特文学文献》； 克平完成语文学博士学位论文《唐古特语的形态结构及其类型特征》； 卡坦斯基发表《反映唐古特人地理知识的词汇》；	先后发表《西夏的建国与宗哥族的动向》《西夏建国与党项诸部族》 《关于隋唐时代的党项——西夏建国前史的再探讨》等系列论文	

续表

纪年	中国	俄罗斯	日本	欧美
1986年		密利班特发表《语文学博士孟列夫著作目录——纪念孟列夫诞辰60周年》		
1987年	中、匈、美三国学者在北京举行西夏学学术座谈会； 《文物》刊发郭治中、李逸友《内蒙古黑城考古发掘纪要》； 《考古学集刊》刊发韩兆民、李志清《宁夏银川西夏陵区调查简报》	苏联科学出版社出版克恰诺夫《天盛改旧新定律令第一册，至1989年全四册出齐，这是首次对西夏《天盛律令》进行翻译和解读； 索夫罗诺夫发表《唐古特语音表和中国语文学传统》； 克平发表《唐古特语的主从复合句》； 克平、卡坦斯基发表《唐古特语译关于梁武帝的伪经》；		

纪年	中国	俄罗斯	日本	欧美
1987年		克恰诺夫发表《12—13世纪唐古特西夏的畜牧管理法》《西夏的国家和佛教》《中国西夏学：新近出版物》		
1988年	宁夏人民出版社出版李范文《同音研究》； 宁夏人民出版社出版史金波《西夏佛教史略》； 紫禁城出版社出版马文宽《宁夏灵武窑》； 吉林教育出版社出版白滨《元昊传》； 三秦出版社出版周伟洲《唐代党项》； 宁夏人民出版社出版罗矛昆点校本《西夏纪》；	克平发表《唐古特亲属称谓术语》《唐古特语翻译的汉文文本》《汉武帝〈秋风辞〉的唐古特语译文》《重拟唐古特亲属关系系统：东方文明和文化的互动与相互影响》； 克恰诺夫发表《克恰诺夫论文中提到的唐古特语人名、术语及文献名称》《唐古特的	京都大学文学部发表西田龙雄《西夏语〈月月诗〉的研究》； 松泽博发表《西夏文·谷物贷借文书私见——以天理图书馆所藏夏汉合璧文书残片为中心》《西夏文·谷物贷借文书私见（2）——以天理图书馆所藏夏汉合璧文书残片为中心》《西夏文·谷物贷借文书私见	

纪年	中国	俄罗斯	日本	欧美
1988年	文物出版社出版史金波、白滨、吴峰云《西夏文物》； 宁夏人民出版社出版李仲三根据克恰诺夫俄译本翻译的《西夏法典——天盛改旧新定律令》（1—7章）； 宁夏人民出版社出版牛达生、许成《贺兰山文物考察与研究》； 《文物》发表宁夏文物考古研究所《西夏陵园北端建筑遗址发掘简报》	书籍术语》《唐古特写本书（12世纪下半叶—13世纪前25年）》《西夏军队中奖赏勇士的法令》； 卡坦斯基著、霍升平译《苏联西夏学研究的历史与现状》	（3）——以俄罗斯东方学研究所列宁格勒分所藏No.954文书再读》等系列论文	
1989年	吉林教育出版社出版白滨《党项史研究》； 宁夏人民出版社出版李蔚《西夏史研究》；	索夫罗诺夫发表《西藏语和唐古特语中的声调和发声》《西藏抄本唐古特文字》；	东京大修馆书店出版西田龙雄《西夏文字小史》	匈牙利学者玛利亚·范凌思所撰《中国史官眼中的西夏》，霍升平、杨建明译文发表

纪年	中国	俄罗斯	日本	欧美
1989年	宁夏人民出版社出版黄振华、聂鸿音、史金波整理《番汉合时掌中珠》； 人民出版社出版许成、韩小忙《宁夏四十年考古发现与研究》，着重介绍了建国40年以来宁夏地区西夏考古学的重要成就； 陈炳应发表《西夏的兵种兵员初探》	萨玛秀克发表《科兹洛夫探险与唐古特文化》； 卡坦斯基发表《俄罗斯研究人员对中亚考古学的研究——基于俄罗斯地理学会档案和苏联科学院东方学研究所列宁格勒分所的资料》		于《宁夏文史》第4辑
1990年	聂鸿音发表《补〈西夏艺文志〉》，在清人王仁俊《西夏艺文志》基础上，结合出土文献辑补西夏人翻译或撰写的文献74种；	苏联科学出版社出版克平《新集慈孝记》； 克平发表《来自唐古特律令"亲秩"一节中的两个术语》《唐古特的丧服制度》；		德国赫伯特·弗兰克和苏联克恰诺夫合著《11—13世纪西夏和中国军事法渊源》（贞观玉镜将）

纪年	中国	俄罗斯	日本	欧美
1990年	陕西人民出版社出版戴应新《赫连勃勃与统万城》	克恰诺夫、[德]傅海波发表《11—13世纪的唐古特文与汉文军事法典》；卡坦斯基发表《唐古特国的手工业》		
1991年	科学出版社出版李逸友《黑城出土文书》（汉文文书卷）	克恰诺夫出版《大夏皇帝（关于10—11世纪西夏皇帝元昊）》；克平、德里姆发表《唐古特（西夏）表意文字的藏文注音》；克恰诺夫发表《唐古特语〈摩诃般若波罗密多心经〉》		
1992年	上海三联书店出版聂鸿音《塞北三朝》。	索夫罗诺夫发表《唐古特文字的藏文注音：前缀问题》；		美国邓如萍在《亚洲学刊》发表《党项王朝的佛教及元代遗

纪年	中国	俄罗斯	日本	欧美
1992年	宁夏大学成立西夏研究所，2000年更名为西夏学研究中心	克恰诺夫发表《唐古特国西夏（982—1227年）崇信佛教的帝师》		存——帝师制度起源于西夏说》，《宁夏社会科学》发表译文
1993年	山西人民出版社出版陈炳应《西夏谚语》； 宁夏人民出版社出版史金波、黄振华、聂鸿音《类林研究》； 宁夏人民出版社出版王天顺主编《西夏战史》； 《考古与文物》发表《银川西夏陵区三号陵园东碑亭遗址发掘简报》	苏联东方文学出版社出版卡坦斯基《西夏的物质文化》； 萨玛秀克发表《西夏艺术》，中文译本由（台北）国立历史博物馆于1997年出版； 米哈伊·比奥特洛夫斯基编《丝路上消失的王国——哈拉浩特的佛教艺术（10—13世纪）》； 萨玛秀克发表《唐古特帝国的艺术——历史和风格解释》《唐古特皇帝的肖像》		意大利出版米哈依·彼奥特罗夫斯基主编《丝路上消失的王国——西夏黑水城的佛教艺术》，中文译本由（台北）国立历史博物馆于1996年出版

续表

纪年	中国	俄罗斯	日本	欧美
1994年	河北大学出版社出版漆侠、乔幼梅著《辽夏金经济史》； 上海书画出版社出版上海博物馆青铜器研究部编《宋辽金西夏钱币》； 科学出版社出版史金波、聂鸿音、白滨译《西夏天盛律令》，1999年法律出版社再版； 中国社会科学出版社出版李范文《宋代西北方音》； 台北林英津出版有关西夏文《孙子兵法》方面的研究成果； 史金波在《历史研究》发表《西夏的职官制度》	克平发表《唐古特语动词的变位》《唐古特语中的动作趋向范畴：与方位和情绪相关的前缀》《唐古特国名考》； 克恰诺夫发表《党项人的古文字与文化》； 卡坦斯基发表《唐古特词典〈文海〉中反映出的唐古特人的自然科学观念》		

纪年	中国	俄罗斯	日本	欧美
1995年	宁夏大学推出《西夏研究丛书》第一辑，包括王天顺主编《西夏学概论》、杜建录著《西夏与周边民族关系史》、张迎胜主编《西夏文化概论》、韩小忙著《西夏王陵》、龚世俊等《西夏书事校证》； 宁夏人民出版社出版罗矛昆译《圣立义海研究》； 文物出版社出版雷润泽、于存海、何继英编《西夏佛塔》； 东方出版社出版许成、杜玉冰《西夏陵》； 中国大百科全书出版社出版《宁夏灵武窑发	索夫罗诺夫发表《唐古特语二等韵和腭辅音问题》； 克恰诺夫发表《文海宝韵：该书及其命运》《介绍亲属关系与义务的唐古特百科全书——〈圣立义海〉(1182年)》《关于西夏社会道德及其规范的唐古特手稿》《唐古特西夏（982—1227年)》《关于白鹤和太阳腿女子的唐古特神话》； 克平发表《唐古特本土文献中唐古特国的官方名称》； 萨玛秀克发表《哈拉浩特	小高裕次发表《关于西夏语的他动词文中分裂型格标示》《关于西夏语的韵书中表现的文法术语"助语"》等	德国人傅海博、崔瑞德编《异族王朝和边疆国家》，由普林斯顿大学出版社出版，史卫民等汉译为《剑桥中国辽西夏金元史》，1998年中国社会科学出版社出版

续表

纪年	中国	俄罗斯	日本	欧美
1995年	掘报告》； 　　宁夏人民出版社出版陈炳应《贞观玉镜将研究》； 　　宁夏社会科学院、宁夏大学等单位联合在银川召开首届西夏学国际学术讨论会； 　　中国社会科学院民族研究所、《历史研究》编辑部、《传统文化与现代化》编辑部在北京大觉寺召开辽金西夏史研讨会	出土文献中十二世纪的"星魔圈"》		
1996年	宿白撰《西夏古塔的类型》，收录于《藏传佛教寺院考古》，由文物出版社出版； 　　杜建录发表《论西夏与周边民族关系及其特点》	索罗宁完成历史学副博士学位论文《唐古特国的中国佛教：历史和发展特点》； 　　鲁多娃发表《来自黑水城的中国风格绘画》；	小高裕次发表《依据电脑进行西夏语数据库的构建》	

纪年	中国	俄罗斯	日本	欧美
1996年		克恰诺夫发表《两幅唐古特绘画草图》《唐古特学笔记》		
1996—2000年	上海古籍出版社出版史金波、魏同贤、克恰诺夫主编《俄藏黑水城文献》（1—11册）		小高裕次在《东亚言语研究》连续发表《关于西夏语韵书中出现的语法述语"助词"》《西夏语中名词后置词的分类》等论文，以西夏语法研究为题，完成广岛大学博士学位论文	
1997年	中国社会科学出版社出版李范文《夏汉字典》，这是中国出版的第一部夏汉字典； 人民出版社出版李蔚《简明西夏史》；	克恰诺夫出版《圣立义海》； 克恰诺夫发表《唐古特杜撰的孔子与老子的会面》《〈孔子和坛记〉——一部未知的唐古特伪书》；	日本岩波书店出版西田龙雄《西夏王国的语言和文化》； 日本国立亚非语言文化研究所出版李范文、中岛干起《电脑处理西夏文〈杂	

纪年	中国	俄罗斯	日本	欧美
1997年	天津古籍出版社出版《辽金西夏史研究》； 四川民族出版社出版史金波、黄艾榕《西夏用兵史话》； 中华书局出版聂鸿音《古道遗声：中华文学通览·西夏辽金卷》； 中国社会科学院成立西夏文化研究中心	索罗宁完成哲学副博士学位论文《汉传佛教流派在唐古特西夏的教化及其宗教实践》； 萨玛秀克发表《哈拉浩特出土的观音画像》 萨玛秀克著、迈克尔·肖特尔英译《唐古特西夏的行星崇拜》	字〉研究》； 荒川慎太郎编撰《西夏语通韵字典》； 西田龙雄在东方学会创立五十周年纪念《东方学论集》发表《西夏文字新考》； 岛田正郎从20世纪后期开始关注西夏法典，1997年至2001年五年间连续发表11篇论文； 中国社会科学院西夏文化研究中心聘任西田龙雄为学术委员，荒川慎太郎、小高裕次为编辑委员	

纪年	中国	俄罗斯	日本	欧美
1998年	宁夏大学、银川市人民政府等单位主办中国宋史第八届年会暨西夏建都兴庆府（银川）960周年学术讨论会； 宁夏大学推出《西夏研究丛书》第二辑，包括王天顺主编《西夏天盛律令研究》、杜建录著《西夏经济史研究》、韩小忙著《西夏道教初探》、龚世俊、陈广恩、朱巧云点校《西夏纪事本末》；胡玉冰点校《西夏志略》； 宁夏人民出版社出版李范文等主编《首届西夏学国际会议论文集》；	索夫罗诺夫发表《唐古特语的喉音》； 克恰诺夫发表《唐古特佛教书籍：供养人、抄经人和编经人》； 索罗宁发表《唐古特国洪州法师考》《圭峰宗密和唐古特禅宗佛教》； 克恰诺夫发表《文化适应是同化的一种方式——以13—16世纪的唐古特西夏人为例》； 萨玛秀克发表《哈拉浩特出土的两幅藏式风格的唐卡》；	西田龙雄出版文集《西夏语研究新论》	美国夏威夷大学出版邓如萍《白高大夏国》（10—11世纪西夏的佛教和政治）

纪年	中国	俄罗斯	日本	欧美
1998年	中国社会科学出版社出版朱瑞熙、张邦炜、刘复生、蔡崇榜、王曾瑜《宋辽西夏金社会生活史》； 河北人民出版社出版李华瑞《宋夏关系史》； 中国青年出版社出版孙星群《西夏辽金音乐史稿》； 中国社会科学出版社出版傅海波、崔瑞德著，史卫民译《剑桥中国辽西夏金元史》； 杜建录发表《西夏的赋役制度》； 宁夏回族自治区银川市建立西夏博物馆	克平发表《著名的凉州番汉合璧碑新探》		

纪年	中国	俄罗斯	日本	欧美
1999年	宁夏人民出版社出版李范文、孙宏开《西夏语比较研究》； 法律出版社出版史金波等译《天盛改旧新定律令》	京都大学出版克恰诺夫《俄罗斯科学院东方学研究所西夏佛教文献目录》； 克恰诺夫发表《〈妙法莲华经〉和西夏国》； 克平发表《唐古特语成吉思汗名字的语源》	池田巧发表《探寻西夏后裔》（上、下）； 荒川慎太郎发表《从夏藏对音资料看西夏语的声调》； 松泽博接连发表《西夏谷物贷借文书研究余滴》系列论文。	
2000年	宁夏人民出版社出版韩荫晟《党项与西夏资料汇编》（上中下三卷，共九册）； 中国藏学研究中心历史研究所与《贤者新宴》编辑部联合举办"西夏佛教在藏汉佛教交流中的地位与作用讨论会"；	克恰诺夫出版《孔子和坛记》； 索夫罗诺夫发表《唐古特语的辅音咽化》； 索罗宁发表《唐古特佛教的唐代传承：唐古特文本〈镜〉中的教法分类》；	日本国立亚非语言文化研究所出版史金波、中岛幹起《电脑处理〈文海宝韵〉研究》	

纪年	中国	俄罗斯	日本	欧美
2000年	社会科学文献出版社出版史金波、雅森·吾守尔《活字印刷术的发明和早期传播》； 宁夏人民出版社出版卡坦斯基著，王克孝、景永时译《西夏书籍业》； 《中华文史论丛》刊发聂鸿音《关于黑水城的两件西夏文书》，全文汉译了《黑水守将告近禀帖》和《黑水副将上书》	萨玛秀克发表《哈拉浩特出土的灶神》《两幅有皇帝画像的唐古特版画》《哈拉浩特出土的观音画像再研究》《艾尔米塔什博物馆收藏的哈拉浩特出土壁画的风格特征》		
2001年	宁夏大学西夏学研究中心被教育部批准为高校人文社会科学重点研究基地；	克恰诺夫发表《唐古特国的游牧民族：定居的游牧民族》；		

纪年	中国	俄罗斯	日本	欧美
2001年	文物出版社出版韩小忙、孙昌盛、陈悦新《西夏美术史》； 甘肃人民出版社出版焦进文、杨富学《元代西夏遗民文献〈述善集〉校注》； 上海文艺出版社出版宋德金、史金波《中国风俗通史·辽金西夏卷》	克平发表《哈拉浩特资料中的"弥药"（唐古特）自称和自画像》； 萨玛秀克发表《哈拉浩特出土唐古特绘画中供养人的含义和功能》； 索夫罗诺夫发表《聂历山在唐古特语言和文化研究领域中的贡献》		
2002年	宁夏大学、银川市西夏博物馆、银川市贺兰山岩画管理处、西北第二民族学院、宁夏社会科学院联合召开第六届中国少数民族科技史暨西夏科技史国际会议；	卡坦斯基、索夫罗诺夫出版西夏《杂字》； 索夫罗诺夫发表《唐古特语言学与唐古特语的辅音咽化》《唐古特语言中的词序和辅助语素》；	西田龙雄发表《西夏语文法新考》； 松泽博发表《西夏文〈瓜州监军司审判案〉遗文》	

纪年	中国	俄罗斯	日本	欧美
2002年	宁夏大学推出《西夏研究丛书》第三辑，包括聂鸿音《西夏文德行集研究》，李蔚《西夏史若干问题探索》，王天顺主编《西夏地理研究》，胡玉冰《汉文西夏文献丛考》，张廷杰《宋夏战事诗研究》，马希荣、王行愚《西夏文数字化方法及其应用》；中国社会科学出版社出版杜建录《西夏经济史》；国家图书馆出版《国家图书馆学刊》西夏研究专号，以纪念六十年前"西夏	克平发表《由藏文抄写的唐古特语初步词汇表》；克恰诺夫发表《唐古特文本学》《大夏国（982—1227年）及其文化》；萨玛秀克发表《哈拉浩特出土绘画中的历史人物：事实和假说》《根据敦煌藏文文献重估哈拉浩特出土圣像画的意义》《西夏艺术作品中的肖像研究及史实》；马拉佐娃发表《唐古特学笔记：东方学家聂历山》		

纪年	中国	俄罗斯	日本	欧美
2002年	研究专号"的出版； 甘肃文化出版社出版陈炳应《西夏探古》； 《考古》发表宁夏考古研究所《银川西夏陵区3号陵园遗址发掘简报》； 甘肃武威建成西夏博物馆，成为继银川西夏博物馆后，我国第二个西夏专题博物馆			
2003年	宁夏人民出版社出版汤晓芳等主编《西夏艺术》； 上海人民出版社出版李锡厚、白滨《辽金西夏史》；	亚历山大洛夫编《克平最后的文章和文献》（论文集）出版； 索罗宁发表《反映西夏洪州佛教和宗密		

续表

纪年	中国	俄罗斯	日本	欧美
2003年	宁夏人民出版社出版万辅彬、杜建录主编《第六届中国少数民族科技史暨西夏科技史国际会议文集》； 内蒙古大学出版社出版胡若飞在西夏军制与西夏文献方面的论集； 台北中研院刊出龚煌城《西夏语文研究论文集》	（780—841年）传承的一份唐古特文书》； 萨玛秀克发表《涅斯多留派基督教对西夏唐古特国佛教形象的影响》； 涅夫斯卡娅发表《这位旅行者值得歌唱》（聂历山的女儿缅怀父亲）； 克恰诺夫发表《聂历山成为学者的历程：聂历山的老师及其同时代的人》		
2004年	宁夏大学推出《西夏研究丛书》第四辑，包括杜建录主编《二十世纪西夏学》、史金波《西夏出版研究》、牛	索夫罗诺夫发表《唐古特语中的零音素》《〈文海〉中上部反切字符的拼写问题研究》； 克恰诺夫发		

纪年	中国	俄罗斯	日本	欧美
2004年	达生《西夏活字印刷研究》、张竹梅《西夏语音研究》、彭向前补注《宋史夏国传集注》、杨志高校证《宋西事案》等； 中国社会科学出版社出版周伟洲《早期党项史研究》； 宁夏大学西夏学研究中心与甘肃五凉古籍整理研究中心联合整理《中国西夏学百年文库》； 宁夏大学西夏学研究中心与甘肃五凉古籍整理研究中心启动教育部高校人文社科重点研究基地重大项目《国	表《〈义同一类〉初探》《吴兢〈贞观政要〉唐古特（西夏）译本残叶考》《〈三代相照言文集〉——活字印刷术独一无二的明证》《吐鲁番和西夏》； 索罗宁发表《唐古特佛教起源考：洪州法师学说精义》； 萨玛秀克发表《哈拉浩特出土绘画的日期考订》	佐藤贵保完成大阪大学博士学位论文《西夏贸易史的研究》	

纪年	中国	俄罗斯	日本	欧美
2004年	内所藏西夏文献整理研究》； 　　由教育部高校人文社科重点研究基地宁夏大学西夏学研究中心主办的"西夏学网"开通； 　　中国国家博物馆和宁夏回族自治区文化厅合编《大夏寻踪·西夏文物辑萃》出版； 　　三秦出版社出版陕西师范大学西北环发中心编《统万城遗址综合研究》； 　　中国社会科学院学术委员会集刊刊发史金波《西夏粮食借贷契约研究》，后史金波陆续在《历史研究》《中国史研究》《民族研究》《中国经济史研究》《中国社会科学院研究生院学报》上发表关于西夏租税文书、契约文书、军籍文书等方面的系列文章，这些成果后来整合于2017年出版的《西夏经济文书研究》中； 　　林英津、徐芳敏、李存智、孙天心、杨秀芳、何大安编《汉藏语研究：龚煌城先生七秩寿庆论文集》（《语言暨语言学》专刊外编之四）出版			

纪年	中国	俄罗斯	日本	欧美
2005年	上海辞书出版社出版沙知、吴芳思编著《斯坦因第三次中亚考古所获汉文文献（非佛经部分）》； 宁夏人民出版社出版李范文主编《西夏通史》； 宁夏人民出版社出版杜建录《〈天盛律令〉与西夏法制研究》； 宁夏文物考古研究所编《拜寺沟西夏方塔》在文物出版社出版； 孙伯君编《国外早期西夏学论集》（全2册）在民族出版社出版；	克恰诺夫发表《俄罗斯科学院东方学研究所圣彼得堡分所藏西夏文版妙法莲华经出版前言》《贞观玉镜统（1101—1113年）：序文和唐古特语译本》《作为书籍印刷史资料的死城哈拉浩特出土文书》《唐古特西夏文化的命运》等； 萨玛秀克发表《12—14世纪的哈拉浩特佛教绘画艺术（科兹洛夫藏品）：中国和西藏之间》，俄罗斯联邦文化部国立艺术学院艺术学博士学位论文	松泽博以《西夏文献拾遗》为题，连续对夏译汉籍进行系列研究	

续表

纪年	中国	俄罗斯	日本	欧美
2005年	《中国藏学》刊发史金波《最早的藏文木刻本考略》，介绍了俄罗斯收藏的黑水城西夏文献中多种藏文木刻本佛经和刻有藏文、梵文的木刻本护轮图，是迄今最早的藏文印刷品实物，反映了印刷术在民族交往中的作用； 《民族语文》刊发韩小忙《西夏文中的异体字和讹体字》； 《中国边疆史地》刊发杨蕤《宋夏疆界考论》； 《民族研究》刊发钟焓《〈黄石公三略〉西夏译本正文的文献特征》			

纪年	中国	俄罗斯	日本	欧美
2005—2007年	甘肃人民出版社和敦煌文艺出版社联合出版史金波、陈育宁主编《中国藏西夏文献》（全20册）			
2005—2008年	中国社会科学出版社出版李范文编《西夏研究》（1—8辑）			
2005—2010年	上海古籍出版社出版谢宇杰、吴芳思主编《英藏黑水城文献》（全5册）		小高裕次对西夏文《新集金碎掌置文》进行专题研究和翻译	
2006年	由宁夏大学西夏学研究院主办，宁夏人民出版社出版的学术集刊《西夏学》开始出版（后由上海古籍出版社	京都大学文学院语言学系出版克恰诺夫、荒川慎太郎编《西夏语词典（夏—俄—英—汉词典)》；	佐藤贵保发表《俄罗斯藏黑水城出土西夏文〈大方广佛华严经〉经帙文书的研究——以西夏榷场使相	

纪年	中国	俄罗斯	日本	欧美
2006年	和甘肃文化出版社相继出版），2025年已出版31辑； 福建人民出版社出版邱树森《中国文化小通史：辽金西夏元》（第6卷）； 香港中华书局出版曾瑞龙《拓边西北——北宋中后期对夏战争研究》，2013年北京大学出版社再版	萨玛秀克出版《哈拉浩特出土的12—14世纪的佛教绘画艺术》	关汉文文书群为中心》，较早对黑水城出土西夏榷场文书进行讨论	
2006—2021年	上海古籍出版社出版《俄藏黑水城文献》第12册至31册（西夏文世俗部分和西夏文佛教部分）			

纪年	中国	俄罗斯	日本	欧美
2007年	《中国藏西夏文献》出版座谈会在北京举行。来自全国政协、教育部、新闻出版总署、宁夏回族自治区、中国社会科学院、中国科学院、北京大学、国家图书馆、中华书局、宁夏大学、甘肃省古籍文献整理编译中心等单位的20余位资深专家出席会议。新华社、人民日报、光明日报、中央人民广播电台、中央电视台、中国国际广播电台、中国教育电视台等多家媒体记者跟踪报道。会议认为，这部大型丛书的出版不仅	索罗宁完成历史学博士学位论文《学之所得：唐古特国西夏的佛教华严禅传统》；　　索罗宁发表《西夏佛教与契丹的联系》《中国佛教中"宗"的概念在西夏佛教研究中的运用》		法国向柏霖在慕尼黑兰光出版社出版《西夏文〈新集慈孝传〉考》

纪年	中国	俄罗斯	日本	欧美
2007年	有力推动西夏学发展，还将对历史学、民族学、文献学、语言学等相关学科产生深远影响； 　　上海古籍出版社出版李伟、郭恩主编《法藏敦煌西夏文文献》； 　　上海人民出版社出版史金波《西夏社会》（全2册）； 　　复旦大学出版社出版李昌宪《中国行政区划通史·宋西夏卷》； 　　科学出版社出版宁夏文物考古研究所、银川西夏陵区管理处编《西夏三号陵：地面遗迹发掘报告》，后于2013年推出《西夏六号陵》； 　　文物出版社出版宁夏文物考古研究所编《山嘴沟西夏石窟》（全2册）； 　　文物出版社出版牛达生《西夏遗迹》； 　　中国社会科学出版社出版胡玉冰《传统典籍中的汉文西夏文献研究》； 　　《语言研究》刊发孙伯君《西夏译经的梵汉对音与汉语西北方音》			

纪年	中国	俄罗斯	日本	欧美
2008年	宁夏大学西夏学研究院、甘肃省古籍文献整理编译中心、内蒙考古研究所在银川联合举办"纪念黑水城文献出土100周年学术研讨会"； 中国民族古文字研究会主办的"辽夏金元历史文献国际研讨会"，来自中国、俄罗斯、日本等地的学者出席，出版论文集《中国多文字时代的历史文献研究》； 国家图书馆出版社出版塔拉、杜建录、高国祥主编《中国藏黑水城汉文文献》（全10册）；	克恰诺夫出版《唐古特国历史》； 索罗宁发表《俄罗斯科学院东方文献研究所藏唐古特佛教著作〈唐昌国师二十五问答〉》； 克恰诺夫发表《唐古特西夏文献中的"鞑靼"》《俄罗斯科学院东方文献研究所唐古特特藏及其研究状况》； 尤苏波娃在《19世纪末—20世纪初俄罗斯在中亚的探险》发表《科兹洛夫1907—1909年蒙古—四川探险及哈拉浩特的发现》	荒川慎太郎、池田巧、佐藤贵保发表论文《日本藏西夏文献中的几个语言学问题》（英文）《西夏语与木雅语的存在动词》《在考察原件基础上的西夏法典研究》（英文），论文收入《中国多文字时代的历史文献研究》	法国向柏霖发表《吐蕃传说中的两个西夏词》，聂鸿音汉译文刊于《宁夏社会科学》。随后向柏霖在《民族语文》《西夏研究》发表《西夏语的名词性谓语》《西夏帝王的称号》等论文

纪年	中国	俄罗斯	日本	欧美
2008年	上海古籍出版社出版俄罗斯国立艾尔米塔什博物馆、西北民族大学编《俄藏黑水城艺术品》（第1册），2012年出版第2册； 中国社会科学出版社出版韩小忙《〈同音文海宝韵合编〉整理与研究》； 人民出版社出版杨蕤《西夏地理研究》； 《中国史研究》和《宁夏社会科学》刊发杜建录《黑水城出土几件西夏社会文书考释》《西夏天盛十五年（1163年）王受贷钱契等考释》，推动了学术界对汉文西夏社会文书的进一步关注； 黑水城文献发现100周年之际，《中国史研究》第4期集中刊发6篇西夏学方面的论文。在黑水城及国内各地西夏文献大量刊布的新时期，各位专家从不同角度对西夏学发展进行了回顾和瞻望			

纪年	中国	俄罗斯	日本	欧美
2009年	史金波、陈育宁、杜建录等《中国藏西夏文献》获教育部高等学校科学研究优秀成果（人文社会科学）三等奖； 教育部国际司（中俄人文合作委员会秘书处）指导成立中俄人文合作工作机制框架内研究机构——中俄（俄中）西夏学联合研究所，宁夏大学西夏学研究院院长杜建录教授任中方所长，俄罗斯科学院东方文献研究所所长波波娃教授任俄方所长。2010年10月，中俄西夏学联合研究所在宁夏大学揭牌；	俄罗斯科学院东方文献研究所、敦煌学国际联络委员会联合举办"敦煌学：第二个百年的研究视角与问题"国际学术会议，在俄罗斯科学院东方文献研究所—诺夫—米哈伊洛夫斯基宫召开，来自中国（包括大陆、台湾、香港、澳门）、日本、德国、英国、荷兰以及俄罗斯等国70余位学者参加了会议；	《图书馆理论与实践》发表西田龙雄撰，景永时、鲁忠慧译《关于西夏语翻译的〈法华经〉》； 《西夏学》刊发西田龙雄撰，刘红军译《西夏语佛典目录编纂诸问题》；克平撰，李杨、王培培译《汉武帝〈秋风辞〉的番语译文》	《中华文史论丛》发表邓如萍撰，聂鸿音译《西夏佛典中的翻译史料》

纪年	中国	俄罗斯	日本	欧美
2009年	教育部《高校哲学社会科学工作简报》以"教育部人文社科重点研究基地服务地方文化建设成效显著"为题，高度表扬宁夏大学西夏学研究中心在服务地方文化建设方面取得的突出成就，反映了教育部对西夏学学科发展与建设的支持与关怀； 　　上海古籍出版社出版高春明《西夏艺术研究》； 　　中华书局出版孙继民《俄藏黑水城所出〈宋西北边境军政文书〉整理与研究》； 　　宁夏人民出版社出版杜建录主编《说西夏》； 　　《中国社会科学报》刊发沈卫荣《黑水城文献的多语文、跨学科研究》，呼吁将西夏学与藏学、蒙古学、佛学和回鹘研究结合起来开发利用黑水城文献，将其建设成为如敦煌学一般的世界性学问；	克恰诺夫发表《唐古特国的所有权形式》《东方学者研究史：戈尔芭切娃（1907—1979年）》《东方学者研究史：克罗克罗夫（1896—1979年）》《评史金波的〈西夏社会〉》等； 　　卡坦斯基发表《唐古特国的音乐》		

纪年	中国	俄罗斯	日本	欧美
2009年	《文献》刊发段玉泉《元刊西夏文大藏经的几个问题》； 　《宁夏社会科学》刊发牛达生《简论西方学者早期西夏学研究中的几个问题》。贾常业发表《西夏法律文献〈新法〉第一译释》，学界开始对《亥年新法》展开研究，后周峰、梁松涛、王培培等学者陆续推出相关研究成果； 　《民族研究》刊发孙伯君《西夏番姓译正》，通过西夏文献与汉文史料的合勘，纠正了49个西夏姓氏的译法。后佟建荣又对汉文史料中的西夏姓氏、西夏后妃姓氏、经济文书中的西夏姓名等问题进行深入研究，发表了《西夏番姓汉译再研究》等系列论文			

纪年	中国	俄罗斯	日本	欧美
2010年	教育部副部长郝平在教育部政策法规司副司长柯春辉、国际司副司长生建学和自治区领导的陪同下，来到宁夏大学西夏学研究院视察指导工作，对西夏学研究院富有特色的研究工作给予充分肯定； 宁夏大学西夏学研究院以西夏学系列著作为基础，召开"211工程"重点建设学科首批成果出版座谈会； 中央民族大学、北京市民族事务委员会、西南民族大学、中国民族古文字研究会在北京共同	《西夏学》刊发克恰诺夫《俄藏第8203号西夏文书考释》《西夏国和僧侣》《〈三代相照言文集〉——活字印刷术独一无二的明证》、克平《西夏文献中的"黑头"和"赤面"》、索罗宁《西夏佛教的"真心"思想》； 《西夏研究》刊发克平《西夏诗歌中成吉思汗的名字》； 索罗宁发表《西夏文"洪州"文献再考》《西夏佛教的"真心"思想》； 索夫罗诺夫发表《〈文海〉和〈韵图〉中	佐藤贵保以《天盛律令》为材料，进行西夏文献的考释，进而研究西夏史，从2010年开始发表多篇论文； 荒川慎太郎在"首届中国少数民族古籍文献国际学术研讨会"发表《关于佛典刊本中出现的西夏异体字》； 松泽博发表《关于武威西夏博物馆藏亥母洞出土西夏文契约文书》	

纪年	中国	俄罗斯	日本	欧美
2010年	举办"首届中国少数民族古籍文献国际学术研讨会"，来自中国、俄罗斯、德国、法国、英国、匈牙利、土耳其、捷克、澳大利亚、蒙古国、日本和中国台湾、香港等13个国家和地区80余位代表参加研讨； 　　中国社会科学院民族研究所在北京举行"薪火相传—史金波教授七十华诞学术活动"，来自北京、宁夏、河北、甘肃、陕西、内蒙古、江苏、台湾以及俄、日、法等国70余名西夏学、民族学、历史学专家应邀出席； 　　宁夏大学西夏学研究院、宁夏博物馆在银川举办"黑水城文献与西夏学国际学术论坛"； 　　宁夏大学西夏学研究院举办"西夏与敦煌"学术研讨会在银川召开； 　　宁夏大学西夏学研究院主办的教育部人文社会科学重点研究基地期刊《西夏学》网络版在中国高校人文社会科学信息网正式发布；	的四等韵》《聂历山对西夏研究的贡献》； 　　巴格达诺夫发表《哈拉浩特出土的藏文书籍：科兹洛夫藏品》； 　　克恰诺夫发表《唐古特国〈新法〉第六章：法律和行为规范》		

纪年	中国	俄罗斯	日本	欧美
2010年	由宁夏社会科学院主办的综合性学术期刊《西夏研究》正式创刊发行； 　　人民出版社出版漆侠主编《辽宋西夏金代通史》（全8册）； 　　上海三联书店出版陈育宁、汤晓芳《西夏艺术史》； 　　文物出版社出版杭天《西夏瓷器》； 　　人民出版社出版杨浣《辽夏关系史》； 　　民族出版社出版崔红芬《西夏河西佛教研究》； 　　山西人民出版社出版山西博物院、宁夏博物馆编《大夏遗珍：西夏文物精品展》； 　　宁夏人民出版社出版赵彦龙《西夏文书档案研究》； 　　《西夏研究》刊发李华瑞《近30年国内的西夏史研究述评》； 　　《江汉论坛》开设"黑水城文献与西夏历史研究"专题，组织了史金波、孙继民、崔红芬、陈瑞青关于利用黑水城汉文文献研究西夏社会历史和宋夏关系的论文			

纪年	中国	俄罗斯	日本	欧美
2010—2019年	宁夏大学西夏学研究院以中俄西夏学联合为基础，开始在上海古籍出版社出版《西夏文献研究丛刊》系列丛书，已相继出版 15 种，包括杜建录、史金波《西夏社会文书研究》、聂鸿音《西夏文献论稿》、杜建录《中国藏西夏文献研究》，彭向前《西夏文〈孟子〉整理研究》，段玉泉《西夏〈功德宝集偈〉跨语言对勘研究》，胡进杉《西夏佛典探微》，杜建录《党项西夏碑石整理研究》，梁松涛《西夏文〈宫廷诗集〉整理与研究》，于光建《〈天盛律令〉典当借贷门整理研究》，杜建录、波波娃主编《〈天盛律令〉研究》，潘洁《〈天盛律令〉农业门整理研究》，尤桦《〈天盛律令〉武器装备条文整理研究》，翟丽萍《〈天盛律令〉职官门整理研究》，张笑峰《〈天盛律令〉铁箭符牌条文整理研究等			

纪年	中国	俄罗斯	日本	欧美
2011年	中华书局出版武宇林、荒川慎太郎主编《日本藏西夏文献》（全2册）； 由中国社科院学部委员史金波为首席专家，宁夏大学西夏学研究院为主要合作单位国家社科基金特别委托项目《西夏文献文物研究》获准立项； 中国社会科学院西夏文化研究中心和宁夏大学西夏学研究院联合在宁夏大学举办首届西夏文研修班，国内外16个单位70余名学员参加； 由宁夏大学西夏学研究院、	《西夏学》刊发克恰诺夫《西夏文本学》《夏圣根赞歌》； 《西夏研究》刊发克平《西夏版画中的吐蕃和印度法师肖像》； 索夫罗诺夫发表《唐古特语音重构中的系统性因素》； 克恰诺夫发表《13世纪前25年唐古特—鞑靼边界——根据西夏文《新法》	《西夏研究》刊发佐藤贵保《未刊俄藏西夏文〈天盛律令〉印本残片》； 《西夏学》刊发荒川慎太郎《内蒙古文物考古所收藏的西夏文陀罗尼残片考》	高奕睿（Imre Galambos）撰 "The northern neighbors of the Tangut, *Cahiers de Linguistique – Asie Orientale*"，吴宇将其汉译为《西夏的北邻》，2020年发表于《西夏研究》； 高奕睿在《东方写本文献》发表《夏译诸葛亮〈将苑〉》

纪年	中国	俄罗斯	日本	欧美
2011年	中国社会科学院西夏文化研究中心、甘肃省武酒集团主办的第二届西夏学国际学术论坛在甘肃省武威市举办。来自世界 5 个国家和地区的 120 余位代表进行了为期 4 天的学术研讨和遗址考察； 中国社会科学院民族学与人类学研究所在北京召开国家社科基金特别委托项目《西夏文献文物研究》子课题开题论证会暨专家委员会会议； 宁夏大学西夏学研究院、宁夏社会科学院历史研究所西夏学科被宁夏回族自治区批准为宁夏西夏学人才高地； 中国大百科全书出版社出版蔡美彪、吴天墀《辽、金、西夏史》； 中国社会科学出版社出版韩小忙《〈同音背隐音义〉整理与研究》； 《历史研究》刊发孙继民、许会玲《西夏汉文"南边榷场使"文书再研究》，在已有研究基础上对榷场使文书的数量、释读和性质做了补正，并对西夏的公文制度和外贸制度作出深入研究			

纪年	中国	俄罗斯	日本	欧美
2012年	中国社会科学院西夏文化研究中心和宁夏大学西夏学研究院联合在宁夏大学举办第二届西夏文研修班，组织了为期8天的课程学习和田野考察； 中华书局出版杜建录主编《党项西夏文献研究：词目索引、注释与异名对照》； 中国社会科学出版社出版《薪火相传：史金波先生70寿辰西夏学国际学术研讨会论文集》； 中国社会科学出版社出版李华瑞《视野、社会与人物：宋史、西夏史研究论文稿》；	俄罗斯科学院东方文献研究所召开"庆祝克恰诺夫教授80辰"国际学术会议后，波波娃等编辑出版《中亚的唐古特——纪念克恰诺夫教授诞辰80周年文集》； 谢普京主编《纪念聂历山的报告会——纪念聂历山诞辰120周年国际研讨会》； 胡佳科夫完成语文学副博士论文《唐古特语的语音符号：U型发音》； 胡佳科夫发表《唐古特语在东亚语言中的地位：关于唐古特	日本松香堂书店出版西田龙雄《西夏语研究新论》，该书收录了西田龙雄先生最近二、三十年在西夏语言文字方面的论文； 日本东京外国语大学亚非语言文化研究所举办"西夏与契丹文献研究"国际学术会议	英国高奕睿在波波娃编《克恰诺夫80寿辰纪念文集》发表《夏译汉文军事典籍的一致性》； 德国茨默在波波娃编《克恰诺夫80寿辰纪念文集》发表《突厥语源中国名"西夏"考》； 英国魏安在波波娃编《克恰诺夫80寿辰纪念文集》发表《西夏写本中的笛谱》

纪年	中国	俄罗斯	日本	欧美
2012年	北京师范大学出版社出版孙继民《俄藏黑水城汉文非佛教文献整理与研究》； 　　宁夏人民教育出版社出版鲁人勇《西夏地理志》； 　　宁夏人民出版社出版（俄）索罗宁、粟瑞雪对夏译汉籍《十二国》的研究专著； 　　上海古籍出版社出版杜建录主编的教育部西夏学重点研究基地建设十周年纪念文集《西夏学论集》； 　　学苑出版社出版张宝玺《瓜州东千佛洞西夏石窟艺术》； 　　甘肃民族出版社出版杨富学、陈爱峰《西夏与周边关系研究》； 　　史金波发表《黑水城出土西夏文卖地契研究》	语的起源和结构》《唐古特语的语音结构》《唐古特循环符号和日历词汇的词源》； 　　索夫罗诺夫发表《再论唐古特语言重构问题》； 　　克恰诺夫发表《唐古特西夏的汉文文献》《敦煌：唐古特国（982—1227年）的组成部分》； 　　巴格达诺夫发表《俄罗斯科学院东方文献研究所藏唐古特写本和刊本资料编目：工作历程、问题与展望》； 　　索罗宁发表《西夏文"洪州"文献再考》《辽与西夏之禅宗关系：以黑水城〈解行照心图〉为例》《西夏佛教"华严信仰"的一个侧面初探》； 　　萨玛秀克发表《哈拉浩特出土绘画中的唐古特人画像》		

纪年	中国	俄罗斯	日本	欧美
2013年	由中国社科院西夏文化研究中心、宁夏大学西夏学研究院、中国人民大学国学院联合举办的"第三届西夏学国际学术论坛暨纪念王静如先生诞辰110周年学术研讨会"在北京中国社会科学院民族学与人类学研究所召开。来自世界7个国家和地区的100余位专家出席会议； 中共靖边县委、靖边县人民政府、榆林市文化广电新闻出版局、西北大学中国文化研究中心等单位联合举办"统万城建成1600周年暨古代朔方文化研究国际学术研讨会"；	巴克舍耶夫、谢普京合编《聂历山：生活及遗产》（论文集）； 克恰诺夫出版《唐古特国〈新法〉译释（十三世纪前25年）》； 索夫罗诺夫发表《唐古特语音表中的浊音和吸气》； 巴格达诺夫发表《俄罗斯科学院东方文献研究所唐古特特藏中关于唐古特葬礼仪式的资料：引言与翻译》； 索罗宁发表《西夏佛教之"系统性"初探》《西夏"华严信仰"与"圆教"》； 波波娃发表《叶甫根尼·伊万诺维奇·克恰诺夫（1932—2013年）》		法国罗曼发表《西夏文献中的神话动物形象：以11世纪的中国为例》

纪年	中国	俄罗斯	日本	欧美
2013年	杜建录教授入选教育部 2011 年度"长江学者奖励计划"特聘教授； 　　国家社科基金特别委托项目《西夏文献文物研究》系列丛书在社会科学文献出版社出版，包括《王静如文集》，史金波《西夏文教程》，孙继民、宋坤、陈瑞青、杜立晖《考古发现西夏汉文非佛教文献整理与研究》，梁松涛《黑水城出土西夏文医药文献整理与研究》，佟建荣《西夏姓名研究》，杨志高《西夏文〈经律异相〉整理研究》，王培培《西夏文〈维摩诘经〉整理研究》，黎大祥《武威地区西夏遗址调查与研究》，李华瑞、刘双怡《〈天盛律令〉与〈庆元条法事类〉比较研究》，孙昌盛西夏文《吉祥遍至口合本续》整理研究，陈育宁、汤晓芳、雷润泽《西夏建筑研究》； 　　中华书局、天津古籍出版社出版塔拉、杜建录、高国祥主编《中国藏黑水城民族文字文献》；			

纪年	中国	俄罗斯	日本	欧美
2013年	商务印书馆出版汤开建《党项西夏史探微》； 上海古籍出版社出版牛达生《西夏考古论稿》； 甘肃文化出版社出版贾常业《新编西夏文字典》； 商务印书馆出版束锡红《黑水城西夏文献研究》； 中国社会科学出版社出版孙颖新《西夏文〈无量寿经〉研究》； 宁夏大学西夏学研究院编辑的西夏研究丛书第五辑由宁夏人民出版社出版，包括赵彦龙《西夏公文写作研究》，牛达生《西夏钱币研究》，杨浣《他者的视野：蒙藏史籍中的西夏》，潘洁《黑水城出土钱粮文书专题研究》，佟建荣《西夏姓氏辑考》； 湖南人民出版社出版叶振鹏、陈锋主编，黄纯艳著《中国财政通史：宋辽西夏金元财政史》（第5卷）			

纪年	中国	俄罗斯	日本	欧美
2014年	中国社会科学院西夏文化研究中心、宁夏大学西夏学研究院联合举办"第三届西夏文研修班暨西夏文献研讨会"； 中国社会科学院民族学与人类学研究所在北京举办"西夏语言研究国际学术会议"； 全国博士后管委会办公室、中国博士后科学基金会、宁夏回族自治区人力资源和社会保障厅主办，宁夏大学西夏学研究院承办的"黑水城文献与西夏学国际学术论坛"在银川召开；	巴格达诺夫发表《哈拉浩特出土的活字印刷书籍：识别刊本的标准与问题——俄罗斯科学院东方文献研究所藏科兹洛夫发掘的唐古特特藏文献》； 德米特里耶夫发表《苏联的唐古特（西夏）学研究：俄罗斯东方学研究的典范》； 波波娃、索罗宁发表《克恰诺夫〈唐古特国新法（十三世纪前25年)〉》	松香堂书店出版荒川慎太郎《西夏文金刚经研究》	荷兰 Brill 出版公司出版法国国家科学研究中心 Guillaume Jacques 博士的著作《党项语历史音韵和形态论纲》； 高奕睿在《中亚期刊》发表《汉籍在西夏》

纪年	中国	俄罗斯	日本	欧美
2014年	中俄人文合作项目研讨会在宁夏大学西夏学研究院召开，波波娃所长和中方课题组成员就下一阶段合作项目进行了深入的探讨； 　　中国社会科学院西夏文化研究中心与宁夏大学西夏学研究院在银川举办"西夏文物学术研讨会"； 　　国家社科基金特别委托项目《西夏文献文物研究》重大子课题《西夏文物》开始由中华书局出版，当年出版《甘肃编》（全6册）和《内蒙古编》（全4册）； 　　中华书局出版胡玉冰整理《西夏书校补》（全4册）； 　　民族出版社出版崔红芬《文化融合与延续：11—13世纪藏传佛教在西夏的传播与发展》； 　　甘肃教育出版社出版于光建《神秘的河陇西夏文化》			

纪年	中国	俄罗斯	日本	欧美
2015年	中央电视台科教频道播出由中央电视台和宁夏党委宣传部联合出品，史金波、李范文、陈育宁、杜建录等西夏学专家担任学术顾问，宁夏大学西夏学研究院撰写史学稿本，金铁木执导的大型历史纪录片《神秘的西夏》，掀起收视热潮和广泛的社会好评。该片获评第九届"纪录·中国"创优评析人文（自然）类一等奖； 宁夏大学西夏学研究院、中国社会科学院西夏文化研究中心、河西学院在甘肃张掖联合举办第四届西夏学国际学术论坛；	伦迪谢娃发表《哈拉浩特出土的木刻板印刷陀罗尼经片段》； 俄罗斯编辑出版科兹洛夫《蒙古—四川探险日记（1907—1909年）》； 苏列伊玛诺娃发表《神秘之城哈拉浩特》		高奕睿在德国柏林出版《翻译中国传统文化与教授西夏文化：黑水城所出抄本和刻本》

纪年	中国	俄罗斯	日本	欧美
2015年	宁夏大学西夏学研究院举办"西夏语言与文化学术研讨会",来自中国社会科学院、宁夏大学、北方民族大学、日本东京大学等国内外的 40 余位学者列席会议; 　　宁夏大学西夏学研究院和中国社会科学院西夏文化研究中心在宁夏大学联合举办第四届西夏文研修班; 　　国家社会科学基金特别委托项目"西夏文献文物研究"子课题《西夏文草书字典》编纂工作会议在河北省保定市河北大学举行; 　　北方民族大学、榆林学院和横山县政协在榆林市联合举办"党项史迹与陕北历史文化学术研讨会"; 　　国家社科基金特别委托项目"西夏文献文物研究"重大子课题《西夏文物》编纂工作会议在宁夏大学召开; 　　杜建录教授为首席专家申报的"西夏通志"获国家社科基金重大项目立项; 　　杜建录《中国藏黑水城汉文文献整理研究》入选国家哲学社会科学成果文库,2016 年由人民出版社出版; 　　天津古籍出版社出版孙继民、宋坤、陈瑞青、杜立晖著《英藏及俄藏黑水城汉文文献整理》(全 2 册)			

纪年	中国	俄罗斯	日本	欧美
2016年	宁夏大学西夏学研究院、中国社会科学院西夏文化研究中心和甘肃文化出版社共同策划，史金波、杜建录主编的大型学术丛书《西夏学文库》被列入"十三五"国家重点图书出版规划，并于次年入选国家出版基金项目； 杜建录、潘洁、张笑峰、高仁、邓文韬、彭向前、段玉泉、杨浣、佟建荣等《中国藏黑水城汉文文献释录》，获第八届高等学校科学研究优秀成果奖（人文社会科学）二等奖；	波波娃等编辑出版《谢尔盖·奥多诺维奇·奥登堡：科学学者和组织者》； 巴格达诺夫发表《一份含有唐古特非佛教仪式元素的礼仪文本》； 索罗宁发表《〈金刚般若经颂科次纂要义解略记〉序及西夏汉藏佛教的一面》《圭峰宗密与西夏华严禅的传承问题》； 尤苏波娃发表《科兹洛夫1907—1909年蒙古—四川探险日记所记载的哈拉浩特考古发掘》	古代文字资料馆出版吉池孝一、中村雅之、长田礼子《辽西夏金元对音对訳资料选》； 东洋文库出版武内绍人和井内真帆著《不列颠图书馆斯坦因收集品中的黑水城藏文文献》； 荒川慎太郎《基于实地调查俄罗斯所藏资料的西夏文字草书体体系研究》得到东京外国语大学亚非语言文化研究所资助； 浜中沙椰发表《萨迦派史料中西夏的记	荷兰 Brill 出版公司出版莱顿大学 Rint Sybesma（司马翎）教授主编《中国语言暨语言学百科全书》，其中有英国国家博物馆助理研究员 Miyake Marc Hideo（三宅英雄）负责撰写的《西夏语》部分，这些内容后来由麻晓芳汉译，2019年发表于《西夏研究》； 英国高奕睿发表《西夏写本〈孔子和坛记〉再考》

纪年	中国	俄罗斯	日本	欧美
2016年	胡玉冰整理《西夏书校补》（全4册），获第八届高等学校科学研究优秀成果奖（人文社会科学）二等奖； 人民出版社出版杜建录《中国藏黑水城汉文文献整理研究》； 河北大学宋史研究中心梁松涛教授为首席专家申报的国家社科基金重大项目"出土西夏文涉医文献整理与研究"和陕西师范大学沙武田教授为首席专家申报的国家社科基金重大项目"敦煌西夏石窟研究"获准立项； 宁夏大学西夏学研究院编辑出版"正说西夏"系列，包括杜建录主编的《话说西夏》《解密西夏》、《还原西夏》和吴峰云、杨秀山编撰的《西夏文明》； 宁夏人民出版社出版杜建录主编《神秘西夏》； 上海古籍出版社出版杜建录论文集《西夏史论集》； 甘肃文化出版社出版牛达生《西夏考古论稿》； 中国社会科学出版社出版史金波《瘠土耕耘：史金波论文选集》； 中华书局、天津古籍出版社出版史金波总主编、李进增主编《西夏文物（宁夏编）》；		述：以藏蒙关系确立期的记述变化为中心》《藏语史料中西夏记述的展开：以藏蒙关系确立期的记述变化为中心》，讨论了藏语史料中的西夏记述	

纪年	中国	俄罗斯	日本	欧美
2016年	中国社会科学出版社出版韩小忙《西夏文的造字模式》； 中国经济出版社出版任长幸《西夏盐业史论》。 杨志高研究员《〈慈悲道场忏法〉西夏译文的复原与研究》入选国家哲学社会科学成果文库； 6月14日《光明日报》第9版刊发杜建录《其言已逝其学不绝——西夏学的传承与创新》一文，回顾了百年西夏学历程和教育部西夏学重点研究基地建设意义； 7月13日，中俄西夏学联合研究所在宁夏大学举行联席会议，俄方所长波波娃与中方所长杜建录出席会议，双方确定启动新的合作计划； 9月17日至21日，教育部西夏学重点研究基地建设15周年学术研讨会"在宁夏大学召开； 12月10日，"中俄西夏学联合研究成果出版座谈会"在银川举行，教育部国际司、自治区教育厅以及史金波、陈育宁、程妮娜出席会议； 宁夏大学西夏学研究院特聘专家史金波、陈育宁分别主持的《西夏文大词典》和《西夏多元文化研究》获批教育部哲学社会科学重大委托项目			

纪年	中国	俄罗斯	日本	欧美
2017年	杜建录教授为首席专家的宁夏大学西夏学研究团队获自治区党委、政府人才项目"西夏学国际一流团队建设"; 宁夏大学西夏学研究院、中国社会科学院西夏文化研究中心、内蒙古自治区阿拉善盟文化新闻出版广电局在内蒙古阿拉善盟联合举办"第五届西夏学国际学术论坛暨黑水城历史文化研讨会"; 敦煌研究院在敦煌举办"回鹘·西夏·元代敦煌石窟与民族文化学术研讨会";陕西师范大学韩小忙教授为首席	俄中西夏学联合研究成果发布暨研讨会在俄罗斯科学院东方文献研究所召开。来自中国宁夏大学西夏学研究院、俄罗斯科学院东方文献研究所、艾尔米塔什博物馆、圣彼得堡大学等单位的专家出席会议; 安德烈耶夫发表《伦敦皇家地理学会档案馆收藏的科兹洛夫探险活动材料》; 巴克舍耶夫发表《超越时代的学者:纪念聂历山(1892—1937)诞辰125周年·新发现、新出版、新研究》	台北商务印书馆出版杉山正明《疾驰的草原征服者:辽、西夏、金、元》; 《西夏研究》刊发荒川慎太郎撰,王玫译《西夏的"炮"设计图》	高奕睿在《西夏研究》发表《夏译中原兵书的异同》

纪年	中国	俄罗斯	日本	欧美
2017年	专家的"西夏文《天盛律令》整理研究"和四川师范大学文学院聂鸿音教授为首席专家的"西夏文学文献的汇集、整理与研究"获批国家社科基金重大项目； 社会科学文献出版社出版史金波《西夏经济文书研究》； 上海文艺出版社出版史金波《西夏风俗》； 中国社会科学出版社出版李华瑞主编《宋辽西夏金史青蓝集》； 中国社会科学出版社出版陈广恩《西夏元史研究论稿》； 文物出版社出版宁夏文物考古研究所编《西夏宏佛塔》； 中国社会科学出版社出版杨志高《〈慈悲道场忏法〉西夏译文的复原与研究》； 3月20日，宁夏回族自治区自治区主席咸辉一行调研宁夏大学西夏学研究院，要求加强学科建设，擦亮教育部人文社科重点研究基地金字招牌； 4月20日，自治区党委书记、人大常委会主任李建华调研宁夏大学西夏学研究院，要求从中国历史大背景下加强西夏学研究；			

纪年	中国	俄罗斯	日本	欧美
2017年	彭向前研究员《俄藏西夏历日文献整理研究》，入选 2017 年度《国家哲学社会科学成果文库》； 8 月 12 日，第五届西夏学国际学术论坛暨黑水城历史文化研讨会在内蒙古阿拉善盟开幕，本届论坛由宁夏大学西夏学研究院和内蒙古阿拉善盟文化新闻出版广电局联合主办； 8 月 21 日，俄中西夏学联合研究成果发布暨研讨会在俄罗斯科学院东方文献研究所召开。中国宁夏大学西夏学研究院、俄罗斯科学院东方文献研究所、艾尔米塔什博物馆、圣彼得堡大学等单位的专家出席会议。波波娃所长主持会议，杜建录院长介绍联合研究成果。会后，中俄两国专家就进一步加强合作研究进行了交流。 10 月 18 日，宁夏大学西夏学研究院院长杜建录教授作为中国共产党第十九次代表大会代表，赴北京参加中国共产党第十九次代表大会。 11 月 19 日，由宁夏大学西夏学研究院主办的首届"神韵西夏"文创产品设计大赛暨西夏文化产业化学术论坛在逸夫楼举行			

纪年	中国	俄罗斯	日本	欧美
2017—2022年	甘肃文化出版社出版《西夏学文库》第一辑20种（著作卷杜建录、史金波主编，论集卷史金波、杜建录主编），包括史金波《西夏历史文化钩沉》，贾常业《西夏文字揭要》，梁继红《凉州与西夏》，孙宏开《西夏语言研究》，沈卫荣《西夏佛教文献与历史研究》，孙继民《黑水城出土文书研究》，周峰《辽金西夏碑刻研究》，杜建录《西夏与周边民族关系》，杜建录《西夏文献研究》，彭向前《党项西夏名物汇考》，陈玮《西夏番姓大族研究》，杜建录《西夏经济史论稿》，高仁《西夏畜牧业研究》，王培培《夏译汉籍中的古代汉语对音研究》，戴光宇《〈番汉合时掌中珠〉词汇历史研究》，潘洁《黑水城出土赋役文书研究》，于光建《武威西夏木板画墓研究》，梁松涛《西夏文〈法则〉译释》，段玉泉《绿城出土西夏文献研究》，王静如著译《西夏文字与文献译解》； 　　甘肃文化出版社出版《西夏学文库》第二辑20种（著作卷杜建录、史金波主编，论集卷史金波、杜建录主编），包括周伟洲《党项西夏史论》，李华瑞《西夏史探赜》，陈育宁、汤晓芳《西夏历史文化探幽》，白滨《西夏民族史论》，聂鸿音《西夏文献论稿二编》，聂鸿音《西夏学述论》，陈炳应《西夏文明研究》，任怀晟《西夏服饰研究》，麻晓芳《西夏文〈大宝积经·善住意天子会〉研究》，许伟伟《西夏宫廷制度研究》，潘洁、李玉峰《西夏农业研究》，史金波《西夏军事文书研究》，			

纪年	中国	俄罗斯	日本	欧美
2017—2022年	史伟《东千佛洞西夏壁画研究》，邓文韬《元代唐兀人研究》，张竹梅《〈五音切韵〉研究》，赵天英《西夏文草书研究》，魏亚丽《西夏帽式研究》，王龙《黑水城出土西夏律藏研究》，杜建录《天盛律令与西夏法制研究》，（俄）克恰诺夫著，崔红芬、文志勇译《俄藏黑水城西夏文佛经叙录》； 　　甘肃文化出版社出版《西夏学文库》第三辑20种（著作卷杜建录、史金波主编，论集卷史金波、杜建录主编），包括刘建丽《西夏民族关系研究》，刘玉权《西夏石窟艺术研究》，杨志高《百年中国西夏学研究报告》，魏淑霞《西夏职官制度研究》，贾常业《西夏音韵辞书〈音同〉解读》、贾常业《西夏韵书〈五音切韵〉解读》，宋坤《黑水城汉文藏外佛教文献若干问题研究》，和智《〈天盛改旧新定律令〉校译补正》，沙武田《敦煌西夏石窟艺术新论》，马旭俊《金夏关系研究》，史金波著，戴光宇校订《西夏文写本〈文海宝韵〉研究》，[俄]索罗宁《西夏汉传佛教文献研究》，杨富学《〈述善集〉与河南濮阳西夏移民研究》，孙伯君、王龙《西夏文〈类林〉译注》，王艳云《西夏书籍设计艺术研究》，刘文荣《西夏乐器研究》，王巍《黑水城出土数术文书整理研究》，杨浣《蒙藏史籍中的西夏》，西田龙雄著，那楚格译《西夏语研究新论》，[俄]克恰诺夫著，张海娟、马雅琼译《西夏历史》； 　　上述三辑均获国家出版基金资助			

纪年	中国	俄罗斯	日本	欧美
2018年	1月16日，中俄西夏学合作研究项目讨论会在银川召开。俄罗斯科学院东方文献研究所所长、中俄西夏学联合研究所俄方所长波波娃，自治区教育厅国际教育处处长孙忠铭、自治区外事办欧美大处处长武裕军等出席会议。 7月16日，中俄西夏学联合研究项目第二次研讨会在宁夏大学西夏学研究院召开，俄方项目负责人波波娃教授和中方负责人杜建录教授及课题组成员出席会议，双方就进一步合作内容达成一致。	俄罗斯科学院东方文献研究所在圣彼得堡举办"俄罗斯与东方——俄罗斯科学院东方文献研究所200周年国际论坛"； 巴格达诺夫发表《作为历史资料的唐古特书籍插图——以俄罗斯科学院东方文献研究所唐古特特藏版画的描述为例》； 波波娃发表《从亚洲博物馆到俄罗斯科学院东方文献研究所：东方民族文献的收藏家和研究人员》； 巴格达诺夫发表《唐古特特藏：亚洲博	汲古书院出版岩崎力《西夏建国史研究》； 东京创价学会·东洋哲学研究所出版荒川慎太郎著《普林斯顿大学图书馆所藏西夏文〈妙法莲华经〉写真版及语言学研究》	英国高奕睿在《西夏研究》发表《克劳森框架字典序言》； 英国魏安发表《西夏〈同音〉概论》

纪年	中国	俄罗斯	日本	欧美
2018年	8月5日，中俄西夏学合作研究签约仪式在俄罗斯圣彼得堡举行，宁夏大学中俄西夏学联合研究所和俄罗斯科学院俄中西夏学联合研究所签订了新一轮合作协议。宁夏回族自治区党委书记石泰峰、中国驻圣彼得堡总领馆临时代办张树友、俄罗斯科学院院士缅希科夫等参加了签约活动。杜建录院长和波波娃所长代表中俄双方签约。 　　10月19—21日，宁夏大学西夏学研究院先后举办"第四届西夏学博士后论坛"和"西夏建都兴庆府980周年学术研讨会暨西夏文化产业论坛"； 　　11月9日，《西夏学文库》首发暨出版座谈会在宁夏大学举行。该文库为国家十三五重点出版计划、国家出版基金项目，分著作卷、论集卷和译著卷三大部分，计划出版100种； 　　11月28日，宁夏大学西夏学研究院和俄罗斯艾尔米塔什博物馆（冬宫博物馆）签订联合整理俄藏黑水城艺术品协议。艾尔米	物馆——俄罗斯科学院东方文献研究所的宝藏和财富》		

纪年	中国	俄罗斯	日本	欧美
2018年	塔什博物馆副馆长维林巴霍夫代表彼特洛夫斯基馆长，和杜建录院长交换了协议书。宁夏大学校长何建国、艾尔米塔什博物馆东方部主任科兹洛娃和相关专家萨玛秀克、叶甫艮尼等参加活动； 　　12月13日，宁夏大学西夏学研究院举办第二届"神韵西夏"文创大赛暨中华优秀传统文化传承研讨会； 　　杜建录教授团队主讲的《解读西夏》上线学堂在线； 　　甘肃文化出版社出版杜建录、波波娃主编，潘洁、于光建整理的写真线装《天盛改旧新定律令》，这种珍本古籍再造，是西夏文献保护传承重要举措； 　　社会科学文献出版社出版彭向前《俄藏西夏历日文献整理研究》； 　　宁夏人民出版社出版景永时、波波娃著《〈番汉合时掌中珠〉整理与研究》； 　　中华书局与宁夏人民出版社联合出版聂鸿音、孙伯君著《西夏译华严宗著作研究》			

续表

纪年	中国	俄罗斯	日本	欧美
2019年	6月12日，宁夏大学西夏学研究院与银川西夏陵文投公司签订了产学研战略合作协议，杜建录院长和赵宽宁总经理为"教育部高校人文社会科学重点研究基地宁夏大学西夏学研究院文创研发基地"和"宁夏大学民族学与文化旅游产业研究院产学研融合实践基地"揭牌。 7月29日，中俄西夏学联合研究推进会在宁夏大学召开，波波娃所长和课题组进行了座谈交流，杜建录院长主持座谈会。	胡佳科夫发表《从图形元素看唐古特文字生成机制》； 佐林、司佐娃发表《俄罗斯科学院东方文献研究所收藏的哈拉浩特藏文文献收集和整理的历史》《俄罗斯科学院东方文献研究所收藏的哈拉浩特出土藏文刻本》等	《西夏研究》刊发荒川慎太郎《西夏语的双数后缀》、佐藤贵保《西田龙雄博士的西夏语研究成果以及对历史研究的影响》； 《唐史论丛》刊发村井恭子《唐末五代鄂尔多斯及河东党项、吐谷浑相关石刻史料——研究状况的介绍与考察》	

纪年	中国	俄罗斯	日本	欧美
2019年	8月15日，第六届西夏学国际学术论坛在银川召开，来自中国、俄罗斯、日本、法国、挪威等国家60多家单位的130多名专家学者出席此次论坛； 9月16日，宁夏大学西夏学研究院、鄂尔多斯学研究会、乌审旗委、旗政府在乌审旗召开"鄂尔多斯党项西夏文化与区域文化旅游融合发展研讨会"； 宁夏大学西夏学研究院段玉泉研究员为首席专家的"出土西夏字书整理研究及语料库建设"、西北大学历史学院王善军教授为首席专家的"辽宋西夏金元族谱文献整理与研究"、河北师范大学历史文化学院崔红芬教授为首席专家的"西夏文佛教文献遗存唐译经的整理与综合研究"获批国家社科基金重大项目； 三秦出版社出版张红艳《北宋与西夏边境地区的经济文化交流研究》； 花木兰文化事业有限公司出版周峰《21世纪西夏学论著目录（2001—2015年）》； 甘肃文化出版社出版贾常业《西夏文字典》； 社会科学文献出版社出版孙颖新《西夏文〈大宝积经·无量寿如来会〉对勘研究》； 宁夏大学完成的中俄人文合作项目成果《俄藏黑水城汉文文献释录》获2019年国家古籍整理出版专项经费资助； 宁夏大学西夏学研究院推出的慕课《解读西夏》入选中宣部学习强国平台慕课专栏			

纪年	中国	俄罗斯	日本	欧美
2020年	《西夏学》2020年1期集中刊发史金波：《砥砺奋进 发展繁荣——中华人民共和国成立70年来西夏学三大体系建设刍议》、杜建录《西夏学的传承与发展》、荒川慎太郎《日本西夏学的回顾与展望》； 本年度《西夏学》还刊发了陈育宁、李华瑞相关文章，陈育宁的《西夏文化的形成及主要特征》，揭示了西夏文化作为中华民族历史文化的一部分，它的形成和发展在中华民族多元一体格局中极具代表性；	科罗特科夫发表《12—14世纪黑水城藏品中佛教绘画的修复与保护》； 德米特里耶夫发表《西夏语文献中的香料：以夏汉对照词典〈掌中珠〉（1190年）为例》	《西夏学》刊发荒川慎太郎《日本西夏学的回顾与展望》； 《西夏研究》刊发佐藤贵保《西夏信使的身份凭信研究》	《语言学》发表法国向柏霖等《西夏语为一种西嘉绒语》； 英国龚勋发表《西夏语音韵学中的小舌音和小舌化元音》

纪年	中国	俄罗斯	日本	欧美
2020年	李华瑞的《西夏是一个中亚国家吗？——评俄国近三十年的西夏史研究》，指出了俄罗斯学者将西夏文化归于中亚文化的观点的错误，阐释了西夏历史的中华文明属性和内涵。 《民族研究》刊发史金波《西夏对中国的认同》； 2020年6月10日，光明日报"光明访名家"栏目，刊发《杜建录："顶天立地"西夏学》，报道了宁夏大学"顶天"的学术成果和"立地"的文创成果； 11月10日，由宁夏大学西夏学研究院与甘肃文化出版社共同主办《揭开神秘西夏的面纱》的出版座谈会在宁夏大学召开。《揭开神秘西夏的面纱》是光明日报社原宁夏记者站站长庄电一长期关注西夏考古发现和古迹保护、西夏学研究成果和进展的文集，甘肃文化出版社出版； 12月3日，杜建录教授牵头主讲的《解读西夏》入选首批国家级一流本科课程； 12月17日，杜建录教授主编的《中国藏黑水城汉文文献释录》，荣获第八届高等学校科学研究优秀成果奖（人文社会科学）二等奖；			

纪年	中国	俄罗斯	日本	欧美
2020年	12月18日，彭向前研究员为首席专家的《"夏译汉籍"汇纂通考及数据库建设》获批国家社科基金冷门绝学研究团队项目； 社会科学文献出版社出版方震华《和战之间的两难：北宋中后期的军政与对辽夏的关系》； 上海人民出版社出版李锡厚、白滨：中国断代史系列《辽金西夏史》； 中国社会科学出版社出版赵彦龙《西夏档案及其管理制度研究》； 宁夏大学西夏学研究院牵头或独立完成的国家社科基金重大招标项目成果《西夏通志》、国家社科基金特别委托项目重大子课题成果《西夏文物·综合编》、教育部人文社科重点研究基地项目成果《西夏学文库》获2020年度国家出版基金资助； 本年度中国学者发表西夏学论文约101篇，包括社会历史、民族宗教、佛教文献、社会文书、语言文字、文化艺术、考古文物等方面			

纪年	中国	俄罗斯	日本	欧美
2021年	上海三联书店出版汤晓芳《西夏艺术论集》； 中国社会科学出版社出版韩小忙《西夏文词典（世俗文献部分）》； 科学出版社出版杜建录主编《西夏学论集》（2011—2020），该论集是教育部人文社科重点研究基地建设第二个十年成果； 甘肃文化出版社出版杜建录、波波娃主编写真本"西夏文献丛刊"：包括佟建荣整理《西夏诗歌集》，潘洁整理《俄藏未刊〈天盛改旧新定	巴格达诺夫在《东方文献学刊》发表《俄罗斯科学院东方文献研究所西夏特藏编目史考》； 索罗宁在《中国藏学》发表《西夏对藏传佛教的吸收与融创——以〈大成要道〉所收数篇大手印文本为例》； 索罗宁在《西夏学》发表《西夏语〈持金刚经仪轨〉初探》； 索罗宁在《中国藏学》发表《西夏德慧上师两种传承与汉藏佛教圆融》	小野裕子发表《西夏巡检制度——以〈天盛旧改新定禁令〉卷四"边地巡检门"12条为中心》； 荒川慎太郎在《日本汉字学会第四届研究会论文集》发表《西夏文字中"末笔上挑的绕"之研究》	《巴黎语言学会公报》发表法国博马修《西夏语方位格助词：在连续体和二分法之间》； 《国际佛教研究协会期刊》发表德国卡门·麦纳特《西夏帝国（11世纪—13世纪）密宗佛典的制作：黑水城出土〈金刚亥姆修习仪〉手稿和其他密教仪轨的对比研究》； 《东亚出版与社会》发表英国皮得·柯尼基《评史金波著、李汉松译〈西夏文教程〉》；

纪年	中国	俄罗斯	日本	欧美
2021年	律令〉》，张笑峰整理《三才杂字》，彭向前整理《孙子兵法三家注》，于光建整理《黄石公三略》，潘洁整理《十二国》，潘洁整理《圣立义海》，于光建整理《类林》，张笑峰整理《番汉合时掌中珠》，于光建整理《新集锦合辞》，张笑峰整理西夏《杂字》（汉文）； 读者出版社出版杨才年、严复恩《武威西夏碑整理研究》； 《中央民族大学学报》发表杜建录《论民族交往交流交融中的西夏文化》，《光明日报》"光明讲坛"整版发表一万字缩写； 本年度中国学者发表西夏学论文约62篇，包括社会历史、民族宗教、佛教文献、社会文书、语言文字、文化艺术、考古文物等方面			

纪年	中国	俄罗斯	日本	欧美
2022年	上海古籍出版社出版聂鸿音《党项文献研究导论》； 三秦出版社出版杜建录、邓文韬《党项与西夏碑刻题记（全3册）》； 中华书局出版张多勇《西夏监军司遗址及军事布局》； 中国社会科学出版社出版孙伯君《元代白云宗西夏文资料汇释与研究》； 中山大学出版社出版柳长青《西夏文数字化研究》； 黄河水利出版社出版刘峰《西夏陵出土文物纹饰研究》；	索罗宁在《亚洲学》发表《西夏文〈坛经〉与禅宗传记文献》； 索罗宁在《世界宗教研究》发表《西夏佛教与汉藏圆融》； 巴格达诺夫在《东方文献学刊》发表《俄罗斯科学院东方文献研究所藏西夏文写本〈原始萨满仪轨〉译注与研究》； 克鲁格洛娃在《科学通报》发表《划时代的丰碑：克恰诺夫对西夏历史研究的贡献》	荒川慎太郎在《内陆亚洲语言研究》发表《韩小忙〈西夏文词典（世俗文献部分)〉》书评	《藏缅区域语言学》发表法国博马修《西夏语动词的一致性：具有任意性吗？》； 高奕睿发表《当今学界对夏译汉籍看法的转变》，载雷波尔斯出版社布伦杰斯编《欧亚大陆和非洲从巴比伦尼亚到印度殖民时期的翻译叙事》

纪年	中国	俄罗斯	日本	欧美
2022年	上海科学技术文献出版社出版史仲文《中国建筑雕塑史丛书—宋辽金夏建筑雕塑史》； 　　民族出版社出版刘兴全、徐学初《中国西夏学术研究史》； 　　社会科学文献出版社出版杜建录等编《成蹊集》； 　　彭向前《西夏文〈孙子兵法三注〉研究》入选2022年度国家哲学社会科学成果文库，这是宁夏大学西夏学研究院入选的第五种西夏研究成果，也是彭向前教授入选的第二种； 　　《民族研究》发表彭向前《西夏文献所见黄帝形象研究》； 　　本年度中国学者发表西夏学论文约82篇，包括社会历史、民族宗教、佛教文献、社会文书、语言文字、文化艺术、考古文物等方面			

纪年	中国	俄罗斯	日本	欧美
2023年	第八届西夏学国际学术论坛暨中华民族共同体视域下西夏学学术研讨会在宁夏大学召开，来自中国、俄罗斯、英国、德国、日本等国家和中国香港特别行政区的高校、科研院所、文博单位的130多位老中青学者参加了论坛 社会科学文献出版社出版彭向前《西夏文〈孙子兵法三注〉研究》； 读者出版集团甘肃文化出版社出版杜建录、波波娃主编《俄藏黑水城汉文文献释录》；	巴格达诺夫发表《俄罗斯科学院东方文献研究所西夏藏品中的占星、占卜与历史编年文献：序言、西夏文翻译及注释》； 扎伊采夫、戴忠沛发表《聂历山、石滨纯太郎与失传的〈藏音标注西夏字扩展手册〉》《关于西伯利亚发现的唐古特文字的论述：唐古特（藏文）文本及其蒙古文转写本》； 扎马利耶发表《西夏法典中的女性法律地位》；	荒川慎太郎在《言语研究》发表《西夏文字中"点"的出现环境与功能》	《语言与语言学》发表法国博马修《西夏语和霍尔巴语：一些共同的形态句法特征》

纪年	中国	俄罗斯	日本	欧美
2023年	中国社会科学出版社出版王龙《西夏译玄奘所传"法相唯识"经典研究》； 梁松涛为首席专家的"出土西夏文官文书残卷整理与研究"获评国家社科基金冷门绝学团队项目； 《史学集刊》发表程妮娜《分立与整体：辽宋夏金时期中国历史整体性的发展轨迹》； 《本年度中国学者发表西夏学论文约63篇，包括社会历史、民族宗教、佛教文献、社会文书、语言文字、文化艺术、考古文物等方面	波波娃发表《纪念克恰诺夫教授》； 索罗宁出版《大鹏展翅：藏传佛教新旧译密咒在西夏的传播》； 扎伊采夫发表《西夏文藏文注音残片的发现与缀合》； 德罗贝舍夫发表《俄罗斯编年史中的西夏》		

纪年	中国	俄罗斯	日本	欧美
2024年	杜建录、波波娃主编《俄藏黑水城汉文文献释录》荣获第九届高等学校科学研究优秀成果奖（人文社会科学）三等奖； 宁夏大学西夏学入选中国历史研究院发布的"绝学"学科扶持计划2024年度资助学科； 朱存世为首席专家的"苏峪口西夏官窑考古发掘资料整理与研究"获批国家社会科学基金中国历史研究院重大历史问题研究专项；	俄罗斯科学院东方学研究所编《西夏与汉语语文学：纪念索夫罗诺夫诞辰》； 索罗宁发表《汉传佛教华严在西夏》； 克鲁格洛娃发表《游牧与农耕之间：以西夏、辽、宋为例的经济制度互渗研究》； 巴格达诺夫发表《克恰诺夫论俄罗斯科学院东方文献研究所西夏藏品的研究前景》； 索罗宁在《中山大学学报》发表《西夏字典编纂简史与前景展望》；	冈山大学小野裕子完成博士学位论文《西夏军制史研究》； 滨田武志在《言语研究》发表《从〈文海〉的"伪平声"看西夏语音韵学的多层次性》； 荒川慎太郎在《语言与文字》发表《西夏文字的创制与实际使用——字典中的文字是否全部被使用过?》	

纪年	中国	俄罗斯	日本	欧美
2024年	李华瑞在《中国史研究动态》发表《重建华夏文明：元昊建国历史意义的新思考》； 甘肃教育出版社出版王胜泽《美术史背景下敦煌西夏石窟绘画研究》； 阿联酋指南针出版社（AI Bousalah for Publishing&Distribution，UAE）出版宁夏大学西夏学研究院编辑、杜建录主编的"读懂中国之读懂西夏系列"外译西夏学著作：本年度出版 mysteries of the Xixia Dynasty《神秘西夏》，research on the Tiansheng Code and the legal system of Xixia《天盛律令与西夏法制研究》，history of Xixia Dynasty art《西夏艺术史》；Xixia Dynasty in the Vision of Mongols and Tibetans《他者的视野——蒙藏史籍中的西夏》；Stories of Xixia Dynasty《说西夏》；Relationship Between Xixia and Neighboring Ethnic Groups《西夏与周边民族关系》；Historical Exploration of the Community for the Chinese Nation《中华民族共同体的历史探索》； 本年度中国学者发表西夏学论文约67篇，包括社会历史、民族宗教、佛教文献、社会文书、语言文字、文化艺术、考古文物等方面	扎伊采夫发表《西夏山嘴沟遗址出土的不明手稿片段的初步研究》		

纪年	中国	俄罗斯	日本	欧美
2025年	人民出版社出版杜建录《西夏史》，该成果是人民出版社"历史通识书系"之一种； 人民出版社出版杜建录主编《西夏通志》，包括杜建录《西夏史纲》（上下册），杨浣、许伟伟《西夏地理志》、杜建录《西夏经济志》，高仁《西夏职官志》，尤桦、杜建录《西夏军事志》，潘洁、邓文韬、杜维民《西夏人物志》，佟建荣《西夏部族志》，史金波、佟建荣《西夏风俗志》；段玉泉、	甘肃文化出版社出版萨玛秀克《艾尔塔米什博物馆藏黑水城出土雕塑——科兹洛夫俄罗斯考察队1907—1909、1924—1926所获文物》	小野裕子发表《西夏军制中"军"的功能——"军"所属的职位名称及其与"职"的关系考》	法国博马修在《亚非学院院刊》发表《从跨西嘉绒语视角看西夏语的动词模板》、在《语言与语言学》发表《西夏语中的非过去时与过去时动词词干》、在《东亚语言学研究集刊》发表《霍尔巴语与西夏语的前声母及其演变》

纪年	中国	俄罗斯	日本	欧美
2025年	王培培《西夏语言志》，彭向前《西夏文献志》，于光建、邓文韬、杜维民《西夏文物志》，共计 12 册，400余万字。该大型著作是国家社科基金重大项目成果，国家出版基金资助出版； 社科文献出版社出版吴宇《西夏文〈性海圆明镜知足〉研究》； 中华书局、天津古籍出版社出版樊锦诗主编《西夏文物·洞窟编》、杜建录主编《西夏文物·综合编》； 甘肃文化出版社出版杜建录主编《西夏学文萃》（1—10 册）； 法国巴黎举行的世界遗产大会上，西夏陵成功入选世界文化遗产； 8 月 21 日，由教育部西夏学重点研究基地主办的第九届西夏学学术论坛暨西夏陵文化遗产价值学术研讨会在银川召开。从本届论坛开始，虽去掉"国际"二字，但论坛的国际西夏学交流平台的性质不变。			

参考文献

（一）古籍

（汉）司马迁：《史记》，中华书局 1982 年点校本。

（汉）班固：《汉书》，中华书局 1976 年点校本。

（南朝）范晔：《后汉书》，中华书局 1965 年点校本。

（北齐）魏收：《魏书》，中华书局 1974 年点校本。

（唐）姚思廉：《梁书》，中华书局 1973 年点校本。

（唐）魏征：《隋书》，中华书局 1974 年点校本。

（后晋）刘昫：《旧唐书》，中华书局 1975 年点校本。

（宋）欧阳修：《新唐书》，中华书局 1975 年点校本。

（宋）薛居正：《旧五代史》，中华书局 1976 年点校本。

（宋）欧阳修：《新五代史》，中华书局 1974 年点校本。

（元）脱脱：《宋史》，中华书局 1977 年点校本。

（元）脱脱：《辽史》，中华书局 1974 年点校本。

（元）脱脱：《金史》，中华书局 1975 年点校本。

（明）宋濂：《元史》，中华书局 1976 年点校本。

《孙子算经》，文渊阁四库全书影印本。

（北魏）郦道元著，陈桥驿校证：《水经注校证》，中华书局 2007 年版。

（南朝）任昉：《述异记》，文渊阁四库全书影印本。

（唐）李吉甫：《元和郡县图志》，中华书局 1983 年版。

（宋）司马光：《资治通鉴》，中华书局 1956 年点校本。

（唐）长孙无忌等撰，刘俊文点校：《唐律疏议》，法律出版社 1998 年版。

（宋）宋敏求编：《唐大诏令集》，中华书局 2008 年版。

（宋）王溥等：《唐会要》，中华书局 1960 年版。

（宋）王钦若等编：《册府元龟》，凤凰出版社 2006 年校订本。

（清）董浩等编：《全唐文》，中华书局 1983 年影印本。

（清）彭定求等编：《全唐诗》，中华书局 1960 年点校本。

（宋）李昉等：《文苑英华》，中华书局 1966 年排印本。

（唐）杜佑：《通典》，中华书局 1984 年影印本。

（唐）杜牧：《樊川文集》，上海古籍出版社 1978 年版。

（唐）元稹：《元氏长庆集》，上海古籍出版社 1994 年版。

（唐）白居易：《白氏长庆集》，上海书店四部丛刊本。

（唐）柳宗元：《柳河东集注》，文渊阁四库全书影印本。

（唐）陈子昂：《陈拾遗集》，文渊阁四库全书影印本。

（唐）陆贽：《陆宣公集》，浙江古籍出版社 1988 年版。

（宋）王应麟：《玉海》，文渊阁四库全书影印本。

（宋）王溥：《五代会要》，中华书局 1998 年排印本。

（宋）彭百川：《太平治迹统类》，文渊阁四库全书影印本。

（宋）李焘：《续资治通鉴长编》，中华书局 1992 年点校本。

（宋）杨仲良：《续资治通鉴长编纪事本末》，北京图书馆出版社 2003 年版。

（清）黄以周等：《续资治通鉴长编拾补》，中华书局 2004 年点校本。

（宋）曾巩：《隆平集》，中华书局 2012 年校证本。

（宋）王偁：《东都事略》，齐鲁书社 2000 年点校本。

（宋）佚名撰，司义祖整理：《宋大诏令集》，中华书局 1962 年排印本。

（清）徐松辑：《宋会要辑稿》，上海古籍出版社 2014 年点校本。

（宋）赵汝愚编：《宋朝诸臣奏议》，上海古籍出版社 1999 年标点本。

（宋）曾公亮：《武经总要》，文渊阁四库全书影印本。

（宋）吕祖谦：《宋文鉴》，中华书局1992年点校本。

（宋）王存：《元丰九域志》，中华书局1984年点校本。

（宋）乐史：《太平寰宇记》，中华书局2007年点校本。

（元）马端临：《文献通考》，中华书局1986年影印本。

（宋）司马光：《司马光奏议》，山西人民出版社1986年点校本。

（宋）范仲淹：《范文正公集》，四部丛刊初编影印本。

（宋）司马光：《涑水记闻》，中华书局1989年点校本。

（宋）沈括：《梦溪笔谈》，中华书局2015年版。

（宋）苏轼：《经进东坡文集事略》，上海书店四部丛刊本。

（宋）张方平：《乐全集》，文渊阁四库全书影印本。

（宋）包拯：《包孝肃奏议》，文渊阁四库全书影印本。

（宋）文彦博：《潞公文集》，文渊阁四库全书影印本。

（宋）欧阳修：《欧阳修集编年笺注》，巴蜀书社2007年版。

（宋）叶隆礼：《契丹国志》，中华书局2014年点校本。

（宋）杜大珪：《名臣碑传琬琰集》，文渊阁四库全书影印本。

（宋）王明清：《挥麈后录》，文渊阁四库全书影印本。

（宋）洪皓：《松漠纪闻》，文渊阁四库全书影印本。

（宋）田况：《儒林公议》，中华书局2017年唐宋史资料丛刊本。

（宋）龚鼎臣：《东原录》，文渊阁四库全书影印本。

（宋）朱翼中：《北山酒经》，文渊阁四库全书影印本。

（宋）郑刚中：《北山集》，文渊阁四库全书影印本。

（宋）韩忠彦：《忠献韩魏王家传》，四库存目丛书本。

（宋）郑刚中：《西征道里记》，《金华丛书》影印本。

（宋）朱弁：《曲洧旧闻》，中华书局2002年点校本。

（宋）陈师道：《后山谈丛》，中华书局2007年点校本。

（宋）苏辙：《苏辙集》，中华书局1990年点校本。

（宋）宋祁：《景文集》，中华书局丛书集成本。

（宋）晁补之：《鸡肋集》，文渊阁四库全书影印本。

（宋）庄绰：《鸡肋编》，中华书局1983年点校本。

（宋）苏舜钦：《苏学士集》，文渊阁四库全书影印本。

（宋）江休复：《江邻几杂志》，中华书局 1991 年丛书集成初编本。

（宋）上官融：《友会谈丛》，清嘉庆《宛委别藏》本影印本。

（宋）宗泽：《宗忠简集》，文渊阁四库全书影印本。

（宋）李心传：《建炎以来系年要录》，中华书局 1988 年版。

（宋）李心传：《建炎以来朝野杂记》，文渊阁四库全书影印本。

（宋）徐梦莘：《三朝北盟会编》，上海古籍出版社 1987 年版。

（金）佚名：《大金吊伐录校补》，中华书局 2006 年整理本。

（宋）宇文懋昭：《大金国志》，中华书局 2011 年校证本。

（宋）方勺：《泊宅编》，中华书局 1983 年点校本。

（宋）李纲：《梁溪集》，文渊阁四库全书影印本。

（宋）王安中：《初寮集》，文渊阁四库全书影印本。

（宋）袁采：《袁氏式范》，文渊阁四库全书影印本。

（宋）陈舜俞：《都官集》，文渊阁四库全书影印本。

（宋）王质：《雪山集》，文渊阁四库全书影印本。

（宋）刘攽：《彭城集》，商务印书馆 1937 年版。

（宋）周辉撰，刘永翔校注：《清波杂志校注》，中华书局 1994 年点校本。

（宋）李之仪：《姑溪居士后集》，文渊阁四库全书影印本。

（宋）苏颂：《本草图经》，安徽科学技术出版社 1994 年点校本。

（宋）唐慎微撰，尚志均等校点：《证类本草》，华夏出版社 1993 年版。

（宋）陆游：《渭南文集》，文渊阁四库全书影印本。

（宋）魏了翁：《鹤山集》，文渊阁四库全书影印本。

（宋）熊克：《中兴小纪》，文渊阁四库全书影印本。

（清）傅增湘辑：《宋代蜀文辑存》，北京图书出版社 2005 年影印本。

（元）王桢：《农书》，农业出版社 1981 年版。

（元）完颜纳丹等修纂，黄时鉴点校：《通制条格》，浙江古籍出版社 1986 年版。

（元）苏天爵：《元文类》，文渊阁四库全书影印本。

（元）吴澄：《吴文正集》，文渊阁四库全书影印本。

（元）余阙：《青阳集》，文渊阁四库全书影印本。

（元）佚名：《庙学典礼》，文渊阁四库全书影印本。

《元人文集珍本丛刊》，影印嘉业堂丛书本，新文丰出版公司 1986 年。

（元）戴表元：《剡源文集》，文渊阁四库全书影印本。

（元）马祖常：《石田文集》，文渊阁四库全书影印本。

（元）李志常：《长春真人西游记》，上海书店出版社 2013 年点校本。

（元）邓文原：《巴西集》，文渊阁四库全书影印本。

（元）吴当：《学言稿》，文渊阁四库全书影印本。

（元）虞集：《道园类稿》，《元人文集珍本丛刊》影印本，新文丰出版公司 1985 年。

（元）虞集：《道园学古录》，《摛藻堂四库全书荟要》本。

（元）苏天爵：《滋溪文稿》，中华书局 1997 年点校本。

（元）胡祇遹：《紫山大全集》，文渊阁四库全书影印本。

（元）王恽：《秋涧先生大全文集》，四部丛刊初编影印本。

（清）施世杰：《元秘史山川地名考》，《续修四库全书》影印光绪本，上海古籍出版社 1996 年版。

（明）杨士奇等编：《历代名臣奏议》，文渊阁四库全书影印本。

（明）李时珍：《本草纲目》，文渊阁四库全书影印本。

怀效锋点校：《大明律》，法律出版社 1999 年版。

（明）海上唐锦：《正德大名府志》，《天一阁藏明代方志选刊》影印本。

（明）胡汝砺：《嘉靖宁夏新志》，宁夏人民出版社 1982 年点校本。

（清）钟赓起：《甘州府志》，《中国地方志集成·甘肃府县志辑》，凤凰出版社 2008 年版。

（清）顾祖禹：《读史方舆纪要》，中华书局 1994 年版。

（清）王昶：《金石萃编》，清嘉庆十年刻同治钱宝传等补修本。

（清）姚明辉辑：《蒙古志》，台北成文出版社中国方志丛书本。

（清）刘于义：《雍正陕西通志》，凤凰出版社 2011 年版。

（清）徐观海等：《嘉庆定边县志》，定边县志办排印本。

（清）祁韵士：《西陲要略》，三晋出版社 2015 年点校本。

（清）吴广成：《西夏书事》，甘肃文化出版社 1995 年《西夏书事校证》本。

（清）张鉴：《西夏纪事本末》，甘肃文化出版社 1998 年点校本。

（民国）戴锡章：《西夏纪》，宁夏人民出版社 1988 年点校本。

（民国）张维：《陇右金石录》，1943 年甘肃省文献征集委员会校印。

（民国）徐珂：《清稗类钞》，中华书局 2010 年版。

（二）出土文献文物

中国社会科学院民族研究所、俄罗斯科学院东方文献研究所、上海古籍出版社编辑，史金波、魏同贤、克恰诺夫主编：《俄藏黑水城文献》（1～14 册），上海古籍出版社 1996～2011 年版。

宁夏大学西夏学研究中心、国家图书馆、甘肃省古籍文献整理编译中心编辑，史金波、陈育宁主编：《中国藏西夏文献》（1～20 册），甘肃人民出版社、敦煌文艺出版社 2005～2007 年版。

西北第二民族学院、上海古籍出版社、英国国家图书馆编辑，谢玉杰、吴芳思主编：《英藏黑水城文献》（1～4 册），上海古籍出版社 2005 年版。

宁夏大学西夏学研究中心、内蒙古考古研究所、甘肃省古籍文献整理编译中心编辑，塔拉、杜建录、高国祥主编：《中国藏黑水城汉文文献》（1～10 册），国家图书馆出版社 2008 年版。

杜建录主编：《中国藏黑水城汉文文献释录》，中华书局、天津古籍出版社 2016 年版。

史金波、白滨、吴峰云：《西夏文物》，文物出版社 1988 年版。

中国社会科学院西夏文化研究中心、宁夏大学西夏学研究院、甘肃省古籍文献整理编译中心、内蒙古博物院等编，史金波总主编，塔拉、李丽雅主编：《西夏文物·内蒙古编》（1～4 册），中华书局、天津古籍出版社 2014 年版。

中国社会科学院西夏文化研究中心、宁夏大学西夏学研究院、甘肃省古籍文献整理编译中心、甘肃博物馆等编，史金波总主编，俄军主编：《西夏文物·甘肃编》（1～6 册），中华书局、天津古籍出版社 2014 年版。

中国社会科学院西夏文化研究中心、宁夏大学西夏学研究院、甘肃省古籍文献整理编译中心、宁夏博物馆等编，史金波总主编，李进增主编：《西夏文物·宁夏编》（1～12册），中华书局、天津古籍出版社 2016 年版。

俄罗斯国立艾尔米塔什博物馆、西北民族大学、上海古籍出版社编：《俄藏黑水城艺术品》，上海古籍出版社 2008 年版。

《杂字》，《俄藏黑水城文献》本。

《番汉合时掌中珠》，《俄藏黑水城文献》本。

《圣立义海》，《俄藏黑水城文献》本。

《文海》，《俄藏黑水城文献》本。

《贞观玉镜将》，《俄藏黑水城文献》本。

《天盛改旧新定律令》，《俄藏黑水城文献》本。

（三）研究著作

范文澜主编：《中国通史》，人民出版社 2004 年版。

谭其骧主编：《中国历史地图集》（第六册），中国地图出版社 1996 年版。

吕思勉：《中国民族史》，中国大百科全书出版社 1987 年版。

张晋藩等：《中国法制通史》（宋代卷），法律出版社 1999 年版。

吴承洛：《中国度量衡史》，上海书店 1937 年版。

丘光明：《中国度量衡》，新华出版社 1993 年版。

吴松弟：《中国人口史》第三卷，复旦大学出版社 2000 年版。

郭正忠：《中国盐业史·古代编》，人民出版社 1997 年版。

潘吉星：《中国造纸技术史稿》，文物出版社 1979 年版。

张碧波、董国尧主编：《中国古代北方民族文化史》（民族文化卷），黑龙江人民出版社 1993 年版。

吴天墀：《西夏史稿》，四川人民出版社 1980 年版。

吴天墀：《西夏史稿》，四川人民出版社 1983 年增订本。

吴天墀：《西夏史稿》，商务印书馆 2010 年版。

韩荫晟：《党项与西夏资料汇编》，宁夏人民出版社 2000 年版。

漆侠、乔幼梅：《辽夏金经济史》，河北大学出版社 1998 年版。

史金波：《西夏经济文书研究》，社会科学文献出版社 2017 年版。

杜建录：《西夏经济史》，中国社会科学出版社 2002 年版。

陈炳应：《西夏文物研究》，宁夏人民出版社 1985 年版。

马文宽：《宁夏灵武窑》，紫禁城出版社 1988 年版。

中国社会科学院考古研究所：《宁夏灵武窑发掘报告》，中国大百科全书出版社 1995 年版。

史金波、白滨、黄振华：《文海研究》，中国社会科学出版社 1983 年版。

白滨编：《西夏史论文集》，宁夏人民出版社 1984 年版。

李逸友：《黑城出土文书》（汉文文书卷)，科学出版社 1991 年版。

杜建录：《天盛律令与西夏法制研究》，宁夏人民出版社 2005 年版。

李范文等：《电脑处理西夏文〈杂字〉研究》，日本国立亚非语言文化研究所 1997 年版。

罗矛昆等：《圣立义海研究》，宁夏人民出版社 1995 年版。

汤晓芳等：《西夏艺术》，宁夏人民出版社 2003 年版。

史金波：《西夏文化》，吉林教育出版社 1986 年版。

［俄］戈尔巴切娃、克恰诺夫：《西夏文刊本和写本目录》，莫斯科东方学出版社 1963 年版。

史金波：《西夏佛教史略》，宁夏人民出版社 1988 年版。

史金波：《西夏社会》，上海人民出版社 2007 年版。

白滨：《元昊传》，吉林教育出版社 1988 年版。

周伟洲：《党项西夏史论》，甘肃文化出版社 2017 年版。

杜建录：《党项西夏碑石整理研究》，上海古籍出版社 2015 年版。

周伟洲：《唐代党项》，三秦出版社 1988 年版。

杜建录、史金波：《西夏社会文书研究》，上海古籍出版社 2012 年版。

宁夏文物管理委员会办公室：《西夏文史论丛》，宁夏人民出版社 1992 年版。

［俄］捷连提耶夫·卡坦斯基著，王克孝、景永时译：《西夏书籍业》，宁夏人民出版社 2000 年版。

李蔚：《西夏史研究》，宁夏人民出版社 1989 年版。

鲁人勇：《西夏地理志》，宁夏人民出版社 2012 年版。

鲁人勇、吴忠礼、徐庄：《宁夏历史地理考》，宁夏人民出版社1993年版。

王静如：《西夏研究》，国立中央研究院历史语言研究所1932年版。

李范文：《西夏研究论集》，宁夏人民出版社1983年版。

牛达生：《西夏钱币研究》，宁夏人民出版社2013年版。

陈炳应译：《西夏谚语》，山西人民出版社1993年版。

陈炳应：《贞观玉镜将研究》，宁夏人民出版社1995年版。

孙宏开：《西夏语比较研究》，宁夏人民出版社1999年版。

潘洁：《〈天盛律令〉农业门整理研究》，上海古籍出版社2016年版。

本书编辑委员会：《庆祝王钟翰先生八十寿辰学术论文集》，辽宁大学出版社1993年版。

陈寅恪：《唐代政治史述论稿》，上海古籍出版社1997年版。

邓广铭、郦家驹主编：《宋史研究论文集》，河南人民出版社1984年版。

邓广铭、王云海主编：《宋史研究论文集》，河南大学出版社1993年版。

漆侠：《宋代经济史》（上、下），上海人民出版社1987、1988年版。

王曾瑜：《宋朝兵制初探》，中华书局1983年版。

侯仁之：《历史地理学的理论与实践》，上海人民出版社1979年版。

冯承均译：《马可波罗行记》，上海书店出版社2001年版。

［伊朗］志费尼：《世界征服者史》上册，内蒙古人民出版社1980年版。

［波斯］拉施特：《史集》（第一、二卷），商务印书馆1983、1985年版。

朱风、贾敬颜译：《汉译蒙古黄金史纲》，内蒙古人民出版社1985年版。

道润梯步：《新译简注〈蒙古秘史〉》，内蒙古人民出版社1979年版。

李范文主编：《首届西夏学国际学术会议论文集》，宁夏人民出版社1998年版。

岑仲勉：《突厥集史》，中华书局1958年版。

陈明猷：《贺兰集》，宁夏人民出版社1994年版。

杜建录等：《党项西夏文献研究》，中华书局2011年版。

许成：《宁夏考古史地研究论集》，宁夏人民出版社1989年版。

兰州大学敦煌研究所：《敦煌归义军史专题研究》，兰州大学出版社1997年版。

郑炳林：《敦煌地理文书汇辑校注》，甘肃人民出版社 1989 年版。

［德］恩格斯：《德国古代的历史和语言》，人民出版社 1957 年版。

中国社会科学院民族学与人类学研究所编：《薪火相传——史金波先生 70 寿辰西夏学国际学术研讨会论文集》，中国社会科学出版社 2012 年版。

中国民族古文字研究会编：《中国民族古文字研究》第三辑，天津古籍出版社 1991 年版。

吴廷桢、郭厚安主编：《河西开发研究》，甘肃教育出版社 1993 年版。

后　记

编纂一部多卷本西夏通志是多年的夙愿，2001 年教育部批准建设西夏学重点研究基地时，就将该任务纳入基地建设规划。只是鉴于当时资料匮乏，研究团队也比较薄弱，在上级主管部门和学界的支持下，确定先从基础资料和研究团队抓起，采取西夏文献资料整理出版、西夏文献资料专题研究和大型西夏史著作编纂的"三步走"战略，率先开展教育部基地重大项目"国内藏西夏文献整理研究"。2008 年多卷本《中国藏西夏文献》出版后，开始着手《西夏通志》的编纂，起初取名《西夏国志》，后更名《西夏通志》。经过几年的准备，2015 年获批国家社科基金重大项目，2017 年得到滚动支持，2022年完成结项。

《西夏通志》编纂团队除史金波等前辈学者外，大多是基地培养出的学术带头人和学术骨干，他们绝大部分主持多项国家社科基金项目和部省级项目，有的承担国家社科基金重大重点项目，研究领域涉及西夏政治、经济、军事、文化、艺术、地理、文字、文献、文物等方方面面，为保质保量完成编纂任务奠定了坚实的基础。

《西夏通志》编纂过程中，得到学界的大力支持，史金波、陈育宁、聂鸿音、李华瑞、王希隆、程妮娜、孙伯君等先生或讨论提纲，或参与撰稿，或评审稿本，提出宝贵的意见。人民出版社赵圣涛编审积极组稿，并获批国家出版基金资助，使本书得以顺利出版，在此表示由衷地感谢！

杜建录

2025 年 3 月 12 日